船舶电工工艺与电站管理

主　编　李家淦　张肖霞
副主编　王明雨　赵恩蕊
主　审　宋修福

大连海事大学出版社

图书在版编目(CIP)数据

船舶电工工艺与电站管理 / 李家淦，张肖霞主编 .—大连：大连海事大学出版社，2020. 2(2025.8 重印)
ISBN 978-7-5632-3927-6

Ⅰ. ①船…　Ⅱ. ①李…　②张…　Ⅲ. ①船用电气设备—资格考试—教材　Ⅳ. ①U665.12

中国版本图书馆 CIP 数据核字(2020)第 011924 号

大连海事大学出版社出版

地址:大连市黄浦路523号　邮编:116026　电话:0411-84729665(营销部)　84729480(总编室)
http://press.dlmu.edu.cn　E-mail:dmupress@dlmu.edu.cn

大连金华光彩色印刷有限公司印装　　大连海事大学出版社发行

2020 年 2 月第 1 版　　2025 年 8 月第 2 次印刷
幅面尺寸:184 mm×260 mm　　印张:10.75
字数:263 千　　印数:1501~2500 册

出版人:余锡荣

责任编辑:张宏声　　责任校对:刘长影
封面设计:张爱妮　　版式设计:张爱妮

ISBN 978-7-5632-3927-6　　定价:30.00 元

内容简介

本书为中华人民共和国海船船员适任考试和评估教材，全书分为上下两篇，共 13 章。上篇为船舶电工工艺，介绍了船舶常用仪表的使用、船舶照明与电路连接、船舶常用低压电器、船舶电机的维护保养、船舶电气控制箱维护与管理、安全用电常识。下篇为船舶电站训练，包括船舶电力系统概述，船舶配电装置及继电保护装置，船用应急电源，船舶电站操作，船舶发电机的维护、保养与电压调整，电气管理人员的职责，船舶辅机电气系统的管理与维修。

本书内容丰富，深浅适度，侧重实践又兼顾理论，可作为海船船员二/三管轮、电子电气员对应的评估考试中，船舶电工工艺和电气设备、船舶电子电气管理与工艺、电气与自动控制、船舶电站操作和维护训练用教材，也可以作为航海类高校相关专业(轮机工程、船舶电子电气工程)学生和轮机技术人员的实训参考书。

前　言

为了适应国际海事组织 STCW 78/10 公约对轮机人员的要求，根据《中华人民共和国海船船员适任考试和评估大纲》，我们编写了《船舶电工工艺与电站管理》一书。

本书为海船船员二/三管轮、电子电气员的电工工艺和电气测试以及船舶电站操作的评估训练用教材，也可以作为在校轮机工程、船舶电子电气工程专业学生的相关实操训练用书。本书具有系统实用的特点，紧贴大纲和规范要求，全面满足读者对评估训练的理论和实际操作技能的要求。本书作为评估训练用教材，全面介绍了电工工艺、电工测试、船舶电站操作的相关内容，系统介绍了船舶电气设备的正确使用、科学管理、排除故障的通用工艺方法及要求，可直接应用于实践，同时本书还有电气管理规范的相关内容，便于读者查阅。

本书由李家淦、张肖霞主编，由山东交通学院船舶与轮机工程学院宋修福主审。全书分上下两篇，共 13 章，其中第一章至第五章由李家淦编写，第六章由徐海东编写，第七章、第十三章第六节和第七节由赵恩蕊编写，第八章至第十章由张肖霞编写，第十一章由苑仁民编写，第十二章由王明雨编写，第十三章第一节至第五节由王道庆编写，文中部分图表由孟雄飞、张鑫、徐士甲搜集整理。

本书在编写中得到了学院船电系各位同事的悉心指导，得到了兄弟院校同仁的热心帮助，全体编写人员在此向上述专家、老师表示衷心的感谢。

由于编者的学识有限和经验不足，书中难免有不妥之处，恳请读者指正。

编者

2019 年 11 月

目　录

上篇　船舶电工工艺

下篇　船舶电站训练

上篇

船舶电工工艺

第一章 船舶常用仪表的使用

第一节 万用表的使用

万用表是一种多功能、多量程的测量仪表。一般的万用表可以测量直流电压、直流电流、交流电压、交流电流、电阻等电量,有的还能测量电容量和晶体管的共射极直流放大系数 h_{FE} 等电参数。图 1-1-1 为万用表的外形结构示意图。

(a)MF500-B 型万用表

(b)MF47 型万用表

(c)数字式万用表

图 1-1-1 万用表的外形结构示意图

一、万用表的使用方法及注意事项(以机械式万用表为例)

万用表在使用前应水平放置,并检查指针是否指零位,若不指零位,则应调整中间的胶木质机械零位调节螺丝,使指针指零位。

将红表笔插入标有"+"号的插孔内(测量 2500 V 电压时插入标有"2500 V"的插孔内,测

量音频电平时插入标有“dB”的插孔内)；将黑表笔插入标有“ * ”号的插孔内。

根据测量的对象将转换开关旋转到对应被测量需要的种类的位置，然后再根据量程变将转换开关旋到相应种类适当的量程，但要注意严禁在测量过程中旋转转换开关来变换量程，以免损坏转换开关的触点，同时避免将转换开关误拨到小量程挡而撞弯指针或烧毁表头。如图1-1-2所示，刻度线两侧对应的“标识符”表示测量事项，“数字符”指示测量参数大小。

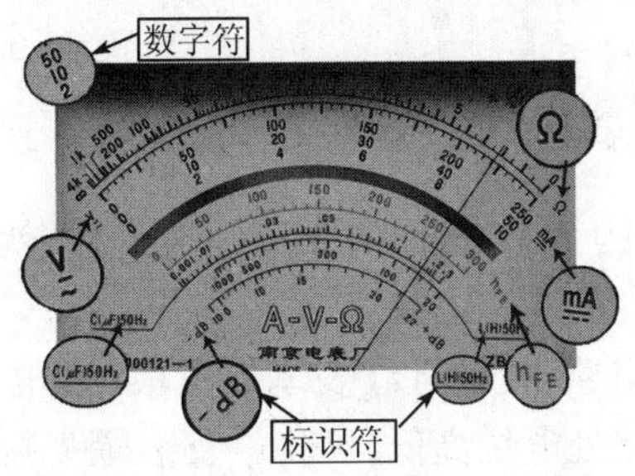

图1-1-2 MF47型万用表表头示意图

测量时，读数要注意：万用表标度盘上有很多条标度尺，它们分别在测量不同的被测对象时使用，所以不同的测量项目应在相应的标度尺上读数。例如，标有“DC”或“-”的标度尺在测量直流时使用；标有“AC”或“~”的标度尺在测量交流时使用；标有“Ω”的刻度尺在测量电阻时使用。

万用表使用完毕，将转换开关置于空挡或交流电压最高挡，以免他人使用不当而损坏万用表。转换开关不要放在电阻挡，以免不慎把表笔短接，电池耗电，造成浪费。

1.电阻的测量与注意事项

(1)测量前，必须将转换开关旋转到“Ω”，量程变换旋钮旋转到适当的倍率挡“×1～”“×10k”五挡中的一挡，使指针偏转到标度尺的中心附近(指针偏转在满偏的1/3～2/3为佳)，提高测量数据的准确性。

(2)测量前或每次更换倍率挡时，都要重新调整欧姆零点，即将两表笔短接，并同时转动欧姆调零旋钮，使表头指针准确停留在欧姆标度尺的零点上。如果表头指针不能指到欧姆零点，说明表内电池电压太低，已不符合要求，应该更换。

(3)测电阻时直接将表笔跨接在被测电阻或电路的两端(严禁在被测电路带电的情况下测量电阻)，禁止用手同时接触被测量电阻的两端，以免由于人体电阻的接入使读数变小，造成测量误差。

(4)当位于“R×1”挡时，应在标有“Ω”(第一条，如图1-1-2所示)的标度尺上直接读数，置于其他挡位时，应乘以相应的倍率。

(5)机械式万用表的黑表笔对应内部电源正极，红表笔对应内部电源负极；数字式万用表的黑表笔对应内部电源负极，红表笔对应内部电源正极。

(6)在测量的间隙，应注意不要使两支表笔相接触，以免短路空耗表内的电池。

2.直流电流的测量与注意事项

(1)测量前，将转换开关旋转到“A”，量程变换旋钮旋转到适当的量程(量程的选择应使指针移动到满刻度的2/3附近，如果不知道量程，就先用最高量程来测，根据读数再选择适当的量程，但禁止带电旋转旋钮)。

(2)断开电路,将万用表串联在被测电路中,并且红表笔接电流流入端(正极),黑表笔接电流流出端(负极)。如果事先不知道被测电路处电流流向,可将一支表笔先接在被接电路的一端,另一支表笔轻轻地试触一下另一端,若指针向右偏转,说明表笔正、负极性接法正确;反之,说明表笔接反了,交换两表笔即可。

(3)在第二条标度尺上根据量程读出示数。

3.直流电压的测量与注意事项

(1)测量前,将转换开关旋转到“$\underset{\sim}{\underline{\mathrm{V}}}$”,量程变换旋钮旋转到标有“$\underline{\mathrm{V}}$”的适当的量程(量程的选择应使指针移动到满刻度的2/3附近,如果不知道量程,就先用最高量程来测,根据读数再选择适当的量程,但禁止带电旋转旋钮)。

(2)将万用表并联在被测电路中,并且红表笔接正极(高电位端),黑表笔接负极(低电位端)。如果事先不知道被测电路处电位高低,可将一支表笔先接在被接电路的一端,另一支表笔轻轻地试触一下另一端,若指针向右偏转,说明表笔正、负极性接法正确;反之,说明表笔接反了,交换两表笔即可。

(3)在第二条标度尺上根据量程读出示数。

4.交流电压的测量与注意事项

(1)测量前,将转换开关旋转到“$\underset{\sim}{\underline{\mathrm{V}}}$”,量程变换旋钮旋转到标有“$\underset{\sim}{\underline{\mathrm{V}}}$”的适当的量程(量程的选择应使指针移动到满刻度的2/3附近,如果不知道量程,就先用最高量程来测,根据读数再选择适当的量程,但禁止带电旋转旋钮)。

(2)将万用表并联在被测电路中,测量时养成单手操作的习惯,即先将一支表笔固定在电路中,单手拿另一支表笔进行测量。

(3)表盘上标度尺是按正弦交流电的有效值来刻度的,若被测量不是正弦量,会产生很大误差。另外,表盘上都标明正弦量的频率范围,一般在45~1000 Hz,若超过此范围,也会产生很大的误差。

(4)读数时除了量程为10 V的交流电压挡读第三条标度尺上的数据,其余的读第二条标度尺上的数据。

(5)用量程为2500 V的交流电压挡测电压时,要注意把红表笔改接到标有“2500 $\underset{\sim}{\underline{\mathrm{V}}}$”的插孔中。

5.音频电平的测量

在万用表的标度盘上一般有“dB”标度尺,它是用来测量音频电平的,音频电平的测量实际上是将其变换成电压的测量来实现的。由于音频信号为交流成分,所以测量方法与交流电压的测量方法相似,只是在“dB”标度尺上读数,另外还要注意:

(1)如果被测对象含有直流成分时,表笔的一端必须串联一只0.1 μF以上,耐压400 V以上的电容,用来隔断直流电压。

(2)用量程较高的交流电压挡测量电平时,切勿忘了加上附加分贝值。

二、电阻的测量

电阻是电子设备中使用最多的基本元件之一，在电路中起限流、分流、降压、分压、负载、匹配等作用。

1.电阻器的分类

电阻器按其结构可分为三类：固定电阻器、可变电阻器(电位器)和敏感电阻器。按组成材料的不同，又可分为炭膜电阻器、金属膜电阻器、绕线电阻器、热敏电阻器、压敏电阻器等。常见电阻器的外形及电气符号如图 1-1-3 所示。

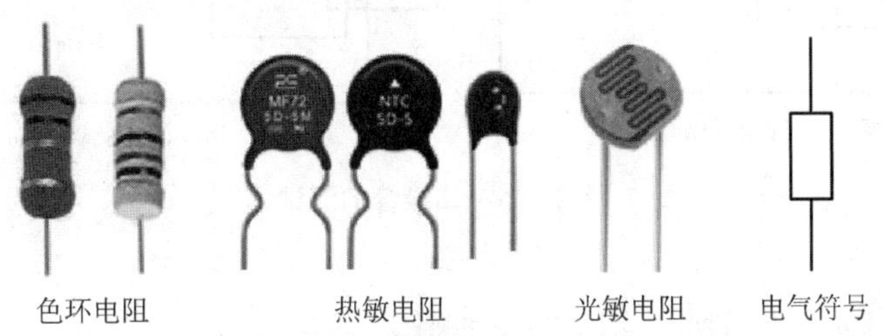

图 1-1-3　常见电阻器的外形及电气符号

2.电阻的测量

(1)选电阻挡任意一个倍率(不应叫量程)。

(2)调零：将表笔短接，通过欧姆调零旋钮使表针指在欧姆刻度盘“0”位。

(3)将被测电阻接在表笔两端即可测出电阻值，但应注意根据表针偏转情况变换倍率(表针偏转较小增加倍率，偏转太大减小倍率)，尽量使表针指在刻度盘中间附近(表针满偏的1/2~2/3)。欧姆挡的读数一般保留两位有效数字即可，即电阻的实际测量值=读数×倍率。

注意：不要并入人体电阻；变换倍率后要重新调零；在电路中测电阻，应切断电源；电路中有大电容还应给电容放电；如果有并联支路，至少要将电阻的其中一端与电路脱离。

三、二极管极性、性能的判断

如图 1-1-4 所示，一般二极管器件上印有相关铭牌参数，如电气符号，且正、负极与电气符号对应。我们可以通过铭牌判断管脚极性，也可以根据二极管正向导通时电阻小，反向截止时电阻大的特点，用万用表测其极性，如图 1-1-5 所示。具体步骤如下：

图 1-1-4　常见二极管的外形及电气符号

(1)将万用表拨到欧姆挡(一般用 R×100,或 R×1k 挡)。

(2)用万用表的表笔分别接二极管的两个电极,测出一个电阻值;然后将两表笔对换,再测出一个电阻值。

(3)如果两次电阻值一次大一次小,说明二极管是好的,并且差值越大,二极管的质量越好,而且阻值小的那一次黑表笔接的一端是正极,红表笔接的是负极;如果两次电阻值都很大,说明管子内部断路;如果两次电阻值都很小,说明管子内部短路。

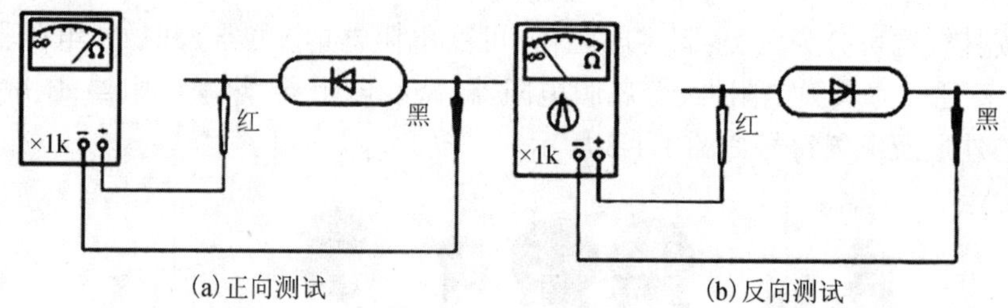

图 1-1-5 二极管的测试

四、三极管管脚、性能的判断

三极管又称晶体管,其封装有金属壳和塑料封装等。常见的三极管封装外形、管脚排列、电气符号如图 1-1-6、图 1-1-7 所示。图 1-1-6 所示时管脚排列方法是一般规律,对于外壳上有管脚指示标志的,可按标志识别;对于外壳上没有管脚指示标志的,应以测量为准。

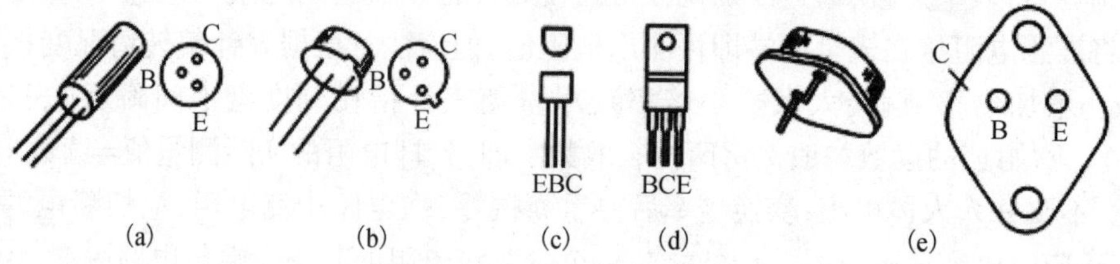

图 1-1-6 常见三极管外形图

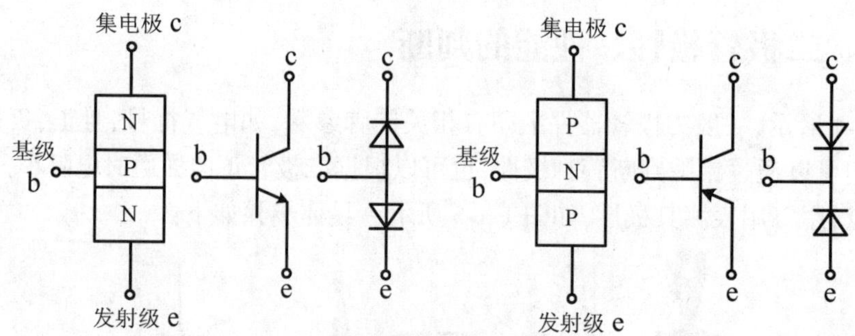

图 1-1-7 三极管结构、电气符号

半导体三极管管脚及性能的判断

(1)根据管脚排列和色点识别

图 1-1-6(a):管脚呈等腰直角三角形排列,其直角顶点是基极,靠近红色点的一脚是集电极,另一脚是发射极。

图 1-1-6(b):管脚呈等腰直角三角形排列,其直角顶点是基极,靠近管帽边沿的电极是发射极,另一极是集电极。

图 1-1-6(c):管脚呈等腰三角形排列,靠近红点的为集电极,靠近白点的为基极,靠近绿点的为发射极。

图 1-1-6(d):管脚排列成直线,但距离不等,孤立的一个电极为集电极,中间的为基极,另一个为发射极。

图 1-1-6(e):四个管脚的三极管,管壳带凸缘时,可将管脚朝向自己,从管壳凸缘开始,顺时针方向排列依次为发射极、基极、集电极和地线。

(2)利用万用表判别

目前,晶体管的种类很多,仅从管脚排列很难判断其管脚,所以常用万用表判别其管脚。

①三极管基极及三极管类型的判别

对于功率在 1 W 以下的中小功率管,可用万用表的 R×100 或 R×1k 挡测量;对于功率在 1 W以上的大功率管,可用万用表的 R×1 或 R×10 挡测量。

测试时,假设某一管脚为基极,用黑表笔接触该管脚,用红表笔分别接触另外两个管脚,如果两次测得的阻值相差很大,则原先的假设不正确,需要另外假设。如果两次测得的电阻都很小(或都很大),则将两表笔对换继续测试,若对换后测得的电阻都很大(或都很小),则说明该极是基极,且此三极管是 NPN 型(或 PNP 型)。

②三极管发射极、集电极的判别

以图 1-1-8 中 NPN 型三极管为例,确定基极后,假定其余的两只管脚中的一只是集电极,将黑表笔接到此管脚上,红表笔则接到假定的发射极上。用手指把假设的集电极和已测出的基极捏起来(但不要相碰),看表针指示,并记下此阻值的读数。然后再做相反的假设,即把原来假设为集电极的管脚假设为发射极,做同样的测试,并记下此阻值的读数。比较两次读数的大小,阻值较小的那次假设是正确的。

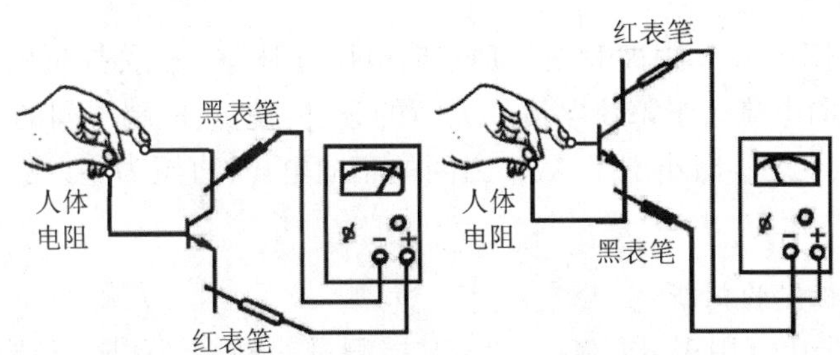

图 1-1-8 NPN 型三极管发射极、集电极的判断

判断 PNP 型三极管的发射极和集电极,仍用上述方法,但必须把表笔的极性对调一下。

(3)三极管性能的判别

①穿透电流 I_{ceo} 大小的判别:用万用表的 R×100 或 R×1k 挡测量三极管 C、E 之间的电阻,电阻值应大于数兆欧(锗管应大于数千欧),阻值越大,说明穿透电流越小;阻值越小,则说明穿透电流越大。

②击穿与断线的判别:在判别 I_{ceo} 同时,若测得的阻值接近于零,则说明管子已被击穿。若测得的阻值太大(指针一点儿都不偏转),则有可能管子内部有断线。

③稳定性能:在判别 I_{ceo} 同时,若阻值不断地明显下降,则说明管子的性能不稳。或者对被

测三极管加温,指针变化不大,则稳定性能较好。若指针摇摆较大或迅速向右偏转,则管子稳定性较差。

④电流放大系数β的近似估算:用万用表的 R×100 或 R×1k 挡测量三极管 C、E 之间的电阻,记下读数。再用手指把集电极和基极捏起来(但不要相碰),看表针摆动幅度,摆动越大,说明管子的放大倍数越大。注意,这只是相对比较的方法,因为手捏在两电极之间,给管子的基极提供了基极电流 I_b,I_b 的大小与手指的潮湿程度有关,也可接一只 50~100 kΩ 的电阻来代替手捏的方法进行测试。

以上是对 NPN 型管子的鉴别,黑表笔接集电极,红表笔接发射极。若将两表笔对调,就可以对 PNP 型管子进行测试。

五、可控硅管脚、性能的判断

可控硅又称晶闸管,其电气符号、结构及工作原理如图 1-1-9 所示,常用于整流电路、逆变电路、调光电路、变频电路等。

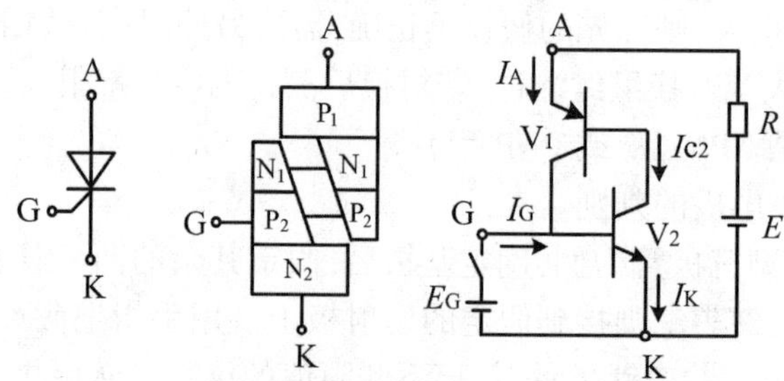

图 1-1-9　可控硅电气符号、结构及工作原理图

1.可控硅的导通、关断条件

其导通条件:在阳极 A 和阴极 K 之间加正向电压,门极 G(也称控制极)加触发信号,且使得 A、K 端子间的正向电流大于擎住电流。关断的条件:使 A、K 端子间的正向电流小于维持电流。晶闸管的关断方法:减小端子 A、K 之间的正向电压,直至为零,或加反向电压;也可以利用储能电路强迫关断。

2.可控硅管脚、性能的判断

(1)管脚测量:先用万用表 R×100 或 R×1k 挡测量三脚之间的阻值,导通的那一次(或者阻值小的那一次)黑表笔连接为 G(控制极)、红表笔连接为 K(阴极),所剩的一脚为 A(阳极)。

(2)质量好坏:万用表置于 R×1 挡,黑表笔接 A(阳极)、红表笔接 K(阴极),用导线瞬时短接 A 与 G,则此时万用表读数为 10 Ω 或几十欧,如果门极电压消失后万用表读数不变,则表明可控硅性能良好。

六、电容引脚、性能的判断

电容是由彼此绝缘的两块金属板组成,可分为普通电容和电解电容两大类,如图 1-1-10

所示。电容的主要用途:滤波、隔直、选频、提高功率因数等。

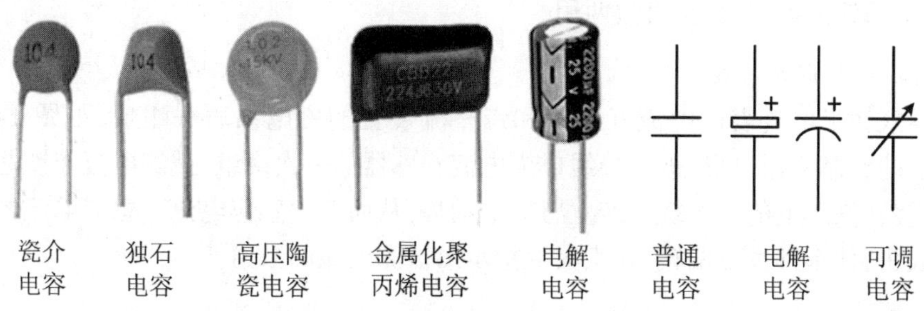

图 1-1-10 常见电容外形及电气符号

1.电解电容极性判断

(1)电解电容器件上有正负极标注,标注"-"的管脚为电容负极,另一只管脚为正极。电解电容一般只能用在直流电路中,正极接高电位,负极接低电位,这应特别注意。普通电容没有极性,但介质不同的电容,性能也不完全一样,使用时应根据需要选择。

(2)电解电容管脚长短判断正负极,对于没有焊接到线路中的器件,长管脚的为正极、短管脚的为负极。

(3)对于正负极标志不明、管脚无法判断的电解电容器,可利用测量漏电阻的方法加以判别,即先任意测一下漏电阻,记住其大小,然后交换表笔再测出一个阻值。两次测量中阻值大的那一次便是正向接法,即黑表笔接的是正极,红表笔接的是负极。

2.万用表判断电解电容性能的好坏

(1)性能好:用万用表电阻 R×1 k 挡测电容两端,黑表笔接电容"+"极、红表笔接电容"-"极;在刚接触的瞬间,万用表指针即向右偏转较大偏度(对于同一电阻挡,容量越大,摆幅越大),然后随时间的进行逐渐向左回转返回到∞位(电解电容的漏电阻一般在几百千欧以上,默认返回∞位),则电容是好的。

(2)性能坏:在测试中,若正向、反向均无充电的现象,即表针不动,则说明容量消失或内部断路;如果所测阻值很小或为零,说明电容漏电大或已击穿损坏,不能再使用。

(3)性能降低:若表针摆动后不能返回到∞位,而是停留在返回途中某一位置,则电容漏电增加,性能降低。

第二节 钳形电流表的使用

通常在使用电流表测量线路电流时,需切断电路以后再接入电流表,才能进行测量。而钳形电流表能够在不切断电路的情况下测量电流。

一、钳形电流表的基本结构和工作原理

钳形电流表分为指针式钳形电流表和数字式钳形电流表,其中指针式钳形电流表又分为

互感器式钳形电流表和电磁系钳形电流表；数字式钳形电流表和互感器式钳形电流表只能测量交流，电磁系钳形电流表交、直流两用。

1.互感器式钳形电流表

互感器式钳形电流表由电流互感器和带整流装置的磁电系表头组成，如图 1-2-1 所示。电流互感器的铁芯呈钳口形，被测导线成为电流互感器的一次绕组，被测电流在铁芯中产生工作磁通，使绕在铁芯上的二次绕组产生感应电动势，从而产生感应电流。感应电流经整流后流入磁电系表头，使指针发生偏转，在表盘上指示出被测电流的数值。

2.电磁系钳形电流表

电磁系钳形电流表是可以交、直流两用的仪表，如图 1-2-2 所示。被测导线在铁芯中产生工作磁通，将位于钳口的可动铁片磁化，产生电磁推力，带动指针偏转。

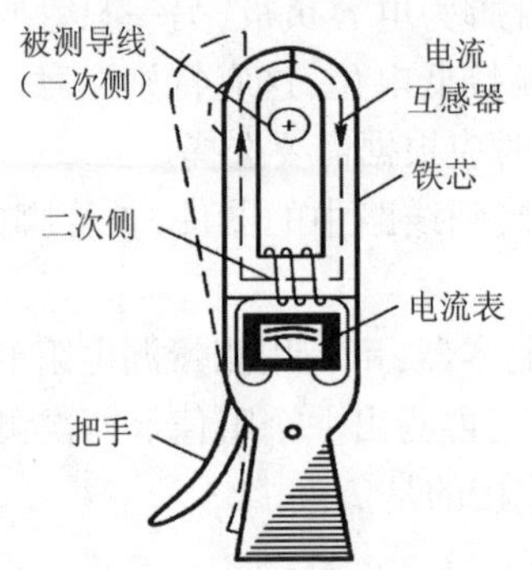

图 1-2-1　互感器式钳形电流表

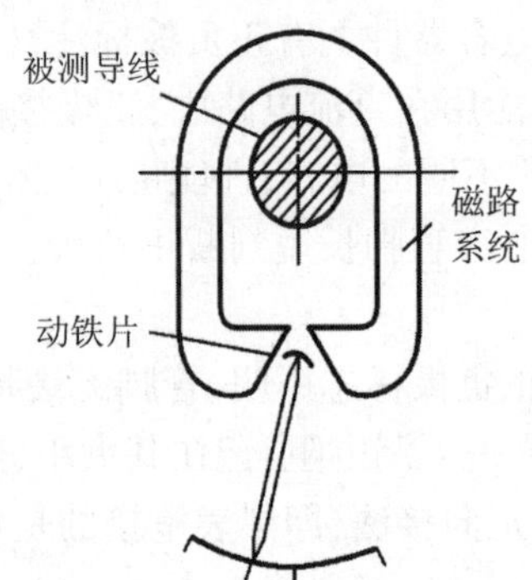

图 1-2-2　电磁系钳形电流表

3.数字式钳形电流表

数字式钳形电流表，如图 1-2-3 所示，主要由互感器式钳头（或霍尔式钳头，包括固定钳头、活动钳头以及霍尔磁敏传感器）、钳头扳机、功能量程选择开关、测量电路和数字式电压基本表（DVM）等组成。

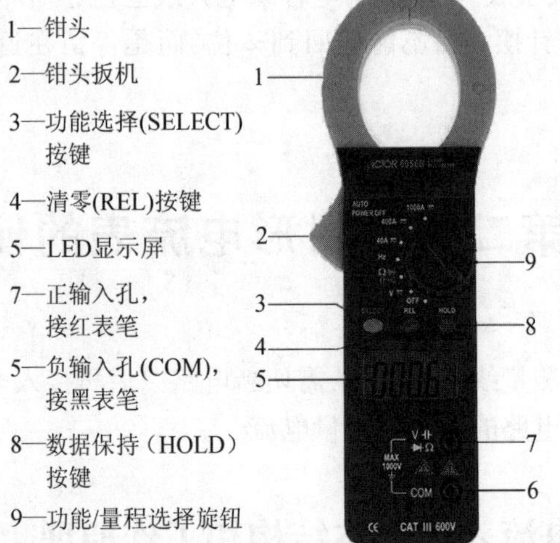

图 1-2-3　数字式钳形电流表的外观结构

(1)互感器式钳头:其结构、原理及作用与指针式钳形电流表的钳头一样,这种钳头只可检测交流电流。

(2)测量电路:如图 1-2-4 所示,其任务是将被测的各种电参量转换为能被数字式电压接受的微小直流电压信号。

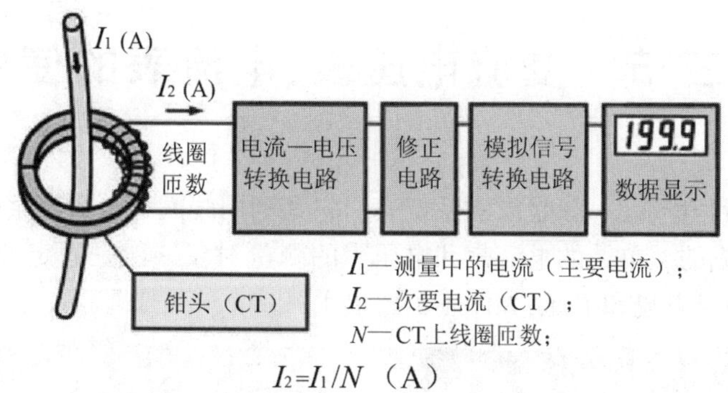

图 1-2-4 数字式钳形电流表测量电路

二、钳形电流表的正确使用

(1)根据所要测量对象的不同选用不同的钳形表,其中指针式钳形电流表使用前需要机械调零。

(2)根据被测电流大小选择合适的量程,当被测电流大小不明时先用最大量程测,然后根据测量结果改变量程,但切忌在测量过程中转换量程。

(3)将被测载流导线放在铁芯中央即可测出电流值,被测载流导线应放在钳口的中央,以免产生误差。

(4)如果用最小量程测量,表针偏转仍然很小时,在条件允许的情况下可将导线绕几圈测,但是电流的实际测量值=读数/绕的圈数。

三、钳形电流表使用注意事项

(1)在使用钳形电流表前,要清楚被测线路电压为多少,是否低于钳形电流表的额定电压,这关系到测量人员的人身安全和测量设备的安全。如果测量的是高压线路的电流,就需要戴绝缘手套、穿绝缘鞋、垫绝缘垫等保护措施。

(2)钳形电流表原则上不测量裸线电流,如果一定要测就必须采取更严格的绝缘措施。因为钳形电流表在电源的高端进行检测时,如果绝缘不好,电压接触人体就会与地之间形成一个回路,造成危险。

(3)要经常检测钳口上绝缘材料有无脱落、破裂等磨损现象,若有,必须修复后使用。

(4)如果在测量时听到钳口发出的电磁噪声,或者握住钳形电流表的手感到轻微振动,就说明钳口的端面结合不严密,可能是有锈斑,或者是有污垢,应该立即清洁干净,否则就会造成测量不准确。

(5)不能在带电流测量时换量程,应该断开电流后再换量程,否则钳形电流表容易损坏,而且对测量人员也不安全。

(6)不能用钳形电流表测量带屏蔽的导线,因为带屏蔽的导线电流感应的磁场不能透过屏蔽层到被测钳形电流表铁芯,所以无法进行准确测量。

第三节　交流电压表、电流表的使用

船上的电压表和电流表一般是电磁系仪表。它是利用线圈通电后产生磁场磁化铁片而产生电磁力的原理制成的。单纯的电流表和电压表的测量对象一般是固定的,通常装在配电盘和控制箱上,用来测量电流和电压,如图1-3-1所示。

图1-3-1　交流电压表、电流表表头示意图

选用时应根据被测量的大小选择合适量程的仪表,电压表应和被测电压并联,电流表应串联在被测支路中,以图1-3-2三相异步电动机的工作线路为例。

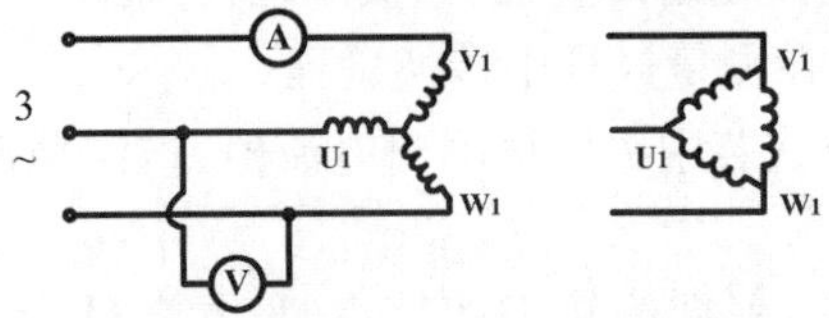

图1-3-2　三相异步电动机工作电压、电流的测量

三相异步电动机可接成星形("Y"形)、三角形("Δ"形)方式,电压表、电流表测量参数为三相异步电动机的线电压和线电流;其中星形连接时,线电压 U_l 是相电压 U_p 的$\sqrt{3}$倍,线电流 I_l 与相电流 I_p 相等,即 $U_l=\sqrt{3}U_p$,$I_l=I_p$;三角形连接时,线电压 U_l 等于相电压 U_p,线电流 I_l 是相电流 I_p 的$\sqrt{3}$倍,即 $U_l=U_p$,$I_l=\sqrt{3}I_p$。

第四节　电压互感器、电流互感器的使用

将大的交流电压和交流电流,变换成相应的低电压和小电流的测量用互感器,称为仪用互感器。仪用互感器实际上就是一个铁芯变压器,其中接到电源的绕组叫作一次绕组,另一个接测量仪表的绕组叫作二次绕组。仪用互感器按用途的不同可分为电压互感器和电流互感器。

(1)电压互感器是一个降压变压器,它的一次绕组的匝数远多于二次绕组的匝数。通常

二次绕组的额定电压为 100 V，一次绕组可接入不同的额定电压。当使用电压互感器测量大电压时，被测电路、电压互感器和电压表之间的接线如图 1-4-1 所示。

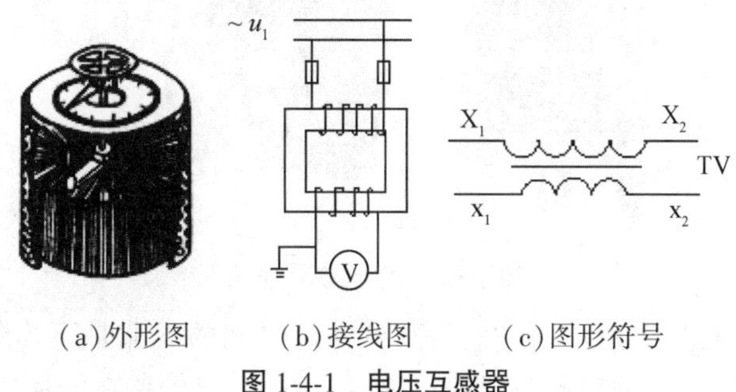

（a）外形图　（b）接线图　（c）图形符号

图 1-4-1　电压互感器

（2）电流互感器是一个"降流"变压器，它的一次绕组的匝数远小于二次绕组的匝数。通常二次绕组的额定电流为 5 A，因此，不同量程的电流互感器，其一次绕组的匝数是不同的。电流互感器与被测电路、电流表之间的接线如图 1-4-2 所示。

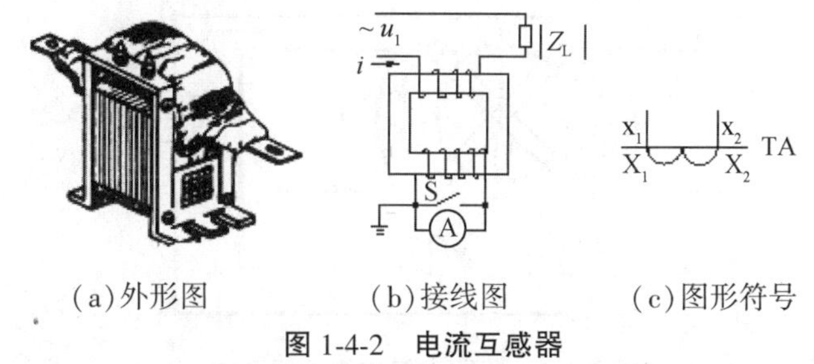

（a）外形图　（b）接线图　（c）图形符号

图 1-4-2　电流互感器

使用互感器不但可以扩大电工仪表的量程，将电流或电压按一定比例减小，更重要的是，它可以把测量仪表的电路与高压电路分开，具有很好的电气绝缘作用。这就为二次电路的接地提供了条件，从而保护了操作人员的安全。

电压互感器由于副边的电流很大，为了安全起见，副边决不允许短路；电流互感器由于副边的电压很高，为了安全起见，副边决不允许开路。如需更换电流表，应先将开关 S 合上后，方可进行换表操作，避免副边产生高压危及人员和设备的安全。

第五节　便携式兆欧表的使用

1.兆欧表的工作原理

兆欧表又叫摇表、迈格表、高阻计、绝缘电阻测定仪等，是一种测量电气设备及电路绝缘电阻的仪表，其外形如图 1-5-1 所示。

兆欧表主要由三个部分组成，手摇直流发电机（有的用交流发电机加整流器）、磁电式流比计及接线桩（L、E、G）。

兆欧表工作原理如图 1-5-2 所示，它的磁电式流比计有两个互成一定角度的可动线圈，装在一个有缺口的圆柱铁芯外面，并与指针一起固定在同一转轴上，构成流比计的可动部分，被

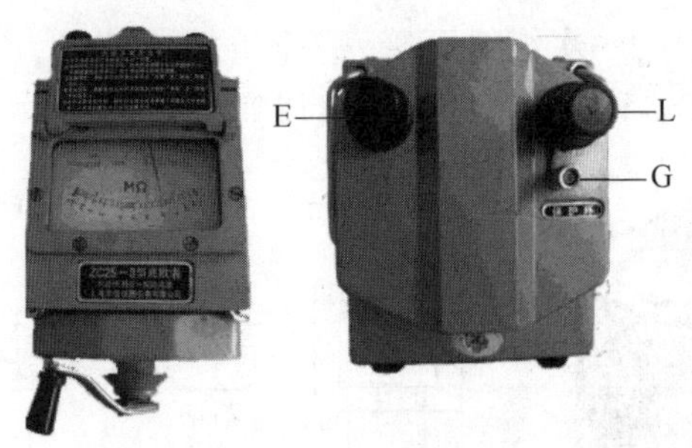

图 1-5-1　兆欧表外形图

置于永久磁铁的磁场中,其中磁铁的磁极与圆柱铁芯之间的气隙是不均匀的。这种流比计不像其他仪表,其指针没有阻尼弹簧,在仪表不用时,指针可以停留在任何位置。

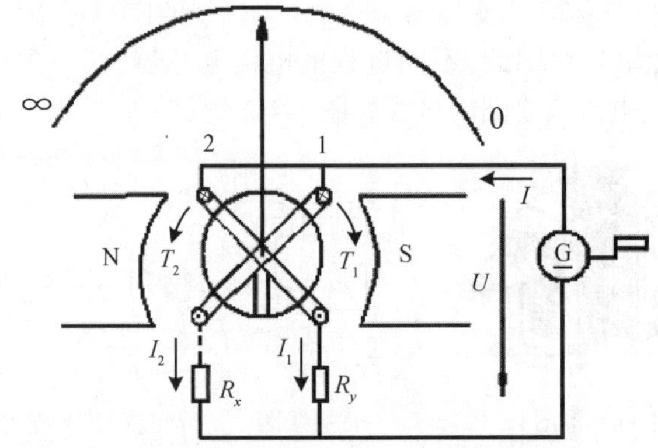

图 1-5-2　兆欧表工作原理示意图

摇动手柄,直流发电机即可输出电流,其中一路电流 I_1 流入线圈 1 和被测电阻 R_x 的回路,另一路电流 I_2 流入线圈 2 与附加电阻 R_y 的回路。设线圈 1 的电阻为 R_1,线圈 2 的电阻为 R_2,根据欧姆定律有:

$$I_1=\frac{U}{R_1+R_x}\ ;\ I_2=\frac{U}{R_2+R_y}$$

两式相比得:

$$\frac{I_1}{I_2}=\frac{R_2+R_y}{R_1+R_x}$$

式中,R_1、R_2 和 R_y 是定值,R_x 是变量。

当 I_1 和 I_2 分别流过线圈 1 和线圈 2 时,受到永久磁铁磁场力的作用,使线圈 1 产生转动力矩 T_1,线圈 2 由于与线圈 1 绕向相反,产生了反作用转动力矩 T_2,两个力矩作用的合力矩使指针发生偏转。当 $T_1=T_2$ 时,指针静止不动,这时指针的示数就是被测设备的绝缘电阻值。

由图 1-5-2 可以看出,兆欧表未接入电路前相当于 $R_X=\infty$,线圈 1 回路开路,摇动手柄时,$I_1=0$,$T_1=0$,指针在 I_2 和 T_2 作用下,向逆时针方向偏转,最后指在 $R_X=\infty$。如果将输出端 L 和 E 短接,即 $R_X=0$ 时,I_1 最大,T_1 与 T_2 综合作用,结果使指针顺时针方向偏转,指在 $R_X=0$ 处。

2.兆欧表的正确使用及其注意事项

(1)测量电气设备绝缘电阻时,应根据设备额定电压的大小选用不同等级的兆欧表。额

定电压在500 V以上的设备、电机绕组及电力变压器的绕组等应选用1000~2500 V的表；额定电压在500 V以下的设备，一般选用500 V或1000 V的表；而低压电气设备的绝缘电阻，只能选用100~200 V的表。

(2)为了防止发生人身和设备事故及得到精确的测量结果，被测设备测量前必须切断电源，并将设备充分放电。

(3)测量前应先对兆欧表进行一次开路和短路试验，检查仪表是否良好。摇动发电机手柄后，连接线开路时若指针不指在"∞"处，或短路时若指针不指在"0"处，则都说明表有问题，需要检修。

(4)对有可能感应出高电压的设备，应采取必要的措施消除这种可能，之后才能进行测量。被测设备的表面要擦干净，以免造成测量误差。

(5)接线必须正确无误。兆欧表有三个接线桩，如图1-5-1所示，"E"(接地)、"L"(线路)和"G"(保护环或屏蔽端子)。保护环的作用是消除表面"L"和"E"接线桩间的漏电和被测绝缘物表面漏电的影响。仪表的接线柱与被测设备间连接的导线，不能用双股绝缘线和绞线，应用单股线分开单独连接，以免绞线绝缘不良而引起测量误差。在测量电气设备的对地绝缘电阻时，"L"接设备的待测部位，"E"接设备外壳；如果测量电气设备内两绕组之间绝缘电阻时，将"L"和"E"分别接两绕组的接线端；在测量电缆的缆芯对外壳的绝缘电阻时，除将缆芯和外壳分别接于"电路"和"接地"接线柱外，还要将电缆壳芯之间的内层绝缘物接"保护环"，以消除因表面漏电而引起的误差。上述测量方法见图1-5-3。

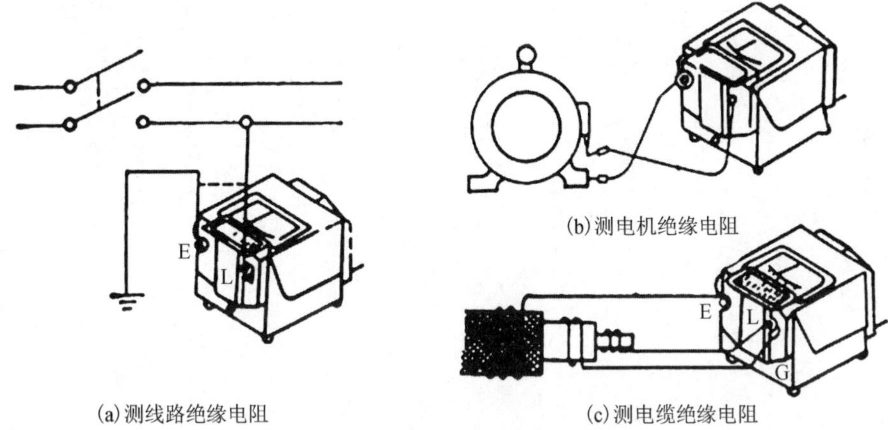

(a)测线路绝缘电阻 (b)测电机绝缘电阻 (c)测电缆绝缘电阻

图1-5-3 兆欧表的接线

(6)测量时，手摇发电机的转速应由慢到快，当转速达到120 r/min时，要保持匀速，读数应以指针稳定不变时为准。

(7)测量完毕，应对设备进行充分放电，否则容易引起触电事故。

(8)兆欧表未停止转动以前，切勿用手触及设备的测量部分或摇表接线桩。拆线时也不可直接触及引线的裸露部分。

练习题

1.试解释你手中万用表表盘上各字母和数字的含义。

2.简述电压、电流互感器的使用注意事项。

3.技能训练

(1)使用万用表测交流电压、直流电压、交流电流、直流电流。

(2)钳形电流表的使用。

(3)交流电压表、电流表及仪用互感器的使用。

(4)使用兆欧表测量绝缘阻值。

第二章 船舶照明与电路连接

第一节 船用电缆的型号及选用

一、电缆的结构

船用电缆按用途不同可分为电力电缆和通信电缆两大类。前者大量用于各种动力、照明和控制线路,后者大量用于电话线路。

一般电缆主要由导电芯线、电气绝缘和防护套三部分组成,其结构如图 2-1-1 所示。有些船用电缆在其防护套外还加一层铠装,它能增强抗机械损伤能力和起电的屏蔽作用。

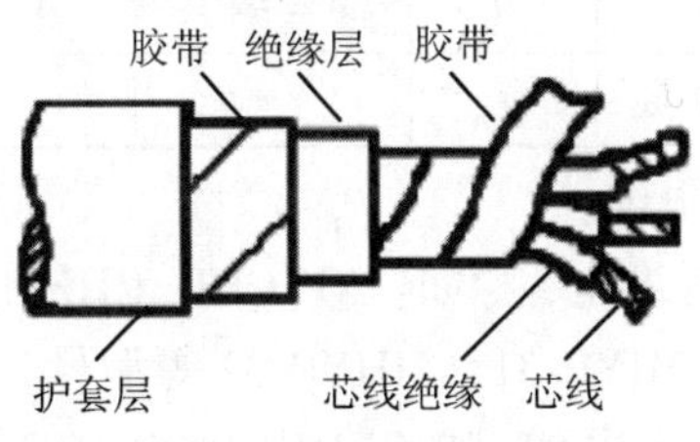

图 2-1-1 电缆结构组成示意图

 二、船用电缆的类型

船用电缆的型号很多,电缆产品型号组成如图 2-1-2 所示。

型号中(系列代号)C 代表船用、HF 代表非燃性橡套、HY 代表耐油橡套、R 代表软(电缆)、V 代表聚氯乙烯、31 代表镀锌钢丝编织网、32 代表镀锡铜丝编织网、XD 代表丁基橡皮,参见表 2-1-1、表 2-1-2。

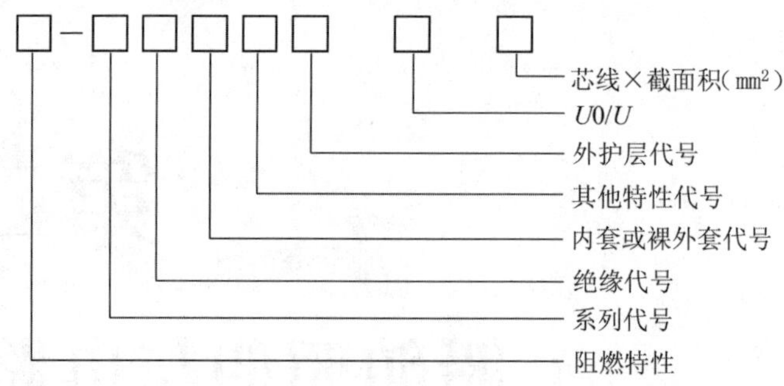

图 2-1-2 电缆产品型号组成

表 2-1-1 各部分拼音字母代号及意义

阻燃特性		系列代号		绝缘代号		其他代号	
代号	意义	代号	意义	代号	意义	代号	意义
Z	阻燃	C	船用	E	乙丙橡胶	R	软(电缆)
分为 ZA、ZB、ZC、ZD 类,ZA 类阻燃特性最好		CB	船用电线	YJ	交联聚乙烯或交联聚烯烃	M	水密(电缆)
		CH	船用通信电缆			P	屏蔽(电缆)
		CK	船用控制电缆	G	硅橡胶		
N	耐火			V	聚氯乙烯		

表 2-1-2 内护套、铠装及外护套代号

代号	内护套	代号	铠装	代号	外护套
V	聚氯乙烯	0	——	0	——
F	氯丁橡胶	3	细圆钢丝	2	聚氯乙烯
H	氯硫化聚乙烯	8	铜丝编织	3	聚乙烯或聚烯烃护套
Y	聚乙烯或聚烯烃	9	钢丝编织	4	交联聚乙烯或交联聚烯烃护套
YJ	交联聚乙烯或交联聚烯烃				

现主要介绍几种船舶常用电缆:

(1)船用丁苯天然橡皮绝缘电缆:如:CQ、CHF、CHF31、CHF32、CHFR、CHY、CHY-31、CHY-32、CHYR、CV、CHHYP、CHHYP-31、CHHYP-32 等型号。

(2)船用丁基橡皮绝缘电力电缆:如 CXDHF、CXDHF31、CXDHF32、CXDHFR、CXDHY、CXDHY31、CXDHY32、CXDHYR、CXD V 等型号。

(3)船用聚乙烯绝缘及护套电缆,如 CVV、CVVP、CVVP-80。

(4)船用移动特软电缆:如 CRHF 等。

三、电缆的选择

(1)电缆应根据敷设场所的环境条件、敷设方法、额定工作、需要系数等因数来选择,如是否耐油、是否需要非燃性、是否需要铠装等。

(2)电缆芯线截面的大小和芯数多少是通过电缆的电流的大小来确定的。电缆的最大允许电流不应小于电缆的最大可能通过的工作电流,然后查表选择电缆截面。

注:电缆截面确定后,在选电缆时应考虑以下要求:

(1)计算出的截面小于 1 mm^2时,单芯的都选用截面在 1 mm^2以上的电缆;多芯且计算出的截面不足 0.8 mm^2时,选用截面在 0.8 mm^2以上的电缆,以保证其机械强度符合要求。

(2)在直流电路中,截面在 25 mm^2以上的,宜用单芯电缆;在 120 mm^2以上的,应用两根截面在 60 mm^2以上的相同面积的电缆并联使用,以便于敷设。

(3)在三相交流电路中,一般采用三芯电缆。若面积较大,可采用多根三芯电缆并联使用,但不可分相。三相四线制中线应与相线截面相同。

(4)进入蓄电池室的蓄电池连接线应选用单芯电缆,以便于蓄电池接线。

(5)船舶采用单线制时,为了工作可靠,照明灯具和通信、导航设备所用的电缆仍采用双芯电缆,可通过分配电板的汇流排进行接地。

(6)选用多芯电缆时,应留有备用芯线,并在文件资料中注明。

四、电缆的切割及电缆端头处理

1.电缆的切割

(1)初切割

造船时按图纸要求,按所需电缆长度将电缆用钢锯锯断。

(2)精确切割

经初切割的电缆在船上拉到位后要进行精确切割,可用断线钳。

2.电缆端头处理方法和连接

电缆切断后,用斜嘴钳将电缆绝缘层剪开,并切断不要部分的绝缘层。为了保证电缆与接线柱之间可靠连接和导电良好,要求电缆芯线头与接线端子(铜接头)之间用压接钳压接。为了施工接线方便和便于维修,现在船上已大量采用销式接头。销式接头是一种可拆卸的接线头,用于水密接线盒和室内日用电器,如各种灯具等的接线,其结构如图 2-1-3 所示。利用销式接头把两电缆并接在一起时,电缆线端不需任何加工,剥去绝缘后,直接将两电缆插入铜销座内,用螺钉固紧,再旋上胶木壳即完成电缆接线。

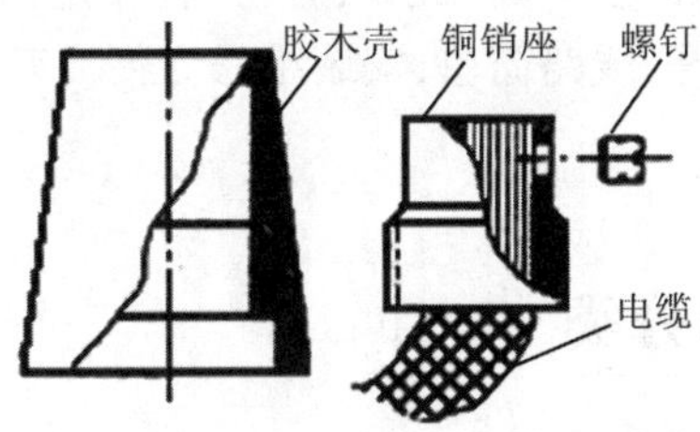

图 2-1-3　销式接头结构示意图

在电缆切割、端头处理和连接时要求做到:

(1)电缆切割时芯线绝缘不得受到损伤;

(2)芯线部分不得割断;

(3)护套露出金属编织套长度应不少于 5 mm;

(4)用塑料胶带包扎时在金属编织套与护套上不得少于 2 层;

(5)安装冷压铜接头时工具使用恰当,截面在 2.5 mm^2 以下芯线在与铜接头压紧后要用手拉一下来检查松紧。

第二节　船舶照明的基本知识

一、常用的光源及特点

我国目前最常用的电光源是热辐射型光源和气体放电型光源两大类。

1.白炽灯

白炽灯是目前使用最为广泛的热辐射型光源之一。它具有结构简单、可靠性高、安装方便、价格低廉、光色柔和、适用各种场所等优点,但其发光效率低,寿命短,通常只有 1000 h 左右。

2.日光灯

日光灯是目前使用最为广泛的气体放电型光源之一,其寿命比白炽灯长 2~3 倍,发光效率比白炽灯高 4 倍。但日光灯的附件多,造价较高,功率因数低(仅 0.5 左右),而且故障率比白炽灯高,安装维修比白炽灯难度大。由于它优点特别突出,所以其使用仍然很广泛。

3.碘钨灯

碘钨灯是热辐射型光源,其构造简单,可靠性高,光色好,体积小,发光效率比白炽灯高 30%左右,功率大,安装维修方便。但其灯管温度高达 500~700 ℃,安装必须保持水平,倾角不得大于 4°,造价也较高。

4.高压汞灯

高压汞灯是气体放电型光源,也叫高压水银灯,其寿命是白炽灯的 2.5~5 倍,发光效率是白炽灯的 3 倍,耐震、耐热性能好,线路简单,安装维修方便。其缺点是造价高,启辉时间长,对电压波动适应能力差。

二、船舶灯具的分类

对于船舶灯具除要求工作可靠以外,还必须有一定的机械防护装置。船舶灯具的结构按照其使用场所的不同,分为四类:

(1)防护式

用于干燥的船室,如船员及旅客房间、餐厅、驾驶室、海图室、无线电室及内走道等处。

(2)防溅式

用于有水飞溅的场所。

(3)防水式

用于不仅有水飞溅而且有水凝结和冲击的场所,如机舱、炉舱、货舱、冷藏舱、厨房、浴室、厕所、修理间、控制室、储藏室以及露天甲板和外走道等处。

(4)防爆式

用于有易燃物体和有爆炸气体产生的舱室,如蓄电池间、煤舱、油舱、油漆间及油船上第二类舱室等。

第三节 白炽灯和日光灯的工作与维护

一、白炽灯及工作线路

白炽灯螺口灯头、灯泡的构造及白炽灯工作线路如图 2-3-1 所示。在螺口灯头的接线上,要注意,相线应接在跟中心弹簧片相连的接线桩上,零线接在与螺口相连的接线桩上。如果接反,容易出现触电事故。

图 2-3-1 白炽灯螺口灯头、灯泡的构造及白炽灯工作线路示意图

二、日光灯及工作线路

日光灯主要由灯管、镇流器和启辉器等部分组成。

1.灯管

灯管是一根直径为 15~40.5 mm 的玻璃管,在灯管内壁上涂有荧光粉,灯管两端各有一根灯丝,固定在灯管两端的灯脚上。灯丝上涂有氧化物。当灯丝通过电流而发热时,便发射出大量电子,管内在真空情况下充有一定量的氩气和少量水银,如图 2-3-2 所示。当灯管两端加上电压时,灯丝发射出的电子便不断轰击水银蒸气,使水银分子在碰撞中电离,并迅速使带电离子增加,产生肉眼看不见的紫外线,紫外线射到玻璃管内壁的荧光粉上便发出日光色的可见光。氩气有帮助灯管点燃并保护灯丝、延长灯管使用寿命的作用。

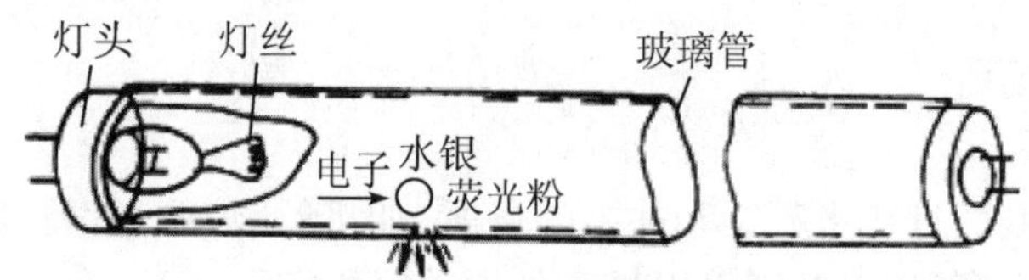

图 2-3-2　日光灯灯管构造示意图

2.镇流器

镇流器(如图 2-3-3 所示)是具有铁芯的电感线圈。它有两个作用:一是在启动时与启辉器配合,产生瞬时高压点燃灯管;二是在工作时利用串联于电路中的高电抗限制灯管电流,从而延长灯管使用寿命。

3.启辉器

启辉器又叫启动器、跳泡,由氖泡、纸介电容、引线脚和铝质外壳组成,其构造如图 2-3-4 所示。氖泡内有一个固定的静触片和一个双金属片制成的倒 U 形动触片。双金属片由两种膨胀系数差别很大的金属薄片黏合而成,动触片与静触片平时分开,两者相距 0.5 mm 左右。与氖泡并联的纸介电容,容量在 5000 pF 左右,它的作用是:第一,与镇流器线圈组成 LC 振荡电路,能延长灯丝预热时间和维持脉冲放电电压;第二,能吸收干扰收录机、电视机等电子设备的杂波信号。如果电容被击穿,去掉后氖泡仍可使灯管正常发光,但失去吸收干扰杂波信号的功能。

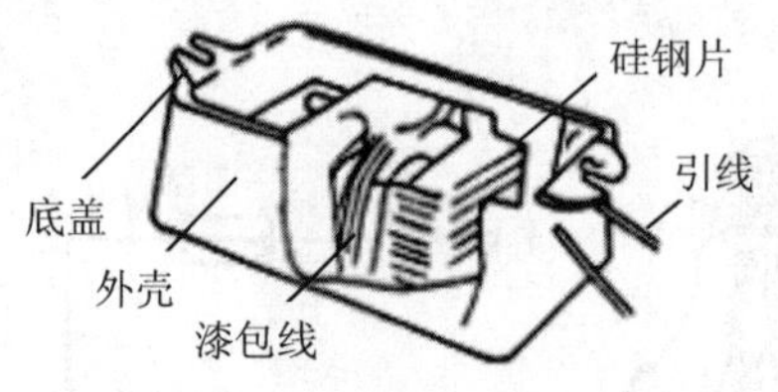

图 2-3-3　镇流器结构示意图

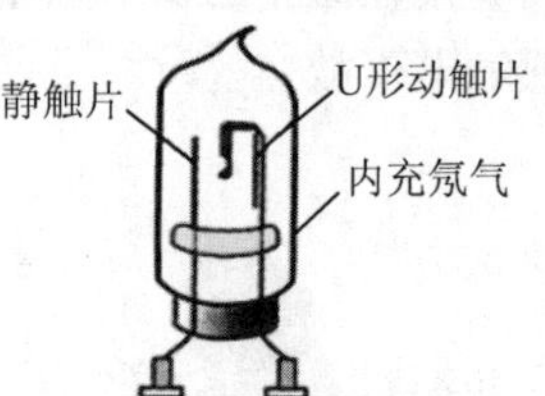

图 2-3-4　启辉器结构示意图

4.日光灯的工作线路

日光灯的工作过程分为启辉和工作两个阶段,下面以图 2-3-5 所示的电路为例分析日光灯的工作原理。

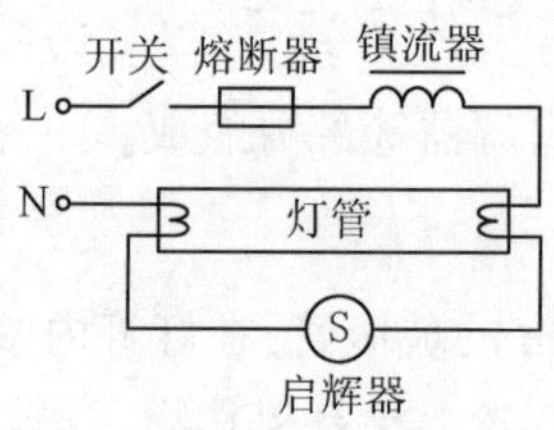

图 2-3-5　日光灯工作线路图

由图可见,开关、熔断器、镇流器、灯管两端的灯丝和启辉器处于串联状态。刚合上开关的瞬间,启辉器动、静触片处于断开位置,而灯管属于长管放电发光状态,启辉前管内内阻较高,灯丝发射的电子不能使灯管内部形成电流通路,镇流器处于空载,线圈两端的电压降极小,电源电压几乎全部加在启辉器氖泡中的动、静触片之间，使其发生辉光放电而逐渐发热，U形双金属片受热后发生膨胀伸展而与静触片接触，将电路接通，构成日光灯启辉状态的电流回路，使电流流过镇流器和两端灯丝，灯丝被加热而发射电子。启辉器动、静触片接触后，辉光放电消失，触片温度下降而恢复断开位置，将启辉器电路分断。此时，镇流器线圈由于电流突然中断，在电感作用下产生较高的自感电动势，出现瞬时脉冲高压，它和电源电压叠加后加在灯管两端，导致管内惰性气体电离发生弧光放电，使管内温度升高，液态水银汽化游离，游离的水银分子剧烈运动撞击惰性气体分子的机会急剧增加，引起水银蒸气弧光放电，辐射出波长为2537Å的紫外线，紫外线激发管壁上的荧光粉而发出日光色的可见光。

灯管启辉后，管内电阻下降，日光灯管回路电流增加，镇流器两端电压降跟着增大，有的要大于电源电压一半以上，加在氖泡两端电压大为降低，不足以引启辉光放电，启辉器保持断开状态而不起作用，电流由管内气体导电而形成回路，灯管进入工作状态。

三、白炽灯、日光灯的维护

1.船舶照明设备的管理与维护的一般要求

(1)安装灯泡时应注意灯具规格、电压等级，尽量避免带电更换灯泡。

(2)装卸易燃危险货物时，不可使用携带式货舱灯。

(3)甲板、船桥等露天的投光灯具在使用后应用帆布罩罩妥。

(4)船舶应急照明设备应有红漆记号，并经常检查灯泡是否完好。

(5)室外水密插座接通电源前应检查插头螺母是否旋紧，取出插头前也应检查电源是否已切断，用毕后用防水盖盖上并旋紧。

(6)张挂彩灯时，要检查供电线路及开关的载流量是否超负荷，相电流是否分配平衡，并检查保护装置是否完好。油船严禁张挂彩灯。

(7)航行灯及信号灯的维护周期：每航次检查一次航行灯、信号灯供电是否正常，故障报警或显示装置是否正常。

(8)闪光灯的维护周期：每两个月一次，检查灯具、导线的完好性，并测量绝缘电阻。

(9)普通照明及可携式灯具的维护周期：每半年一次，检查灯头接线是否老化、断开，同时检查室外灯具水密和锈蚀情况，如有损坏要更换。

(10)应急照明的维护周期：每月一次效能试验，逐路检查灯具及应急照明接触器的工作情况，如有故障应予排除。另外每半年应测量一次绝缘电阻。

(11)探照灯、运河灯的维护周期：使用前应检查开关及灯具的水密、电缆、电源情况，并测量绝缘电阻。

2.白炽灯线路故障分析与维护

白炽灯线路常见的故障有灯泡不亮、发光强烈、灯光闪烁、发光暗红、上电后熔丝立即熔断等几种。产生这些故障的可能原因及排除方法，具体见表2-3-1。

3.日光灯线路故障分析与维护

日光灯线路常见的故障有灯管不发光、启辉困难、灯光闪烁或管内有螺旋形滚动光带、镇流器异声、灯管两端发黑等几种。产生这些故障的可能原因及排除方法，具体见表2-3-2。

表 2-3-1 白炽灯线路故障分析与维护

序号	故障现象	故障可能原因	排除方法
1	上电闭合开关后灯泡不亮	灯丝断裂	用肉眼直接观察灯丝是否断裂
		灯座接触情况不良	断电后,用万用表的欧姆挡 R×1 kΩ 检测,将灯泡拧到螺口灯座上(开关闭合),将表笔接触灯座(开关)的两个触点:指针偏转,说明接触良好;反之,说明接触不好
		开关接触情况不良	
		线路开路	
2	灯泡发光强烈	灯丝局部短路	更换灯泡
		电源电压高于灯泡的额定电压	最好用交流稳压源将电源电压稳定在 220 V
3	灯光发暗发红	灯座、开关或导线对地严重漏电	更换灯座、开关或导线
		灯座、开关接触不良,阻值过大	修复接触不良的触点
		线路导线太长、太细,线路压降太大	缩短线路长度或更换大截面的导线
4	灯光忽明忽暗	电源电压波动	最好用交流稳压源将电源电压稳定在 220 V
		灯座或开关触点(或接线)松动氧化	修复松动的触点或接线,去除氧化物
		熔丝接触不良	修复或更换
5	上电后熔丝立即熔断	线路或灯具内部相线与零线间短路	通常短路故障多发生在相线、中线距离较近的地方,如灯头内、接线盒内等线路接头处或电线管道的进出口处
		熔丝太细	按容量选择熔丝规格
		负载过大	减轻负载或扩大线路的导线容量、更换熔断器

表 2-3-2 日光灯线路故障分析与维护

序号	故障现象	故障可能原因	排除方法
1	上电后灯管不发光	灯座触点接触不良	重新安装灯管
		启辉器损坏或与基座触点接触不良	先旋动启辉器,试看是否发光,再检查线头是否脱落,排除后仍不发光,应更换启辉器
		镇流器绕组断路	用万用表的欧姆挡 R×1 kΩ 测量绕组是否通路
		管内灯丝断路	用万用表的欧姆挡 R×1 kΩ 测量灯丝是否通路
2	启辉困难	启辉器功率不匹配	换上配套的启辉器
		镇流器功率不匹配	换上配套的镇流器
		电源电压太低	最好用交流稳压源将电源电压稳定在 220 V
		环境温度太低	可用热毛巾在灯管上来回熨烫
		灯管衰老	更换灯管
3	灯管两端发亮,中间不亮	启辉器短接或内部小电容被击穿短路	更换启辉器

续表

序号	故障现象	故障可能原因	排除方法
4	灯光闪烁或管内有螺旋形滚动光带	启辉器或镇流器连接不良	接好连接点
		镇流器不配套	换上配套的镇流器
		新灯管暂时现象	使用一段时间会自行消失
		灯管质量不好	更换灯管
5	镇流器异声	铁芯叠片松动	固紧铁芯
		绕组内部短路	更换镇流器
		电源电压过高	最好用交流稳压源将电源电压稳定在 220 V
6	灯管两端发黑	灯管衰老	更换灯管
		启辉不佳	排除启辉系统故障
		镇流器功率过大、不匹配	换上配套的启辉器
		电压过高	最好用交流稳压源将电源电压稳定在 220 V

第四节　电烙铁钎焊工艺

在电子设备的装配与维修过程中,往往需要大量焊接工艺。焊接的工具是电烙铁。焊接工艺质量,对电路、整机的性能指标和可靠性有很大的影响。随着电子设备的复杂化、超小型化和对可靠性要求不断提高,焊接质量的重要性越来越突出。电工或电子技术人员必须能熟练地进行焊接操作,正确地掌握焊接要领,才能在电器装配与维修中提高效率,保证工作质量。下面以焊接 7805 芯片制作稳压电源为例。

一、电子线路识图

7805 稳压电源原理图如图 2-4-1 所示,稳压电路依次由降压、整流、滤波、稳压 4 个环节构成。其工作原理是:

(1)降压:左侧接入 220 V、50 Hz 的交流电,经变压器 T 降压;

(2)整流:经变压器 T 降压后通过 VD1-VD4 整流桥进行整流,整流后得到脉动的直流电;

(3)滤波:脉动的直流电经 C1、C2 进行滤波,得到平滑的输出波形;

(4)稳压:然后经 LM7805 稳压器件后得到 5 V 的直流电,C3、C4 起到滤波的作用,提高输出波形的质量。

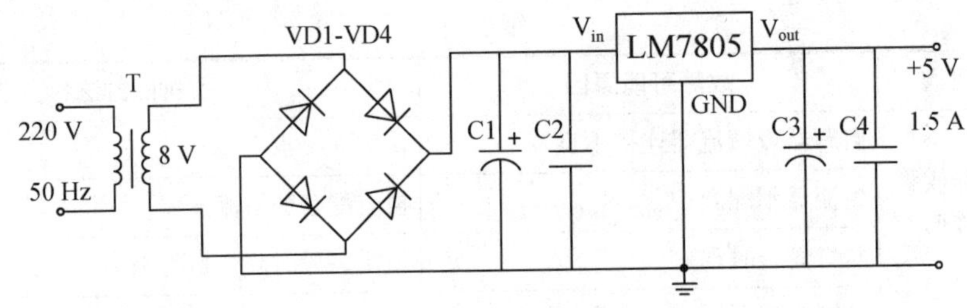

图 2-4-1　7805 稳压电源原理图

T—降压变压器；VD1-VD4—整流桥；C1—滤波电容；C2—高次谐波滤波电容；
LM7805—+5 V 直流电源模块；C3—滤波电容；C4—高次谐波滤波电容

二、电烙铁

1.电烙铁的种类及结构

常用的电烙铁有外热式和内热式两大类，随着焊接技术的发展，人们又研制出恒温电烙铁和吸锡电烙铁。无论哪一种电烙铁，它们的工作原理基本上是相同的，都是在接通电源后，电流使电阻发热，并通过传热筒加热烙铁头，使其达到焊接温度后可进行工作。

（1）外热式电烙铁：外热式电烙铁通常有 25 W、45 W、75 W、100 W、150 W、200 W 和 300 W 等多种规格，其结构组成如图 2-4-2（a）所示。

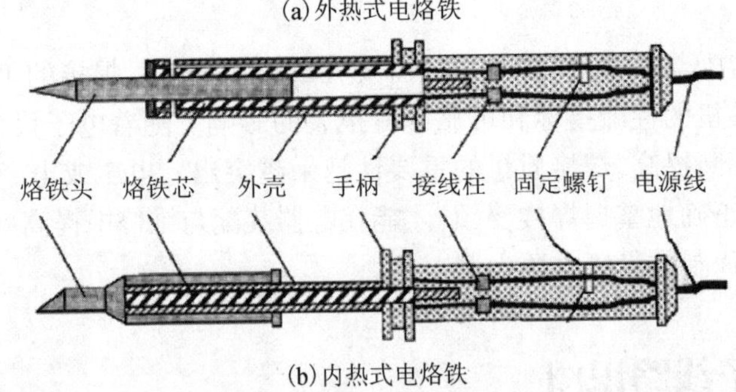

图 2-4-2　电烙铁结构组成

（2）内热式电烙铁：内热式电烙铁常见的有 20 W、30 W、35 W 和 50 W 等几种规格，其结构组成如图 2-4-2（b）所示。内热式电烙铁具有体积小、发热快、耗电省、效率高、便于操作等优点。一把 20 W 的内热式电烙铁产生的温度相当于 25~45 W 外热式电烙铁的温度。

2.电烙铁的选用一般应遵循下面几个原则

（1）电烙铁的形状要适应被焊物面的要求及焊点的密度。

（2）烙铁头顶端温度应适应焊锡的熔点，通常这个温度比焊锡的熔点高 30~80 ℃。

（3）电烙铁的热容量应能满足被焊物的要求。

（4）烙铁头的温度恢复时间应能满足被焊物的要求。

三、手工焊接

1.电烙铁和焊料握持方法

焊接时,电烙铁的握持方法因人而异,可以灵活掌握。图 2-4-3 是几种常见的电烙铁握法,图 2-4-3(a)为正握式,图 2-4-3(b)为反握式,图 2-4-3(c)为握笔式。

对于焊料,一般拿法如图 2-4-4 所示,其中图 2-4-4(a)为连续焊接时的拿法,图 2-4-4(b)为断续焊接时的拿法。

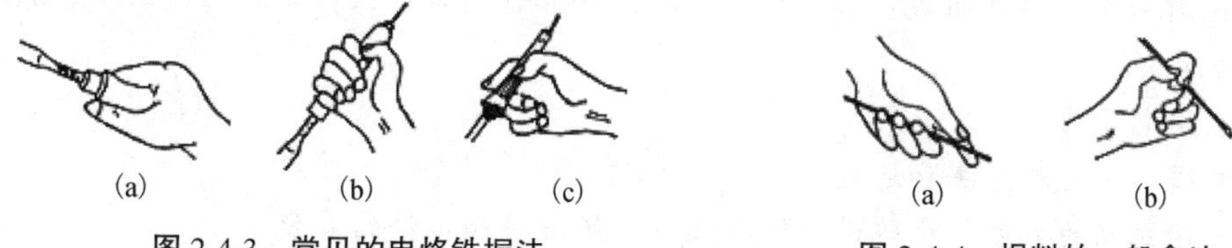

图 2-4-3　常见的电烙铁握法

图 2-4-4　焊料的一般拿法

2.焊接操作步骤

对初学者而言,焊接操作可采用五步工序法来进行,如图 2-4-5 所示。

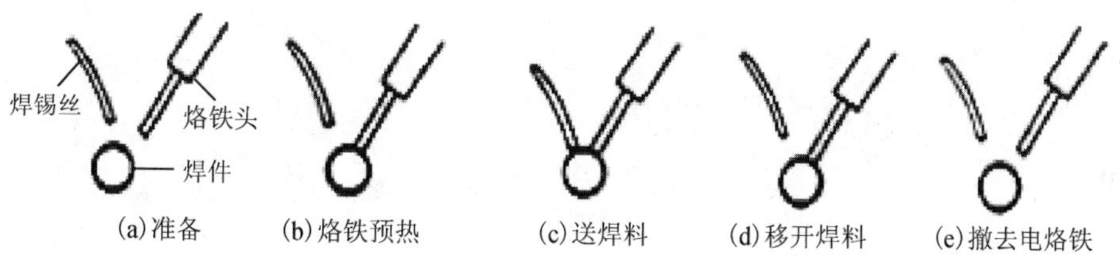

图 2-4-5　焊接操作五步工序法示意图

(1)准备:将被焊件、电烙铁、焊锡丝、烙铁架、焊剂等放在工作台上便于操作的地方,然后清洁并加热烙铁头工作面,搪上少量焊锡,对准已经加工好的待焊材料。

(2)烙铁预热:用电烙铁加热待焊接处,要掌握好烙铁头的角度,使焊点与烙铁头的接触面积大一些,且有一定压力。

(3)送焊料:被焊件加热到一定温度后,立即将焊锡丝触到被焊件的焊接面上。焊锡丝应对着烙铁头的方向加入,但不能直接触到烙铁头上。

(4)移开焊料:当焊锡丝熔化适量后,应迅速离开。

(5)撤去电烙铁:当焊点上的焊料接近饱满,焊剂尚未完全挥发,焊点最光亮、流动性最强的时候,迅速撤去电烙铁。

正确的方法是:电烙铁迅速回带一下,同时轻轻旋转一下,朝焊点 45°方向迅速撤去。要掌握好电烙铁撤去的时间,如果停止填充焊料后仍继续加热,则本来已充分吸收成型的焊料就会流淌,造成焊点太大,表面粗糙、拉尖,失去金属光泽;如果填充焊料时加热时间过短,则焊点不能充分润湿,造成松香焊、虚焊等不完全焊接。

对于一般焊点来说,从烙铁预热被焊件到移开的总焊接时间应在 3 s 左右,对大焊点可适当延长焊接时间。

练习题

1.简述船用电缆的主要类型,列举常用电缆的型号。

2.常用的电光源有哪几种?船舶灯具按使用场所可分为哪几类?

3.白炽灯及其线路常见的故障有哪些?怎样检查故障点?

4.日光灯及其线路常见的故障有哪些?怎样检查故障点?

5.日光灯由哪些部件组成?各部件的主要结构和作用是什么?试述启辉器工作原理。

6.技能训练

(1)船用电缆的切割。

(2)电缆端头处理方法和连接。

(3)采用正确的方法与步骤进行线路及电路板焊接和元件的装配。

第三章

船舶常用低压电器

第一节 交流接触器的选取与维护

交流接触器是通过电磁机构动作,频繁地接通和分断主电路的远距离操纵电器。其优点是动作迅速、操作方便和便于远距离控制。广泛用于电动机、电热设备、小型发电机、电焊机和机床电路上。其缺点是噪声大、寿命短。由于它只能接通和分断负荷电流,不具备短路保护作用,因此必须与熔断器、热继电器等保护电器配合使用。

 一、交流接触器的选取

选用交流接触器时,交流接触器工作电压不得低于被控制电路的最高电压,交流接触器主触头额定电流应大于被控制电路的最大工作电流。用交流接触器控制电动机时,电动机最大电流不应超过交流接触器额定电流允许值。用于控制可逆运转或频繁启动的电动机时,交流接触器要增大一级或两级使用。交流接触器电磁线圈的额定电压与被控制辅助电路电压一致。对于简单电路,多用 380 V 或 220 V;在线路较复杂或有低压电源的场合或工作环境有特殊要求时,也可选用 36 V、127 V 等。

交流接触器的工作环境要求清洁、干燥。应将交流接触器垂直安装在底板上,注意安装位置不得受到剧烈振动,因为剧烈振动容易造成触头抖动,严重时会发生误动作。

交流接触器的常用型号有 CJ10、CJ12 及 CJ12B 等系列,CJ10 可取代 CJ0、CJ8 等系列老产品;CJ12、CJ12B 可取代 CJ1、CJ2、CJ3 等系列老产品,其型号及意义如图 3-1-1 所示。

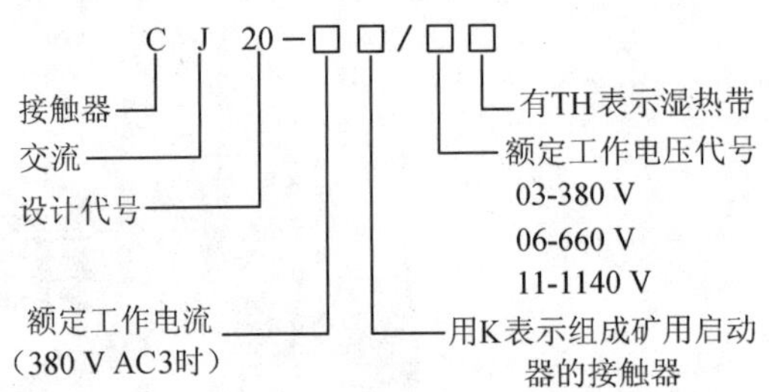

图 3-1-1 交流接触器型号及其意义

二、交流接触器的基本结构和工作原理

交流接触器的主要部分是电磁系统、触头系统和灭弧装置，其外形、结构及电气符号如图 3-1-2 所示。

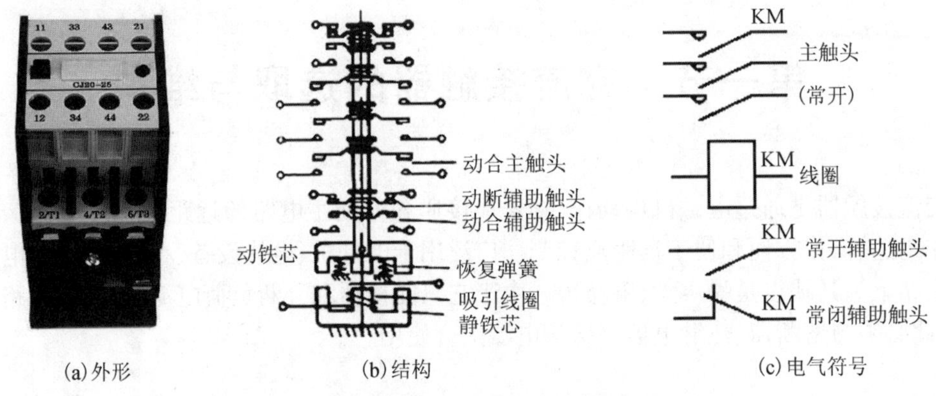

图 3-1-2 交流接触器外形、结构及电气符号示意图

1.电磁系统

电磁系统由电磁线圈、静铁芯、动铁芯（衔铁）等组成。其中动铁芯与动触头支架相连。电磁线圈通电时产生磁场，使动、静铁芯磁化产生磁场而互相吸引，当动铁芯被吸引向静铁芯移动时，与动铁芯相连的动触头也被拉向静触头，令其闭合接通电路。电磁线圈断电后，磁场消失，动铁芯在复位弹簧弹力作用下，回到原位，牵动动触头与静触头分离，分断电路。

交流接触器的铁芯由硅钢片叠压而成，这样可减少交变磁通在铁芯中的涡流和磁滞损耗。在有交变电流通过电磁线圈时，线圈磁场对衔铁的吸引力也是交变的，当交流电通过零值时，线圈磁通为零，对衔铁的吸引力也为零，衔铁在复位弹簧作用下将产生释放趋势，这就使动、静铁芯之间的吸引力随着交流电的变化而变化，从而产生振动和噪声，加速动、静铁芯接触面的磨损，引起结合不良，严重时还会引起触头烧蚀。为了消除这一弊端，在铁芯柱端面的一部分，嵌入一只铜环，名为短路环或减振环，如图 3-1-3 所示，它通常由铜、康铜或镍铬合金制成。该短路环相当于变压器副边绕组，在线圈通入交流电时，不仅线圈产生磁通 Φ_1，短路环中的感应电流也将产生磁通 Φ_2，线圈电流磁通与短路环感应电流磁通不同时为零，即电源输入的交流电流通过零值时，短路环中感应电流不为零，此时它的磁场对衔铁将起着吸引作用（电磁力 $F=F_1+F_2$），从而克服了衔铁被释放的趋势，使衔铁在通电过程中总是处于吸合状态，明显减

小了振动和噪声，如图 3-1-4 所示。

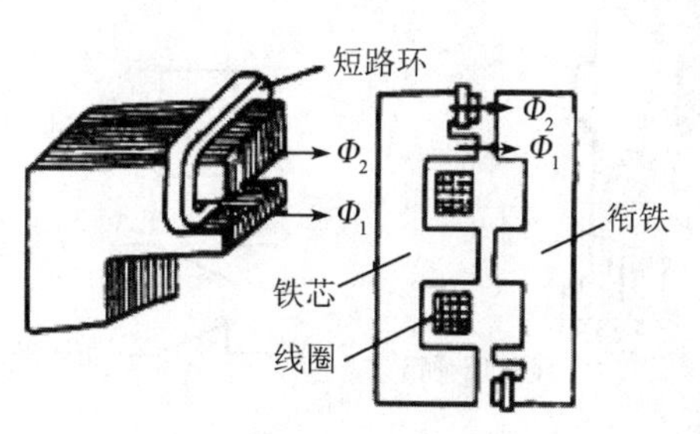

图 3-1-3　铁芯上的短路环

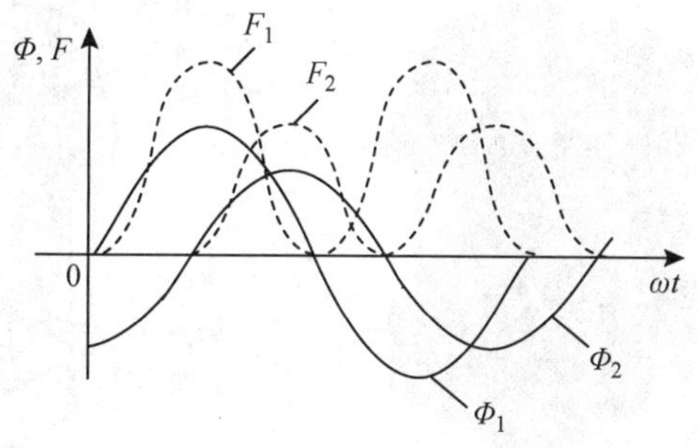

图 3-1-4　线圈和短路环所产生 Φ 和 F 特性曲线

2.触头系统

触头系统按功能的不同可分为主触头和辅助触头两类。主触头用于接通和分断主电路；辅助触头用于接通和分断二次电路，还能起自锁和联锁作用。小型触头一般用银合金制成，大型触头一般用铜材制成。因为银合金和铜不易氧化，制成的触头接触电阻小，导电性能好，使用寿命长。

3.灭弧装置

交流接触器在分断较大电流电路时，在动、静触头之间将产生较强的电弧，它不仅会烧伤触头，延长电路分断时间，严重时还会造成相间短路。因此在容量稍大的电气装置中，均加装了一定的灭弧装置用以熄灭电弧。交流接触器中常用的灭弧方法有以下几种：电动灭弧、磁吹灭弧、栅片灭弧、纵缝灭弧、双断口灭弧。

4.交流接触器的工作原理

当交流电流通过交流接触器电磁线圈时，电磁线圈产生磁场，磁化动、静铁芯，使二者之间产生足够的吸力，动铁芯克服反作用弹簧弹力向静铁芯运动，使常开主触头和常开辅助触头闭合，常闭辅助触头分断。于是主触头接通主电路，常开辅助触头接通有关二次电路，常闭辅助触头分断另外的二次电路。

如果电磁线圈断电，磁场消失，动、静铁芯之间的吸力消失，动铁芯在复位弹簧的作用下复位，断开常开主触头和常开辅助触头，分断主电路和有关的二次电路。在较简单的控制电路中，有的常开和常闭辅助触头有时空着不用。

三、中间继电器

中间继电器通常用于控制各种电磁线圈，使有关信号放大，也可将信号同时传给几个元件，使它们互相配合起自动控制作用。

中间继电器外形如图 3-1-5(a)所示。它的基本结构和工作原理与 CJ10-10 等小型交流接触器基本相同，只是它的触头系统无主、辅之分，各对触头载流量基本相等，多为 5 A。如果被控制电流在 5 A 以下时，中间继电器可作接触器使用，相当于一个小的交流接触器。

中间继电器型号含义如图 3-1-6 所示。

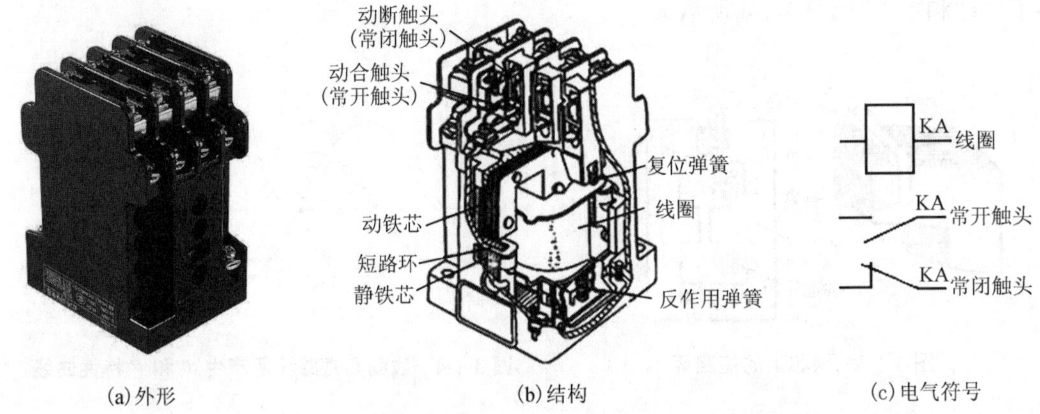

(a)外形　(b)结构　(c)电气符号

图 3-1-5　中间继电器的外形、结构及电气符号示意图

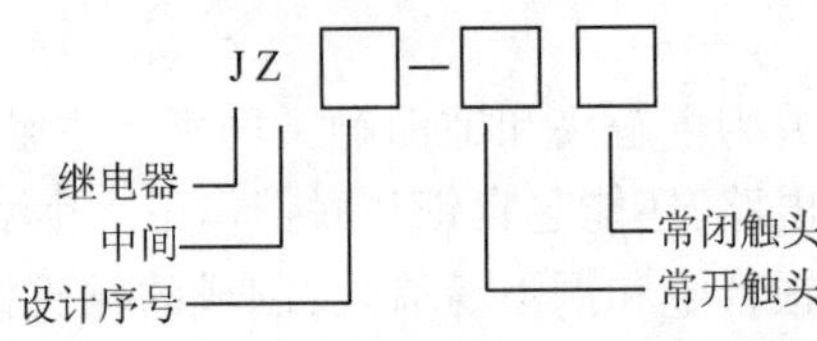

图 3-1-6　中间继电器型号含义示意图

选用中间继电器时,应根据被控制电路电压等级、所需触头对数、种类和容量等综合考虑。

四、交流接触器的常见故障及排除方法

交流接触器在使用时常见的故障现象、产生故障时可能原因及排除方法如表 3-1-1 所示。

表 3-1-1　交流接触器常见的故障现象、产生故障的可能原因及排除方法

故障现象	产生故障的可能原因	排除方法
吸不上或吸力不足(触头闭合而铁芯未完全闭合)	①电源电压过低 ②操作回路电源容量不足或断线、配线错误及控制触头接触不良 ③线圈参数及使用条件不符 ④接触器受损(线圈断线或烧毁,机械可动部分卡住,转轴生锈或歪斜等) ⑤触头弹簧压力与超程过大	①调整电源电压至额定值 ②增加电源容量,更换线路,修理控制触头 ③更换线圈 ④更换线圈,排除机械故障,修理受损零件 ⑤调整触头参数
不释放或释放缓慢	①触头弹簧压力过小 ②触头熔焊 ③机械可动部分卡住,转轴生锈或歪斜 ④反力弹簧损坏 ⑤铁芯极面有油污或灰尘 ⑥E 型铁芯使用寿命结束而使铁芯不释放	①调整触头参数 ②排除熔焊故障,修理或更换触头 ③排除卡住的现象,修理受损零件 ④更换反力弹簧 ⑤清理铁芯极面 ⑥更换铁芯

续表

故障现象	产生故障的可能原因	排除方法
线圈过热或烧损	①电源电压过高或过低 ②线圈参数及实际使用条件不符 ③交流操作频率过高 ④线圈接触不良或机械损伤、绝缘损坏 ⑤运动部分卡住 ⑥交流铁芯极面不平或中间气隙过大 ⑦交流接触器派生直流操作的双线圈因动断联锁触头熔焊不释放而使线圈过热 ⑧使用环境条件特殊(高湿、高温等)	①调整电源电压 ②调整线圈或接触器 ③调换合适的接触器 ④更换线圈,排除引起机械、绝缘损伤的故障 ⑤解除卡住故障 ⑥清除铁芯极面或更换铁芯 ⑦调整联锁触头参数,更换烧毁线圈 ⑧采用特殊设计的线圈
电磁噪声大	①电源电压过低 ②触头弹簧压力过大 ③磁系统歪斜或机械上卡住,使铁芯不能吸平 ④极面生锈或油污、灰尘等异物侵入铁芯极面 ⑤短路环断裂 ⑥铁芯极面磨损过度而不平	①调整操作回路电压至额定值 ②调整触头弹簧压力 ③排除歪斜或卡住现象 ④清除铁芯极面 ⑤更换短路环 ⑥更换铁芯
触头熔焊	①操作频率过高或过载使用 ②负载侧短路 ③触头弹簧压力过小 ④触头表面有金属颗粒突起或异物 ⑤操作回路电压过低或机械上卡住,致使吸合过程中有停滞现象,触头停顿在刚接触的位置上	①调换合适的接触器 ②排除短路故障,更换触头 ③调整触头弹簧压力 ④清理触头表面 ⑤调整操作回路电压至额定值,排除机械卡住故障,使接触器吸合可靠
触头过热或灼伤	①触头弹簧压力过小 ②触头容量太小 ③触头上有油污,或表面不平,有金属颗粒突起 ④工作频率过高或电流过大,触头断开容量不够 ⑤铜触头用于长期工作制 ⑥环境温度过高或使用在密闭的控制箱中	①调整触头弹簧压力 ②调整触头超程,或更换触头 ③清理触头表面 ④调换容量较大的电容器 ⑤接触器降容使用 ⑥接触器降容使用
触头过度磨损	①接触器选择不当,在以下场合时容量不足:反接制动、操作频率过高 ②三相触头动作不同步 ③负载侧短路	①接触器降容使用或改用适于繁重任务的接触器 ②调整至同步 ③排除短路故障,更换触头
相间短路	①灰尘堆积或有水汽、油污,使绝缘性能变坏 ②接触器零部件损坏(如灭弧室破裂) ③可逆转换的接触器联锁不可靠,由于误操作,致使两台接触器同时运行而造成相间短路;或因接触器动作较快,转换时间短,在转换过程中发生电弧短路	①经常清理,保持清洁 ②更换损坏的零部件 ③检查电气联锁与机械联锁;在控制线路中加中间环节或调换动作时间长的接触器,延长可逆转换时间

第二节　时间继电器参数整定

时间继电器是从得到输入信号（如线圈通电或断电）起，经过一段时间延时后实现触头延时接通或断开的自动控制电器。其种类较多，如图3-2-1、图3-2-2、图3-2-3所示，有数字式、晶体管式（电子式）和空气阻尼式等几种。数字式、晶体管式（电子式）时间继电器调节精度高，时间整定调节较为简单；而空气阻尼式时间继电器调节精度较低，但其结构组成简单，易于观察。下面将重点以空气阻尼式时间继电器为例介绍其结构、工作原理、整定方法。图3-2-4为时间继电器电气符号。

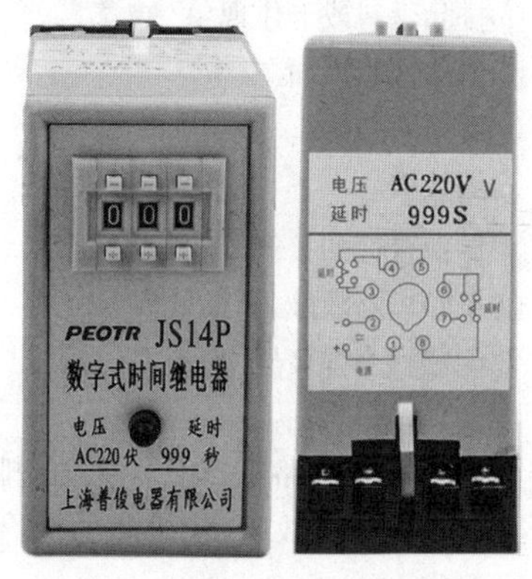

图3-2-1　数字式时间继电器

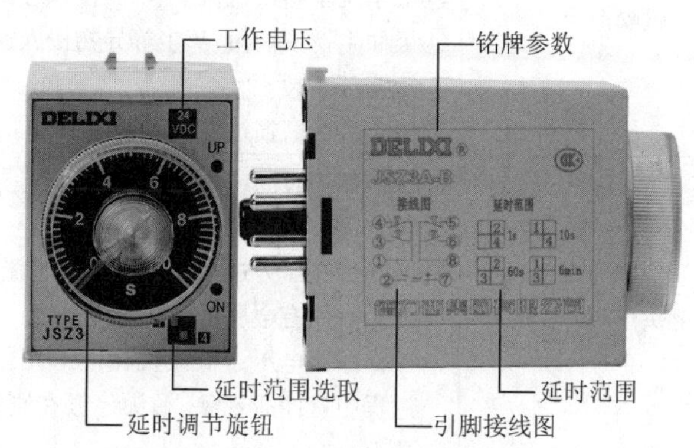

图3-2-2　晶体管式时间继电器

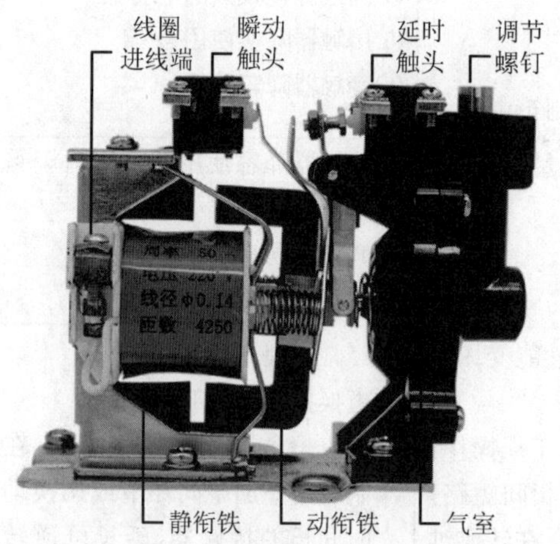

图3-2-3　空气阻尼式时间继电器

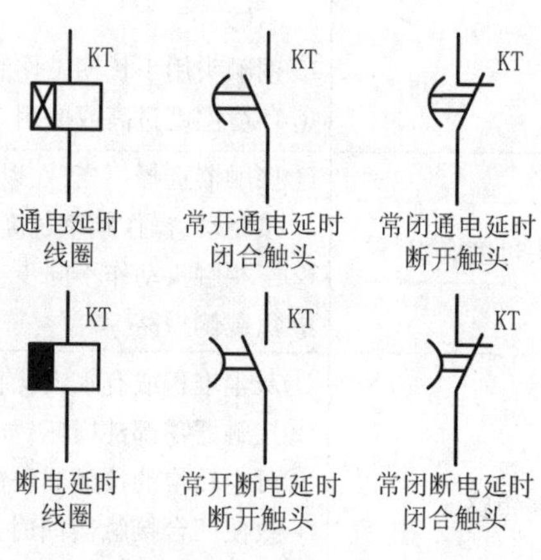

图3-2-4　时间继电器电气符号

一、空气阻尼式时间继电器的结构

按延时方式的不同,空气阻尼式时间继电器分为通电延时型和断电延时型两种。图 3-2-5(a)所示为通电延时型时间继电器,将时间继电器的电磁机构翻转 180°安装,即可将通电延时型时间继电器改装成断电延时型时间继电器,如图 3-2-5(b)所示。

空气阻尼式时间继电器主要由电磁系统、触头系统及延时机构(气室)等三部分组成,如图 3-2-5 所示。

电磁系统:由电磁线圈、静铁芯、衔铁、复位弹簧和弹簧片组成。

触头系统:由两对瞬时触头和两对延时触头组成。两对瞬时触头中,一对瞬时闭合,另一对瞬时分断。

延时机构(气室):主要由橡皮膜、活塞和壳体组成。橡皮膜和活塞可随气室进气量移动,气室上面有一颗螺丝钉,可通过它调节气室进气速度的大小来调节延时的长短。

其他(主要是传动机构):由杠杆、推杆、活塞、推板和宝塔弹簧等组成。

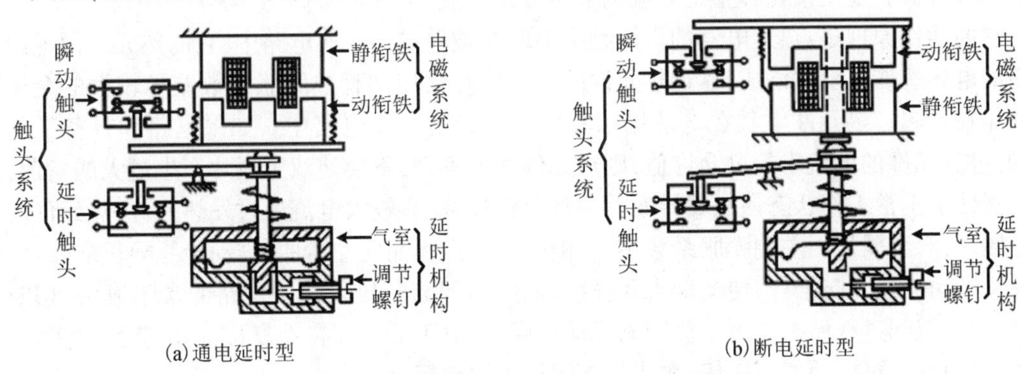

图 3-2-5 空气阻尼式时间继电器动作原理图

二、时间继电器的工作原理及整定

1.空气阻尼式时间继电器的工作原理

通电延时原理:通电延时时间继电器如图 3-2-5(a)所示。当线圈通电后,静铁芯产生磁场力,使动衔铁克服复位弹簧的弹力被吸合(推板使瞬动触头立即动作);塔形弹簧带动活塞及橡皮膜向上移动,由于橡皮膜下方气室空气稀薄,形成负压,因此活塞杆不能迅速上移。当空气由进气孔进入时,活塞杆才逐渐上移。移到最上端时,杠杆才使延时触头动作。延时时间为自线圈通电时刻起至延时触头动作时为止的这段时间。通过调节调节螺钉改变进气孔的大小,即可调节延时时间。

当线圈断电时,动衔铁在复位弹簧的作用下,将活塞推向最下端。因为活塞被往下推时,橡皮膜下方气室内的空气,都通过橡皮膜、弱弹簧和活塞肩部所形成的单向阀,经上气室缝隙排掉,因此延时微动开关与瞬时微动开关都迅速复位。

断电延时型时间继电器的工作原理与通电延时型时间继电器原理基本相似,此时延时出头在线圈断电后延时动作。

2.空气阻尼式时间继电器的整定

空气阻尼式时间继电器结构简单,受电磁干扰小,寿命长,价格低,延时范围可达0.4~180 s,但其延时误差大(±10%~±20%),无调节刻度指示,因此整定时需结合秒表(在延时精度要求不高的场合可以口头计数)反复调节调节螺钉,实现调节目标。

第三节　热继电器参数整定

 一、热继电器的组成及工作原理

热继电器的外形如图3-3-1(a)所示;内部结构如图3-3-1(b)所示,其主要部分由热元件、触头、动作机构、复位按钮和整定电流调节装置等组成;电气符号如图3-3-1(c)所示。

它的动作原理是:热继电器的常闭触头串联在被保护的二次电路中,它的热元件由电阻值不高的电热丝或电阻片绕成,靠近热元件的双金属片是用两种热膨胀系数差异较大的金属薄片叠压在一起。热元件串联在电动机和其他用电设备的主电路中。如果电路和设备工作正常,通过热元件的电流未超过允许值,则热元件温度不高,不会使双金属片产生过大的弯曲,热继电器处于正常工作状态使线路导通。一旦电路过载,有较大电流通过发热元件,热元件烤热双金属片,双金属片因左侧膨胀系数小,右侧膨胀系数大而向左弯曲,推动绝缘导板向左移动,导板又推动补偿片与推杆,使动触头和静触头分开,即分断接入控制电路的常闭触头,切断主电路,从而起到过载保护作用。热继电器动作后,一般不能立即自动复位,待电流恢复正常、双金属片复原后,再按动复位按钮,才能使常闭触头回到闭合状态。

(a)外形

调节螺钉　复位按钮　发热元件　双金属片　弓簧　导板　动触头　静触头

(b)内部结构

FR　FR

(c)电气符号

图3-3-1　热继电器的外形结构、电气符号示意图

热继电器可以用作过载保护,但不能用作短路保护,因其双金属片从升温到发生变形断开常闭触头有一个时间过程,不可能在短路瞬时迅速分断电路。

二、热继电器的整定

热继电器的整定是指热继电器长时间运行而不动作的最大电流。通常只要负载电流超过整定电流的1.2倍,热继电器就必须动作。整定电流的调整可通过旋转外壳上方的旋钮完成。旋钮上刻有整定电流标尺,作为调整时的依据。

在选用热继电器时,其额定电流或热元件整定电流均应大于电动机或被保护电路的额定电流。对于使用星形接法的电动机,可选用普通二相保护式或三相保护式热继电器。对于使用三角形接法的电动机,必须选用带断相保护装置的热继电器,这时热继电器整定电流可以与电动机额定电流相等。若在电动机频繁启动,正反转、启动时间长或带有冲击性负载等情况下,热元件整定电流应为电动机额定电流的1.1~1.15倍。对于点动、重载启动、频繁正反转及带反接制动等运行的电动机,一般不宜用热继电器作过载保护。

第四节 过电流继电器选取及维护

一、过电流继电器功能作用

电流继电器:按结构类型的不同分为电磁式电流继电器、静态电流继电器;按安装方式的不同分为导轨电流继电器、固定式电流继电器;按电流动作的不同分为过电流继电器、欠电流继电器。下面我们重点介绍过电流继电器,以JL12型系列为例。

图3-4-1为JL12型过电流继电器结构组成,JL12型过电流继电器适用于电压为380 V、电流为5~300 A、频率为50 Hz的线路。该继电器主要用作起重机械设备中的绕线型电动机的启动过载、过流保护。热继电器只能保护电动机过载,不保护线路的短路;过电流继电器既保护电动机过载,又保护线路的短路。

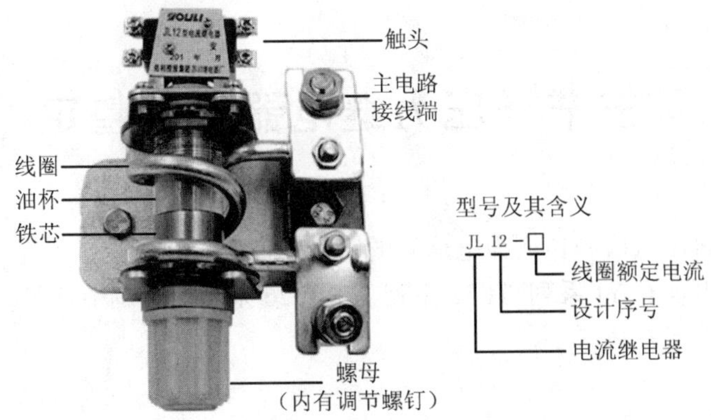

图3-4-1 JL12型过电流继电器结构及型号及其含义

二、过电流继电器技术性能

JL12 型过电流继电器触头额定电流为 5 A,线圈额定电流(I_e)规格有:5 A、10 A、20 A、30 A、40 A、50 A、60 A、75 A、100 A、150 A、200 A、300 A。

表 3-4-1　过电流继电器动作特性表

动作电流 A	动作时间	起始状态	备注
$1I_e$	长期不动作	冷态	继电器在环境温度 -25 ~ 40 ℃范围内
$1.5I_e$	<3 min	热态	
$2.5I_e$	4~16 s	冷态	
$6I_e$	<3 s		

三、使用、调节及维护

(1)过电流继电器安装使用时需竖直放置,即微动开关在上方。

(2)过电流继电器动作后需要再次启动时,相隔时间应大于 10 s。

(3)在环境温度为-25~40 ℃时,温度对硅油黏度的影响会使过电流继电器动作时间受到影响,则可调节螺钉,改变铁芯的位置,进而整定动作时间(一般情况下过电流继电器装在驾驶室保护柜内,温度相对稳定,无须对铁芯做其他调节)。

(4)过电流继电器采用无色透明硅油作为油杯的阻尼液体,应保持清洁,硅油长期不用而变质发黄或变混浊时,则不能使用。

(5)过电流继电器油应保持清洁,在装配维修过程中防止灰尘、金属铁屑等杂物掉入,油杯应有密封装置,且在使用过程中不应有漏油现象,油杯下部螺帽应旋紧,油杯上部封口应塞上橡皮帽。

(6)定期检查过电流继电器触头及接线头是否松动。

(7)发现硅油变质可按铭牌型号更换,不得用其他油类代替。

第五节　压力继电器参数整定

压力继电器是将压力信号转换为电信号的转换元件。

常用的压力继电器有 YJ 系列、TE52 系列、YT-1226 系列压力调节器等。表 3-5-1 是 YJ 系列压力继电器主要技术参数。

表 3-5-1 YJ 系列压力继电器主要技术参数

型号	额定电压	长期工作电流	分断容量	控制压力	
				最大控制压力(Pa)	最小控制压力(Pa)
YJ-0	交流 380 V	3A	380 V · A	6.0795×10^5	2.0265×10^5
YJ-1				2.0265×10^5	1.01325×10^5

YT-1226 型压力调节器有关技术数据为:控制范围 0~0.1 MPa;触头容量:AC 380 V 3 A;DC 220 V 2.5 A;0.07~0.25 MPa。其结构示意图如图 3-5-1 所示。将下部管与被测的气压空间部位相连接,当压力升高,通过波纹管使平衡杆发生偏转,带动支杆动作,使微动开关动作,常闭触头断开,常开触头闭合。压力继电器的调整非常方便,只需旋松或拧紧调整螺母即可改变控制压力。

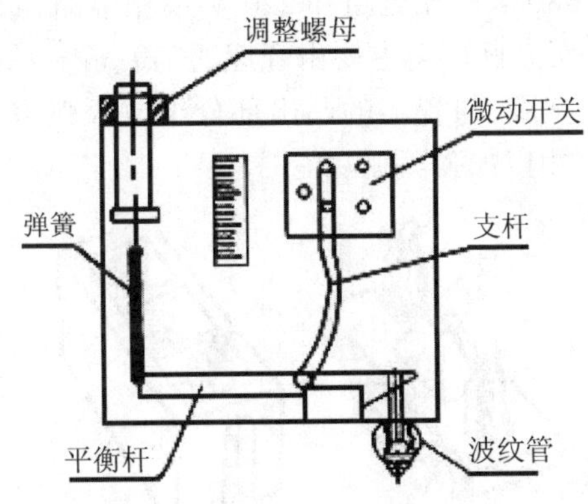

图 3-5-1 YT-1226 型压力调节器示意图

压力继电器的调整:

(1)升压,什么也不调,观察到触头动作即可。

(2)降压,调节复位压力螺丝,整定触头复位的压力值——下限压力。

(3)再升压,调节压差螺丝,整定触头动作压力值——上限压力。

第六节 熔断器选取与更换

一、熔断器的分类

熔断器是低压线路和电动机控制电路中最简单、最常用的过载和短路保护电器。它的主要工作部分是熔体,串联在被保护电器或电路的前面,当电路或设备过载或短路时,大电流将熔体熔化,分断电路而起保护作用。

熔体的材料有两种:在小容量电路中,多用分断力不高的低熔点材料,如铅锡合金、铅等;

在大容量电路中，多用分断力较高的高熔点材料，如铜、银等。熔断器种类很多，常用的低压熔断器有瓷插式、螺旋式、无填料封闭管式、有填料封闭管式等几种。它的电气符号如图 3-6-1 所示。

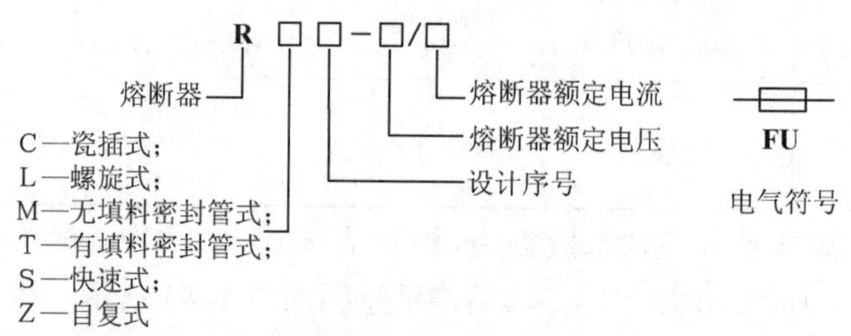

图 3-6-1　熔断器型号含义及电气符号示意图

1.瓷插式熔断器

瓷插式熔断器主要用于 380 V 三相电路和 220 V 单相电路，做保护电器。它具有结构简单、价格低廉、更换熔丝方便等优点。它主要由瓷座、瓷盖、静触头、动触头和熔丝等组成，如图 3-6-2所示。瓷座中部有一空腔，与瓷盖的凸出部分组成灭弧室。60 A 以上的瓷插式熔断器空腔中还垫有编织石棉层，用以加强灭弧功能。

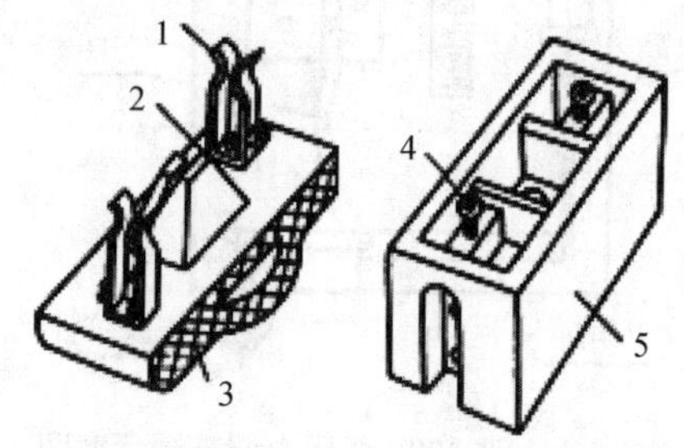

图 3-6-2　RC1A 瓷插式熔断器

1—动触头；2—熔丝；3—瓷盖；4—静触头；5—瓷座

2.螺旋式熔断器

螺旋式熔断器用于交流 380 V 及以下，电流在 200 A 以内的线路和用电设备的过载和短路保护。它具有熔断快、分断能力强、体积小、结构紧凑、更换熔丝方便、安全可靠和熔丝断后标志明显等优点。它主要由瓷帽、熔体（熔芯）、瓷套、上下接线桩及底座等组成，如图 3-6-3 所示。熔芯内除了装有熔丝外，还填满起灭弧作用的石英砂。熔芯的上盖中心装有红色熔断指示器，一旦熔丝熔断，指示器即从熔芯上盖中脱出，并可从瓷帽上的玻璃窗口直接发现，以便拆换熔芯。

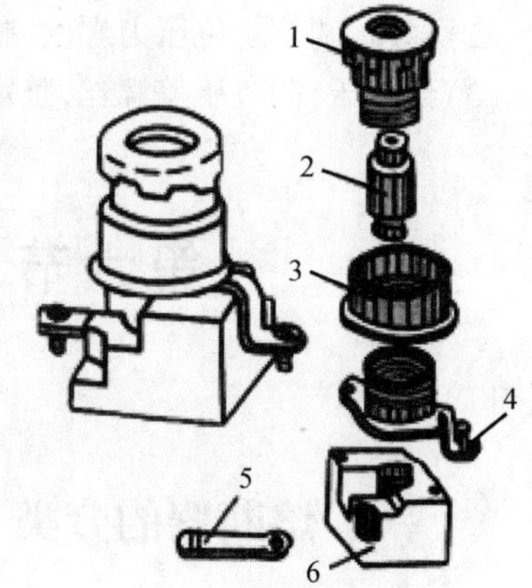

图 3-6-3　螺旋式熔断器

1—瓷帽；2—熔体；3—瓷套；4—上接线桩；5—下接线桩；6—底座

螺旋式熔断器接线时，电源进线必须与熔断器中心触片接线桩相连，与负载的连线应接在与螺口相连的上接线桩上，这样在旋出瓷帽更换熔芯时，金属螺口不带电，有利于操作人员的安全。

3.无填料封闭管式熔断器

无填料封闭管式熔断器用于380 V,额定电流在1000 A以内的低压线路及成套配电设备的过载与短路保护。它具有分断能力强、保护特性好、更换熔体方便等优点,但有造价高、结构复杂、材料消耗大等缺点。

当过大电流通过熔体时,熔片在狭窄处被熔断,钢质管在熔片分断处产生的电弧的高温作用下,分解出大量气体增大管内压力,以加强灭弧。为保证这类熔断器的保护功能,凡是熔片被熔断和拆换三次以后,应更换新熔管。

4.有填料封闭管式熔断器

有填料封闭管式熔断器多用于交流电压380 V,额定电流在1000 A以内的配电装置中作为电路、电动机、变压器及其他设备的过载与短路保护。它具有分断能力强、保护特性好,使用安全、带有明显的熔断指示器等优点,但有造价高、熔体不能单独更换等缺点。

有填料封闭管式熔断器由熔管、触刀、夹座、底座等部分组成。熔管由高频瓷制成波状方形管,管内穿过工作熔体和指示器熔体。工作熔体由冲有网孔的薄紫铜片制成,中间焊有锡桥,并围成笼形,两端由金属盖板固定。指示器熔体为康铜丝,与工作熔体并联,一旦工作熔体被熔断,线路电流全部加在指示器熔体上,使其迅速熔毁,并将红色熔断指示器弹开,并伸出金属盖板外以利观察。熔管内填满0.5~1.0 mm的石英砂,用以加强灭弧功能。

二、熔断器的选取

(1)电灯支路(阻性负载)

熔体额定电流≥支路上所有电灯电流之和

(2)单台直接启动电动机(感性负载)

$$熔体额定电流=(1.5\sim2.5)I_n$$

注:在感性负载电路中,启动电流是额定电流的4~7倍,一般熔体额定电流选择是负载电流的1.5~2.5倍,这样熔断器就很难起到过载保护作用,因而熔断器在感性负载电路中,只能用作短路保护,不能用作过载保护,过载保护只能选择热继电器(动作值1.1~1.15 I_n)。

(3)保护多台电动机的熔断器,其熔体额定电流可根据最大一台电动机额定电流的1.5~2.5倍加其余电动机额定电流之和来考虑。

(4)保护配电变压器低压侧的熔断器,

熔体额定电流=(1~1.2)×变压器低压侧额定电流

三、熔断器的更换

(1)在更换熔体时,应按规定换上相同型号、材料、尺寸、电流等级的熔体。

(2)按线路电压等级选用相应电压等级的熔断器,通常熔断器额定电压不应低于线路额定电压。

(3)在电路中,各级熔断器应相应配合,通常要求前一级熔体比后一级熔体的额定电流大2~3倍,以免发生越级动作而扩大停电范围。

(4)作为电动机保护的熔断器,应按要求选择熔丝,而熔断器只能用作电动机主回路的短路保护,不能用作过载保护。

注:在下列线路中,不允许接入熔断器。

①接地线路中。

②三相四线制的中性线路中。

③直流电动机的励磁回路中(弱磁增速)。

第七节　电磁制动器间隙整定

电磁制动器是把电磁力转变为机械制动力矩,从而使电动机断电后迅速停转的一种电器。

一、圆盘式电磁制动器的结构与工作原理

圆盘式电磁制动器的结构如图 3-7-1 所示。其工作原理是:当电动机要运转时,电磁刹车线圈通电,其电磁力大于刹车弹簧的反作用力,将电磁铁圆盘吸住,使摩擦片与后端盖脱开,电动机连同摩擦片一起开始旋转。

停车时,刹车线圈失电,电磁铁圆盘被刹车弹簧弹开,电磁铁圆盘将摩擦片挤压到后端盖上而产生摩擦力矩,迫使电机停转。

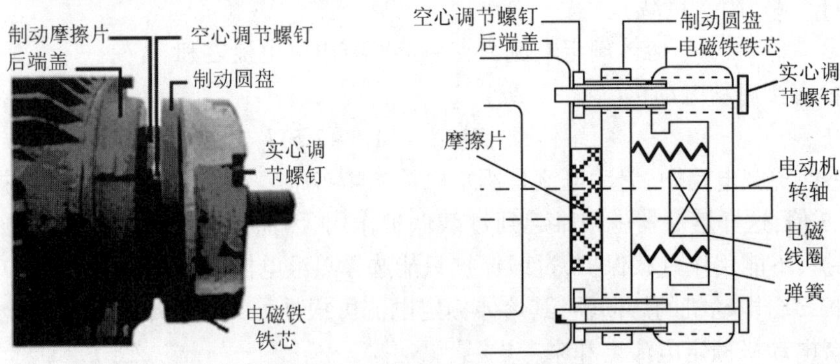

图 3-7-1　圆盘式电磁制动器结构图

二、圆盘式电磁制动器工作气隙的检查与调整

直流圆盘式电磁制动器,经长期使用后,制动件必定受到磨损,引起气隙增大和弹簧动作长度的增加,气隙增大后,在同一磁通势下,会使气隙磁通密度显著下降,还会造成刹车失灵。因此必须经常检查制动器的工作气隙,并及时加以调整。

1.测量电磁制动器间隙

(1)电磁制动器允许的间隙一般在 0.6~2 mm 之间。

(2)当电磁制动器线圈通电时可测量制动摩擦片与电磁铁圆盘及后端盖两侧的间隙。

(3)当电磁制动器线圈断电时可测量电磁铁圆盘与电磁铁铁芯端面的间隙。

(4)测量点一般是通过制动器的起吊螺丝钉(有的用专用测量用螺丝孔)作为测量孔或观察孔。对于没有起吊螺丝钉或专用测量孔的小型制动器,应将风罩取下在圆周上分3~4个点用塞尺分别测量,再求其平均值。

2.调整电磁制动器间隙

(1)首先应测量间隙,然后按测量结果做相应调整。

(2)制动圆盘与电磁铁铁芯的间隙的调整是通过制动圆盘上的调节螺钉进行调整的。调节螺丝往里紧是减小间隙,即减少摩擦力(减少制动力矩);往外松是增加间隙,即增加摩擦力(增加制动力矩)。如果往外松,间隙不能增加时,应先适当旋松圆盘制动器端盖上的调节螺钉。

(3)摩擦片与制动圆盘、后端盖的间隙的调整是通过电磁铁铁芯端面的调节螺钉进行调整。调节螺钉往里紧是减小间隙,即增大摩擦力;往外松是增加间隙,即减小摩擦力。

调整时,先调整好制动圆盘与电磁铁铁芯的间隙,然后再旋紧圆盘制动器端盖上的调节螺钉,使摩擦片与制动圆盘、后端盖间刚好无间隙。

(4)当刹车打不开时可旋松圆盘制动器端盖上的螺钉以增加摩擦片两侧的间隙来实现。

调节螺钉时要均匀调节,否则会使间隙不均匀,摩擦时出现振动、噪声大的现象。

(5)适当的间隙在0.6~2 mm,但应以起货机起吊额定负荷时既能刹住车而制动器又不冒黑烟为准。

练习题

1.简述继电器、接触器的维护保养及其注意事项。

2.简述时间继电器的整定方法。

3.简述热继电器的整定方法、整定原则。

4.技能训练

(1)开关类电器、交流接触器、热继电器、时间继电器的拆装。

(2)测试、调整压力继电器、温度继电器设定值与幅差值。

(3)测量电磁制动器间隙。

(4)调整电磁制动器间隙。

第四章 船舶电机的维护保养

第一节 三相异步电机铭牌及结构认识

三相异步电动机是利用电磁感应原理,将电能转换为机械能并拖动生产机械工作。电动机按使用的电源种类不同可分为直流电机和交流电机。交流电动机又分为异步电动机和同步电动机。交流电机按使用的电源相数不同分为三相电动机和单相电动机;按转子型式不同可分为鼠笼式和绕线式两大类。因为异步电动机具有结构简单、价格低廉、工作可靠、维护方便等优点,所以被广泛采用。

一、三相异步电动机的铭牌

电动机铭牌是认识和维修电动机的基本依据。异步电动机铭牌如图 4-1-1 所示,上面有型号、额定功率、额定电压、额定电流、额定频率、额定转速、接法、绝缘等级、防护等级、噪声等级、工作方式、定额和标准编号等。

<table>
<tr><td colspan="4">三相异步电动机</td></tr>
<tr><td colspan="2">型号 Y160M-6</td><td colspan="2">编号 XXXX</td></tr>
<tr><td>额定功率 7.5 kW</td><td>额定电压 380 V</td><td>额定电流 17 A</td><td>接法 △</td></tr>
<tr><td>额定转速 970 r/min</td><td>绝缘等级 B</td><td>功率因数 0.79</td><td>温升 90</td></tr>
<tr><td>额定频率 50 Hz</td><td>防护等级 IP44</td><td>工作方式 S1</td><td>重量 56 kg</td></tr>
<tr><td colspan="2">标准编号 XXXX</td><td>噪声等级 88 dB</td><td>生产日期</td></tr>
<tr><td colspan="4">XXXX 电机厂</td></tr>
</table>

图 4-1-1 三相异步电动机铭牌

1.型号

型号是产品名称、规格、形式等的代号,如图 4-1-2 所示。

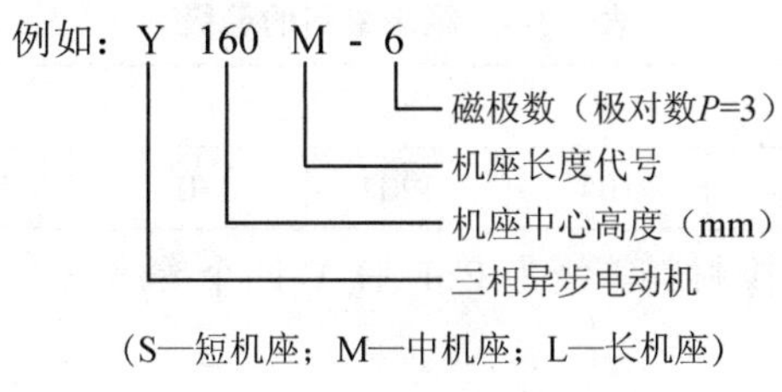

图 4-1-2 三相异步电动机型号

2.额定功率

电动机在额定运行情况下,转轴上输出的机械功率,单位是 W 或 kW。

3.额定电压

电动机在额定运行情况下,定子绕组的线电压,单位是 V。若铭牌上标有两个电压值,表示绕组在不同接法时的线电压。如 220 V/380 V,是指线电压为 380 V 时采用 Y 连接;线电压为 220 V 时采用Δ连接。

4.额定电流

电动机在额定运行情况下,定子绕组的线电流,单位是 A。若铭牌上标有两个电流值,表示绕组在不同接法时的线电流。

5.额定频率

交流电动机所接的电源频率,单位是 Hz。我国电源频率为 50 Hz。

6.额定转速

电动机在额定运行情况下,转子每分钟的转速,单位是 r/min。

7.接法

电动机在额定电压情况下,定子绕组与交流电源之间的连接方法。三相异步电动机一般有△(三角形)和 Y(星形)两种接法。

8.防护等级

表示三相电动机外壳的防护等级,其中 IP 是防护等级标志符号,其后面的两位数字分别表示电机防固体和防水能力。数字越大,防护能力越强。

如 IP44——封闭式电动机。

防护标志 IP44 含义:

IP——特征字母,为“国际防护”的缩写。

44——4 级防固体(防止大于 1 mm 的固体进入电机);4 级防水(任何方向溅水应无有害影响)。

9.噪声等级

LW 值指电动机的总噪声等级。LW 值越小表示电动机运行的噪声越低,噪声单位是 dB。

10.绝缘等级

表示对电机所用绝缘材料的等级。绝缘材料按耐热性能分为 7 个等级,如表 4-1-1 所示。

表 4-1-1　绝缘材料的等级

绝缘等级	Y	A	E	B	F	H	C
最高允许温度(℃)	90	105	120	130	155	180	>180

目前我国电机使用的绝缘材料等级为 B、F、H、C 四个等级。

11.定额

电动机按铭牌工作时,可以持续运行的时间。电机定额分连续定额、短时定额和断续定额三种,分别用 S1、S2、S3 表示。

连续定额(S1) 表示电机按铭牌值工作时,可以长期连续运行。

短时定额(S2) 表示电机按铭牌值工作时,只能在规定的时间内短时运行。我国规定时间有 10 min、30 min、60 min 及 90 min 4 种。

断续定额(S3) 表示电机按铭牌值工作时,运行一段时间就要停止一段时间,周而复始地按一定周期重复运行。每个周期为 10 min,我国规定的负载持续率为 15%、25%、40%及 60%4 种(如标明 40%,表示电机工作 4 min,休息 6 min)。

12.标准编号

制造这台电动机所依据的标准。"GB"为国家标准,"JB"为机部标准,后面数字是国家或部颁标准文件的编号,各种型号电机均按规定标准进行生产。

二、三相异步电动机的结构

三相异步电动机的种类很多,但各类三相异步电动机的基本结构是相同的,它们都由定子和转子这两大基本部分组成,在定子和转子之间具有一定的气隙。此外,还有端盖、轴承、接线盒、吊环等其他附件,如图 4-1-3 所示。

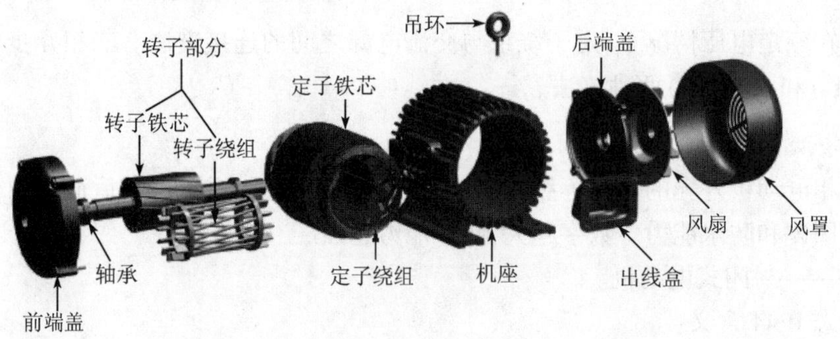

图 4-1-3　封闭式三相笼型异步电动机结构图

1.定子部分

定子是用来产生旋转磁场的。三相电动机的定子一般由外壳、定子铁芯、定子绕组等部分组成。

(1)外壳

三相电动机外壳包括机座、端盖、轴承盖、接线盒及吊环等部件。

①机座:用铸铁或铸钢浇铸成型,它的作用是保护和固定三相电动机的定子绕组。通常,机座的外表要求散热性能好,所以一般都铸有散热片。

②端盖:用铸铁或铸钢浇铸成型,它的作用是把转子固定在定子内腔中心,使转子能够在定子中均匀地旋转。

③轴承盖:也是铸铁或铸钢浇铸成型的,它的作用是固定转子,使转子不能轴向移动,起存放润滑油和保护轴承的作用。

④接线盒:一般是用铸铁浇铸,其作用是保护和固定绕组的引出线端子。

⑤吊环:一般是用铸钢制造,安装在机座的上端,用来起吊、搬抬三相电动机。

(2)定子铁芯

异步电动机定子铁芯是电动机磁路的一部分,由 0.35~0.5 mm 厚表面涂有绝缘漆的薄硅钢片叠压而成,如图 4-1-4 所示。由于硅钢片较薄而且片与片之间是绝缘的,所以减少了由于交变磁通通过而引起的铁芯涡流损耗。铁芯内圆有均匀分布的槽口,用来嵌放定子绕组。

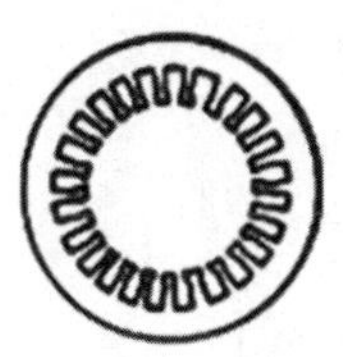
(a)定子硅钢片

(b)定子铁芯

(c)装有定子绕组的定子铁芯

图 4-1-4　定子铁芯及定子硅钢片示意图

(3)定子绕组

定子绕组是三相电动机的电路部分,三相电动机有三相绕组,通入三相对称电流时,就会产生旋转磁场。三相绕组由三个彼此独立的绕组组成,且每个绕组又由若干线圈连接而成。每个绕组即为一相,每个绕组在空间相差 120°电角度。线圈由绝缘铜导线或绝缘铝导线绕制。中、小型三相电动机多采用圆漆包线,大、中型三相电动机的定子线圈则用较大截面的绝缘扁铜线或扁铝线绕制后,再按一定规律嵌入定子铁芯槽内。定子三相绕组的六个出线端都引至接线盒上,首端分别标为 U_1, V_1, W_1,末端分别标为 U_2, V_2, W_2。这六个出线端在接线盒里的排列如图 4-1-5 所示,可以接成星形或三角形。

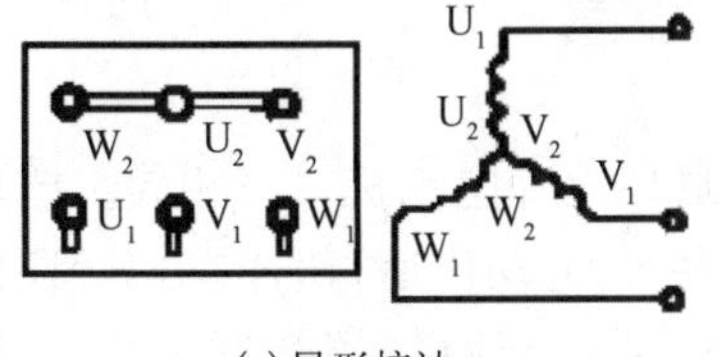

(a)星形接法

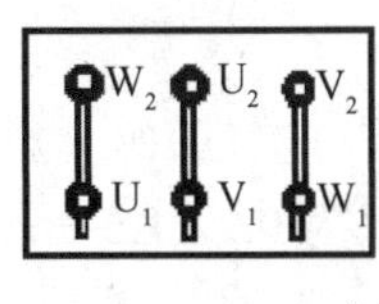

(b)三角形接法

图 4-1-5　三相绕组接法

2.转子部分

(1)转子铁芯

转子铁芯是用 0.5 mm 厚的硅钢片叠压而成,套在转轴上。其作用和定子铁芯相同,一方面作为电动机磁路的一部分,另一方面用来安放转子绕组。

(2)转子绕组

异步电动机的转子绕组分为绕线式与鼠笼形两种,由此分为绕线式转子异步电动机与鼠笼形异步电动机。

①绕线形绕组:与定子绕组一样,也是一个三相绕组,一般接成星形,三相引出线分别接到转轴上的三个与转轴绝缘的集电环上,通过电刷装置与外电路相连,这就可以在转子电路中串接电阻或电动势以改善电动机的运行性能,如图4-1-6所示。

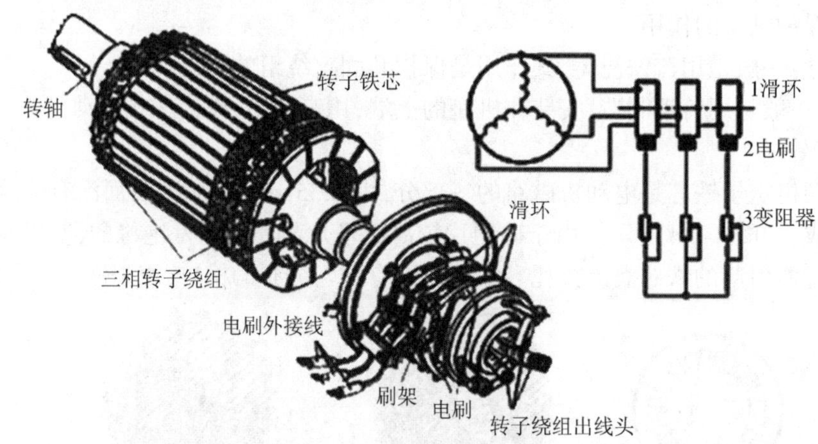

图4-1-6 绕线形绕组示意图

②鼠笼形绕组:在转子铁芯的每一个槽中插入一根铜条,在铜条两端各用一个铜环(称为端环)把导条连接起来,称为铜排转子,如图4-1-7(a)所示。用铸铝的方法,把转子导条和端环、风扇叶片用铝液一次浇铸而成,称为铸铝转子,如图4-1-7(b)所示。100 kW以下的异步电动机一般采用铸铝转子。为了改善启动特性,鼠笼转子一般采用斜槽结构。

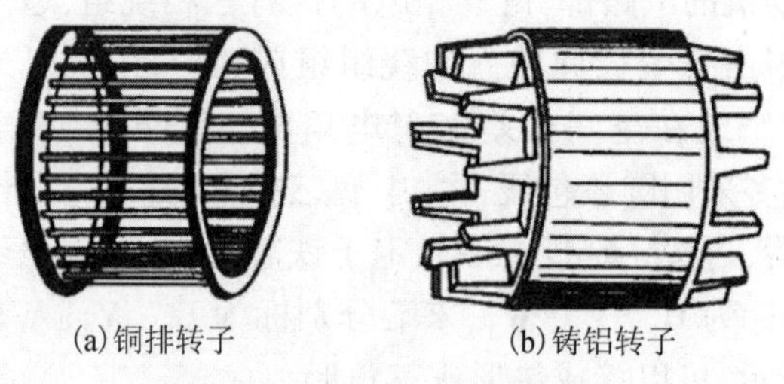

图4-1-7 鼠笼形绕组示意图

3.其他部分

其他部分包括风扇、风罩、空气隙等。风扇用来通风冷却电动机。三相异步电动机的定子与转子之间的空气隙,一般仅为0.2~1.5 mm。气隙太大,电动机运行时的功率因数降低;气隙太小,使装配困难,运行不可靠,高次谐波磁场增强,从而使附加损耗增加以及使启动性能变差。

第二节 三相异步电机解体与装配

为确保电机正常工作,需要经常进行维护与保养。轴承需要定期加润滑油,电机发生故障时需要解体检查,因此应当掌握电机的拆装工艺。

一、拆卸步骤

拆卸前,先把拆卸场地清理干净,保持干燥,附近应没有杂物,以便安放拆下的零部件;对于重要的或结构复杂的电动机,在拆卸前应根据资料预先拟订拆卸方案;备好拆装工具,在电动机的线头、端盖、刷握等处做好记号后,然后可按下列步骤进行:

(1)切断电源,拆开电动机与电源连接线,并对电源线线头做好相位标记和绝缘处理。

(2)脱开联轴器,松掉地脚螺栓和其他螺栓。

(3)拆卸联轴器。

(4)拆卸风罩、风扇。

(5)拆卸前轴承外盖,拆卸前端盖。

(6)拆卸后端盖螺钉。

(7)抽出或吊出转子(连同后端盖)。

(8)拆卸后轴承内、外盖,拉出前轴承、后轴承。

二、主要零部件的拆卸方法

1.联轴器的拆卸

拆卸前,先在联轴器的轴伸端做好定位标记,用专用拉具将联轴器慢慢拉出。拉时要注意联轴器受力情况,务必使合力沿轴线方向,拉具顶端不得损坏转子轴端中心孔,如图 4-2-1 所示。如果拉不出,不要硬卸,可在定位孔螺孔内注入煤油,待几小时以后再拉。如再拉不出,可用喷灯急火在联轴器外侧四周加热,使其膨胀,就可拉出。加热时须用石棉包好轴,并用冷水浇,以免热量传入电机内部,烧坏零件。拆卸过程中不能用铁锤直接敲打联轴器。

(a)联轴器的位置标法

(b)用拉具拆卸联轴器

图 4-2-1 拆卸联轴器示意图

2.风罩和风扇的拆卸

先均匀松脱风罩的螺栓,然后松脱或取下转轴尾端风扇上的定位螺钉或销子,用拉具拉出,或用手锤在风扇四周均匀轻敲,风扇就可以松脱下来。

3.拆卸端盖

拆卸前,先在机壳与端盖的接缝处(即止口处)做好标记以便复位。均匀拆除轴承盖及端盖螺栓,拿下轴承盖,再用两个螺栓旋于端盖上两个顶丝孔中,两螺栓均匀用力向里转(较大端盖要用吊绳将端盖先挂上)将端盖拿下。无顶丝孔时,可用铜棒对称敲打,卸下端盖,但要避免过重敲击,以免损坏端盖。

4.抽出转子

小型电动机取出转子是靠人工进行的,为防止手滑或用力不均碰伤绕组,应用纸板垫在绕组端部进行。转子可以连同后端盖一起取出,抽出转子时,应小心缓慢,不可歪斜,以免碰伤定子绕组;对于绕线式转子,抽出时还要注意不要损伤滑环面和电刷架等。对于中、大型电动机,要用起重设备将转子吊出,并且放在转子支架上,如图 4-2-2 所示。

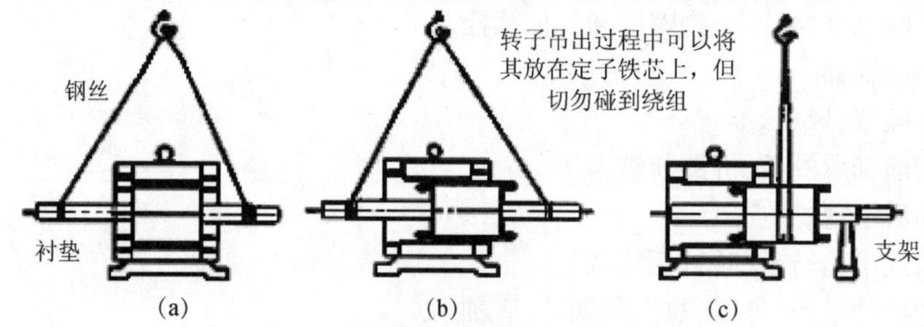

图 4-2-2 起重设备吊出转子示意图

5.轴承的拆卸

如果轴承良好,不必拆卸。轴承磨损需要更换或添加润滑脂时,选用适宜的专用拉具将轴承拉出。螺杆对准轴的中心,开始拉力要小,拉力应着力于轴承内圈,不能拉外圈,慢慢拉出,如图 4-2-3 所示。拉具顶端不得损坏转子轴端中心孔(可加些润滑油脂)。

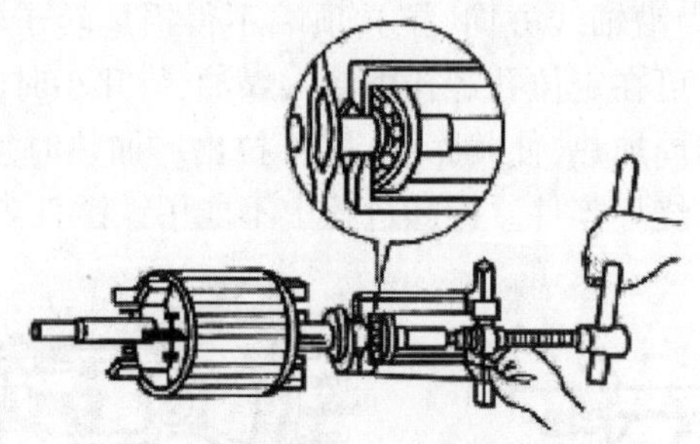

图 4-2-3 拉马拆卸轴承示意图

三、装配步骤

装配步骤原则上与拆卸步骤相反,应先把装配场地清理干净,并备好拆装工具。

正确的装配步骤：

1.在转子上安装轴承内盖和轴承

为了使轴承内圈受力均匀，可用一根内径比转轴外径稍大而比轴承略小的套筒抵住轴承内圈，将其敲打到位，如图4-2-4(a)所示。若找不到套筒，可用一根铜棒抵住轴承内圈，沿内圈圆周均匀敲打，使其到位，如图4-2-4(b)所示。如果轴承与轴颈配合过紧，不易敲打到位，可将轴承加热到100 ℃左右，趁热迅速套上轴颈。安装轴承时，标号必须向外，以便下次更换时查对轴承型号。

(a)用套筒抵住轴承内圈敲打

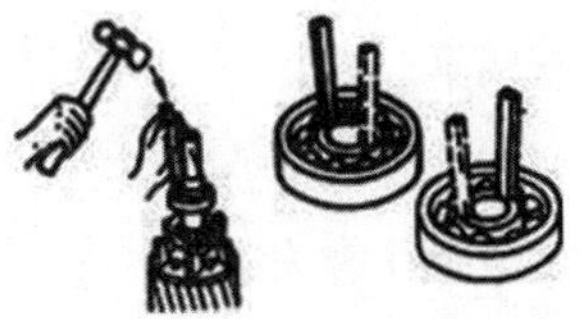

(b)用铜棒抵住轴承内圈敲打

图4-2-4 轴承安装示意图

2.把风叶侧端盖装在转子上

装配时将转子竖直放置，使后端盖轴承座孔对准轴承外圈套上，然后一边使端盖在轴上慢慢转动，一边用橡皮锤均匀敲打端盖的中央部分，如图4-2-5所示。最后将轴承内盖螺钉均匀旋紧。

图4-2-5 后端盖安装示意图

注意：不得使用铁锤等硬金属敲打轴承、端盖等物。若需敲打也应用套筒或木棒垫着按对称位置均匀敲打。

3.安装转子，紧固风叶侧端盖螺钉

按拆卸时所做的标记，将转子连同后端盖一起送入定子内腔中，合上后端盖，按对角交替的顺序先后拧紧后端盖紧固螺丝，在拧紧螺丝的过程中，不断用橡皮锤在端盖靠近中央部分均匀敲打直至到位。

组装时注意保护绕组的端部，不得碰伤绝缘。

4.装上前端盖

可参照后端盖的装配方法装上前端盖。如果有轴承内盖，前轴承内盖螺孔与端盖螺孔是否对齐，无法观察，影响内盖的装配。为解决这一问题，可用两种方法。第一种方法是试探法。

当前端盖固定到位,用一颗轴承盖螺丝伸进端盖上的一个孔,边旋动转轴,边轻轻沿顺时针方向拧动螺丝,一旦前轴承内盖螺孔旋转到对准螺丝时,趁势将螺丝拧进。第二种方法是用一颗比轴承盖螺丝更长的无头螺丝,先拧进轴承内盖上,再将端盖的螺孔套在这颗长螺丝上,将前端盖安装到位后,先拧紧其余两颗轴承盖螺丝,再用轴承盖螺丝换出无头螺丝。

5.盘动转子

检验转子转动是否灵活,要求无扫膛、无松旷;轴承内无杂声。

6.紧固螺钉

7.装上风叶与风罩

8.装上联轴器

方法与轴承的安装方法相同。

四、装配完工的检验

1.检查机械部分的装配质量

检查所有的紧固螺丝是否拧紧,基座在基础上是否复位准确,安装牢固,与生产机械的配合是否良好。

2.测量绕组绝缘电阻

检测三相绕组每相对地绝缘绕组和相间绝缘电阻,其阻值不得小于0.5 MΩ。

3.空载试验

按铭牌要求接好电源线,在机壳接好保护接地线后接通电源。空载试验至少0.5 h,用钳形电流表检测三相空载电流,看是否符合允许值。

4.检查电动机温升是否正常,运转中有无声响

如果全部更换绕组线圈,还要进行绕组对机壳及绕组间的耐压试验,电压为2倍额定电压加1000 V,1 min不发生击穿为合格。

第三节　清洁电机、检查零部件、添加轴承润滑脂

一、清洁电机

(1)对于电机端盖、定子外壳,应使用刷子蘸煤油或柴油刷洗。

(2)对于电枢绕组,若有污物应采用电器清洗液用刷子刷洗。

(3)对于轴承,可先刮去脏润滑脂,将轴承浸泡在煤油或柴油中,5~10 min后用刷子刷洗干净,再将轴承放入汽油中清洗一下。

二、检查零部件

(1)检查定子绕组,看绝缘是否损伤与老化。

(2)检查转子,看转子绕组或鼠笼条是否断裂。

(3)查看轴承内外圈表面是否光滑完整,弹子、弹子挡圈应完好无损,否则应换新。

(4)转动轴承外圈听声音,若有杂声或转动不太灵活,则应换新(见图 4-3-1);用一只手捏住外圈试着上下扳动,如能扳动,则应换新(见图 4-3-2)。

图 4-3-1 旋转法检查轴承故障

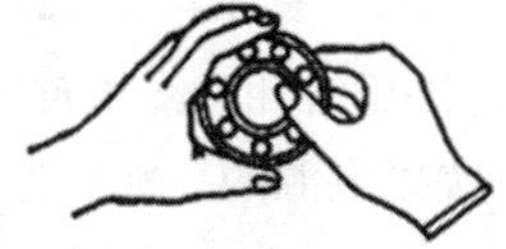

图 4-3-2 扳动法检查轴承故障

(5)检查转子轴上轴颈,轴颈必须光洁无磨损;检查端盖轴承座孔,也应光洁无磨损。

三、添加轴承润滑脂

添加润滑脂,将润滑脂用手指从一边向轴承挤压,让油脂挤进轴承并从另一面挤出一部分,将挤出部分抹去,润滑脂以填入轴承室空间 1/2~2/3 容积即可。高速电机(1500 r/min 以上)加到轴承空间的 1/2 左右,中低速电机(1500 r/min 以下)加到轴承空间的 2/3 左右。轴承中的润滑脂不宜过多,润滑脂过多不但浪费,而且有害;轴承的转速愈高、润滑脂填充量愈多,摩擦转矩愈大,轴承温升愈高。

第四节 三相异步电机绕组首尾端判别

一、万用表电压法判断绕组首尾端

方法 1:用干电池或蓄电池等低压直流电源配合万用表检测。万用表置于直流毫安挡,量程尽量选小,接成如图 4-4-1 所示的电路,在接通或分断开关瞬间,若万用表指针不摆动,表明两相绕组相连的两个线头同为首端或同为尾段。若指定这两个线头为首端,则用同样的方法可找出第三相绕组首尾端。

方法 2:将三相绕组按图 4-4-2 所示接成星形,从一相中通入 36 V 交流电源。在另外两相之间接入已置于 10 V 交流挡的万用表,按图 4-4-2 中(a)、(b)所示的两种方式各测一次,若两次万用表指针均不动,说明图中绕组首尾端接线正确;若两次万用表指针都偏转,则两次均未

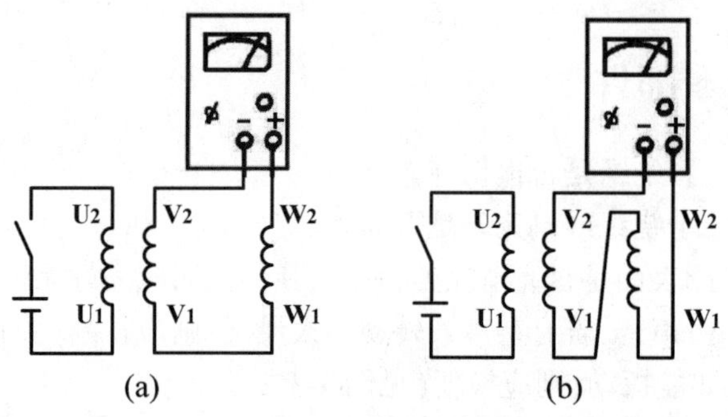

图 4-4-1　用万用表和低压直流电源判断绕组首尾端

接电源的那一相(图中 V 相)绕组首尾端接反。若只有一次指针偏转,而另一次指针不动,则指针不动的那一次接电源的一相首尾端接反。

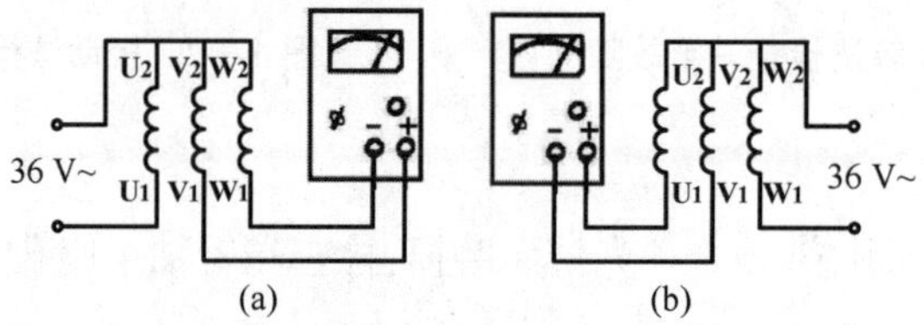

图 4-4-2　用万用表和低压交流电源判断绕组首尾端

二、灯泡法判断绕组首尾端

用万用表欧姆挡检测三相绕组的六个线端,将其分成三相独立绕组。按图 4-4-3 所示的电路接好检测电路,向电路输入低压交流电,其输入电压的高低以绕组中通过的电流不超过额定值为限。如果接通电源后灯泡发亮,则串联的 U、V 两相绕组是正向串联,即一相绕组的尾端与另一相绕组的首端相接;如果接通电源后灯泡不亮,则串联的 U、V 两相绕组是反向串联,即两相绕组的首端(或尾端)相接。判断出 U、V 相绕组首尾端后,将其中一相与 W 相串联,另一相接灯泡,用同样的办法可判断出 W 相绕组的首、尾端。

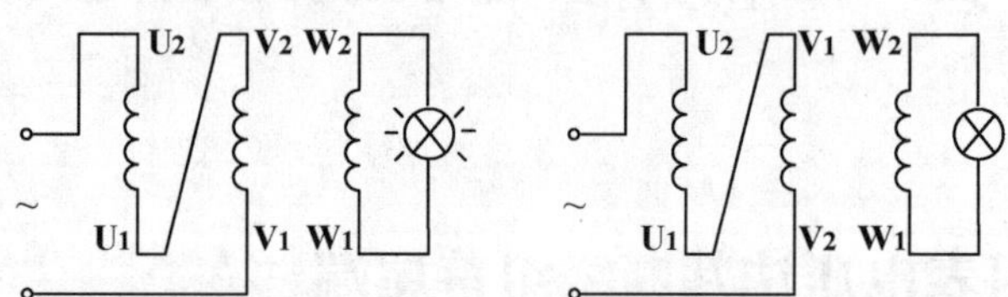

图 4-4-3　灯泡法判断绕组首尾端

三、处理方法

(1)一个线圈或线圈组接反,则空载电流有较大的不平衡,应进厂返修。

(2)引出线错误的,应正确判断首尾后重新连接。

(3)减压启动接错的,应对照接线图或原理图,认真校对重新接线。

(4)新电机下线或重接新绕组后接线错误的,应送厂返修。

(5)定子绕组一相接反时,接反的一相电流特别大,可根据这个特点查找故障并进行维修。

(6)把“Y”形接成“△”形或匝数不够,则空载电流大,应及时更正。

第五节 三相异步电机常见故障的原因判断与排除方法

三相异步电动机应用广泛,但通过长期运行后,会发生各种故障,及时判断故障原因,进行相应处理,是防止故障扩大,保证设备正常运行的一项重要的工作,具体故障原因判断及排除方法见表4-5-1、表4-5-2、表4-5-3、表4-5-4、表4-5-5。

表4-5-1 三相异步电动机不能启动故障的原因判断与处理

序号	判断故障可能原因	排除方法
1	三相电源未接通	检查三相电源、开关、熔丝是否有故障
2	控制线路有故障	检查控制装置
3	定子绕组有短路、断路	检查定子绕组相间绝缘、检查是否有短路或断路
4	定子绕组一相或两相断路	检查定子接线是否缺相
5	轴承或转子卡住	检查轴承或转子是否卡住

表4-5-2 三相异步电动机启动后转速低且显得无力故障的原因判断与处理

序号	判断故障可能原因	排除方法
1	电源电压过低	检查电源电压、检查是否缺项
2	定子接线方式错误	检查定子绕组是否接△形而错接成Y形
3	定子与转子摩擦	检查定子和转子部件是否发生摩擦
4	轴承转动部件故障	检查轴承是否缺少润滑或卡死
5	负载过重	检查负载大小、查看鼠笼型转子导条是否开焊或断裂

表4-5-3 三相异步电动机温升过高故障的原因判断与处理

序号	判断故障可能原因	排除方法
1	电源电压过高	检查电源电压
2	缺相运行	检查电源及线路是否缺相
3	定子绕组存在短路或接地	检查定子绕组是否有短路或接地
4	负载过重	检查负载是否过重
5	散热障碍	风道阻塞(覆盖物、阻塞物)
6	电机机械故障	定转子相互摩擦、轴承故障、风扇损坏
7	环境温度过高	检查环境温度

表 4-5-4 三相异步电动机运行时振动过大故障的原因判断与处理

序号	判断故障可能原因	排除方法
1	电源缺相	检查电源及线路是否缺相
2	定子接线方式错误,Y 形错接成△形	检查定子绕组是否接 Y 形而错接成△形
3	联轴器连接不良	检查联轴器重新连接安装
4	转轴弯曲	检查转轴是否弯曲
5	轴承损坏或缺少润滑	更换轴承或添加润滑脂
6	鼠笼型转子断条或开焊	检查转子导条及端环
7	电机固定不牢地脚螺栓松动	紧固电机

表 4-5-5 三相异步电动机轴承过热故障的原因判断与处理

序号	判断故障可能原因	排除方法
1	轴承磨损严重或损坏	更换轴承
2	润滑脂过多、过少或变质	重新维护保养
3	轴承和电动机端盖安装不良	检查轴承和端盖的装配
4	联轴器安装不良	检查联轴器重新连接安装
5	转轴弯曲变形	检查转轴是否弯曲

第六节 电机受潮、绕组绝缘阻值降低处理

绕组绝缘阻值下降的直接原因,除一部分是绝缘老化外,主要是受潮。一般应进行干燥处理。电动机绕组的干燥方法有外部干燥法和内部干燥法两类。

一、外部干燥法

1.灯泡干燥法

此法工艺、设备简单,耗电少,适用于对少量的小型电动机干燥。其烘烤设备如图 4-6-1 所示。将待烘定子置于两个灯泡之间(最好用红外线灯泡,灯泡的功率可按 4~5 kW/m^2 选用),烘烤过程中应用温度计监视烘烤温度。对于 E 级绝缘电机定子,烘烤温度控制在 80 ℃$\leqslant\theta\leqslant$100 ℃范围。干燥过程中,干燥开始应每隔 30 min 测量一次温度与绝缘电阻,当温度稳定后应每隔 1 h 测量一次绝缘电阻,当绝缘电阻达到 5 MΩ 以上而且不再变化时(一般绝缘电阻稳定后 2~3 h),即可停止烘干。

2.热风干燥法

如图 4-6-2 所示,循环热风干燥室用保温材料砌成,内分两层,中间填有石棉粉、硅藻土等隔热材料。电热器产生的热空气吹入干燥室内,其流速在 200~250 mm 水柱的压力下为 3~5 m/s。

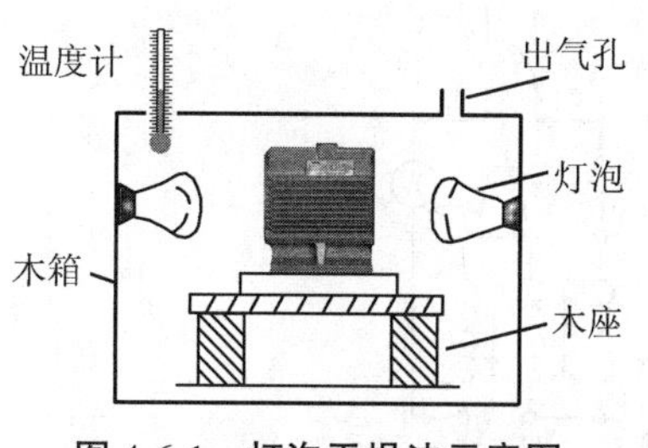

图 4-6-1 灯泡干燥法示意图

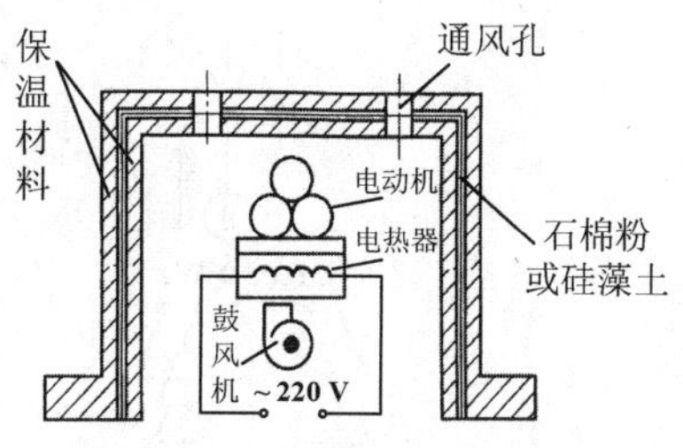

图 4-6-2 热风干燥法示意图

3.烘箱干燥法

烘箱用铁皮焊合,将发热元件(如电阻丝)装于靠近烘房两面侧壁,发热器外面用铁皮罩住,铁皮的作用是使热量传导均匀,同时可以避免电热丝的火星溅到电动机绕组上。烘烤过程中,必须用温度计监测,不得超过允许值。

 二、内部干燥法

若在航行船上无法用外部干燥法时,可采用内部干燥法。

1.电流干燥法(铜损干燥法)

此法是将电动机绕组按一定的接线方法输入低压电流,利用绕组本身的铜损发热进行干燥。它的接线方法有并联加热法、串联加热法、混联加热法、星形加热法、三角形加热法等,但不管哪种方法,干燥前要抽出转子以免阻碍潮气逸出,通入 220 V 交流电,电路中加接变阻器、电流表、熔丝等,做调节电流和保护之用。每相绕组所通过的烘烤电流都应控制在其额定值的 60%左右。

由于各种电动机的体积、烘烤条件不尽相同,通电以 3~4 h,绕组温度达 70~80 ℃为宜。下面以串联加热法为例讲述电流干燥法。

串联加热法分为开口三角形加热法和头接头、尾接尾串联加热法,接线如图 4-6-3 所示。它适合于三相绕组的六根引出线都在接线板上的电动机。这种加热方式的优点是三相绕组在烘烤过程中不需改动接线,而且对于有些小型电动机可以直接送入 220 V 交流电源,不必另备低压电源。

2.涡流干燥法(铁损干燥法)

此法是利用临时缠绕在定子铁芯和外壳上的励磁线圈,通交变电流,使相应的交变磁通在铁芯和机壳中产生涡流损耗和磁滞损耗发热,对绕组进行烘烤。这种方法适用于烘烤容量较大的电动机。其优点是耗电少,烘烤设备简单。励磁线圈可预留一定数量的抽头,以便调节烘烤温度,如图 4-6-4 所示。绕在电动机上的励磁线圈需通过计算确定。线圈匝数、线径与电源电压、机座尺寸等都有关系,具体计算可查有关资料。考虑到计算结果的近似性,还应根据电动机实际温升情况调整线圈参数和线圈内励磁电流,力求达到良好的烘烤效果。

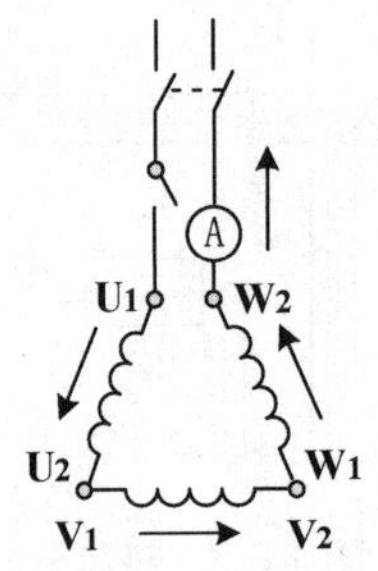

(a)开口三角形加热法

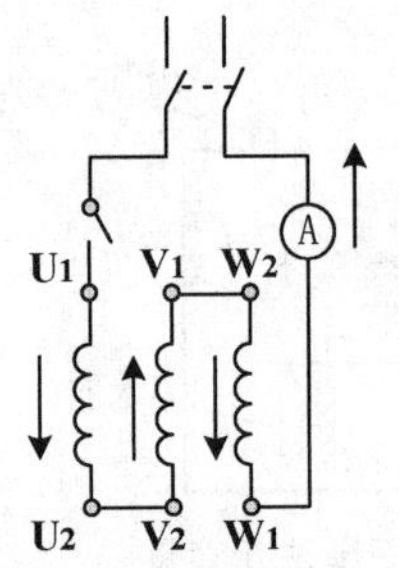

(b)头接头、尾接尾串联加热法

图 4-6-3　串联加热法

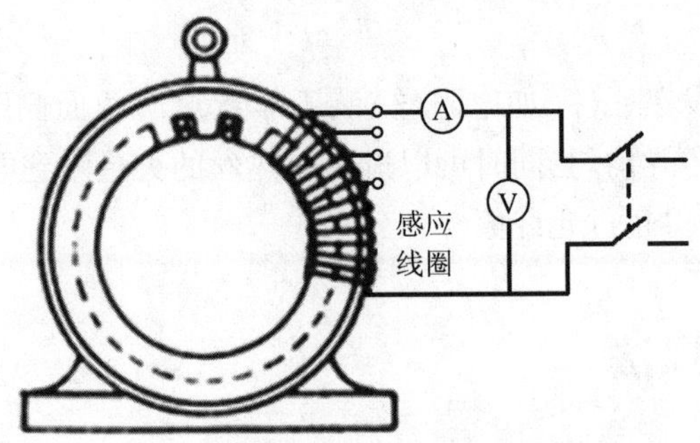

图 4-6-4　涡流干燥法示意图

三、烘烤电动机的注意事项

(1)电机进水特别是海水,必须解体后用淡水清洗,先用清洁的淡水将电机清洗几遍或放入水里浸泡一段时间后,再进行烘烤。

(2)通电烘烤的电动机,外壳必须可靠接地。

(3)烘烤过程中必须加强温度监视,以免造成烘烤质量不佳或烤坏绕组。

(4)烘烤封闭式电动机,必须拆开端盖,以使潮气散发,否则会使潮气侵入绕组内部造成隐患。

(5)烘烤时既要注意保温,以减少电能消耗,又要注意使潮气易于散发。

(6)烘烤过程中注意测量绕组绝缘电阻,并做好记录。在烘烤前期,由于绕组需排除潮气,绝缘电阻在短时间内有所下降,随后开始回升。若绝缘电阻远大于规定值且保持 2~3 h 不变,则烘烤已达到要求,即可停止干燥。

第七节　直流电机的维护保养

直流电机是直流发电机和直流电动机的总称,既可作为直流发电机用,也可作为直流电动机用。直流电机是船舶上应用最早的一种电机,因为它具有良好的启动、调速性能,能够满足船舶各种机械对电力拖动特性的要求,所以我国在 20 世纪 60 年代以前建造的船舶,大多数使用的是直流电机，这种船称为直流船。在直流船中，主发电机是直流发电机，因此船舶各种工作机械，如舵机、锚机、起货机以及机舱内为主机、辅机服务的各类通风机、泵等绝大多数都采用直流电动机拖动。现在直流船逐渐被交流船所取代，但是目前我国现有的近海及远洋船舶中，在渔船中，直流船仍占一定数量，这对于船舶电气设备运行管理人员来说，直流电机仍然是需要掌握的内容。

 一、直流电机的拆装

直流电机的拆装工艺及注意事项与交流电机的拆装工艺及注意事项基本一样。一般的拆装步骤如下：

(1)拆除电机的所有外部引线。

(2)拆下换向器端的端盖螺栓、轴承盖螺栓，并取下轴承外盖。

(3)打开端盖上的通风窗，从刷握中取出电刷，并注意电刷的方向，拆下接到刷杆上连接线。

(4)拆卸换向器端的端盖。拆卸时在端盖边缘垫以木楔，用锤头沿端盖四周的边缘均匀敲击，逐渐使端盖止口脱离机座及轴承外圈。如无必要，不必从端盖上取下刷架。

(5)用纸板将换向器包好，用纱线扎紧。

以后的步骤可参照三相异步电动机的步骤进行。

装配时按拆卸步骤的相反顺序进行，最后校正电刷位置。

 二、换向装置的维护和保养

1.换向器的保养

(1)换向器表面的清洁

电动机经长时间使用，会磨损换向器表面；并且由于电刷在运行中的磨损，会产生相当数量的炭粉，过多的炭粉或金属屑易造成换向器片间短路和对地绝缘的降低。另外，若换向器表面存在污垢，也会导致电刷的接触不良而产生火花。所以保持换向器表面清洁非常重要。应经常用压缩空气吹净，再用软而无绒毛的布揩擦干净；对个别油污点，可用布蘸少量甲苯擦净。

(2)换向器车削修圆

当换向器表面沟槽深度超过 1 mm，烧痕深度超过 0.5 mm 时，需在车床上对换向器进行车削修圆。

(3)换向器拉槽

车削完成的换向器，还需用挖沟工具(如图 4-7-1 所示)或锯条片等工具将片间云母刮下 1~2 mm，槽口用锉刀锉出 45°的倒角。拉槽后应将换向器表面的毛刺及切屑杂物清除干净。

(4)换向器表面磨光

电机在一定转速下，用木挖等工具将 0 号砂纸压在换向器表面上进行打磨。

2.电刷的更换与研磨，电刷压力的调整

(1)电刷的更换

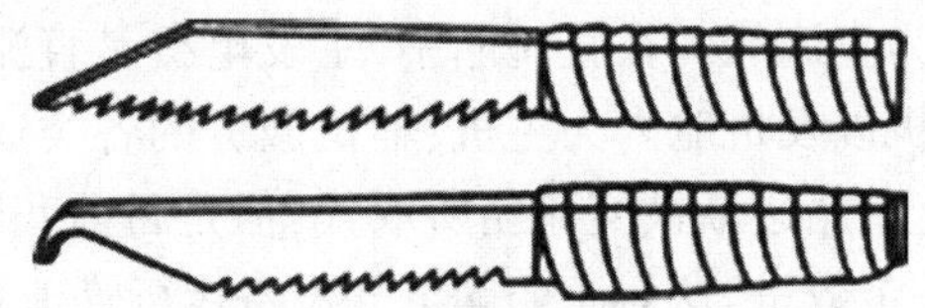

图 4-7-1　切割云母片工具

若电刷磨损超过 60%就必须更换，而且要成组更换，更换的电刷牌号要一致。电刷在刷握中应能自由上下移动，不卡不涩，但也不能太松。电刷与刷握的间隙应符合表 4-7-1 所列数值。

表 4-7-1　电刷在刷握中的空隙值

空隙类别	沿电机轴间的空隙（mm）	沿旋转方向的空隙（mm）	
		电刷宽度 5~6	电刷宽度 16 以上
最小值	0.2	0.1~0.3	0.15~0.4
最大值	0.5	0.3~0.6	0.4~1.0

除电刷与刷握间隙应符合要求外，还应注意刷握下部离换向器表面的距离也要保持在 24 mm，不宜过高或过低。

（2）电刷更换后要进行研磨

正确的研磨方法如图 4-7-2 所示。磨弧一般是在电机上进行。用 0 号细砂纸，取其长度约等于换向器周长，用胶布把砂纸条的一端贴牢在换向器表面上（有砂的一面对着电刷），然后将其余部分沿电机旋转方向紧绕在换向器表面上。将待研磨的电刷放入刷握中，在正常弹簧压力下，慢慢转动电机转子进行研磨，使电刷与换向器吻合面大于 75%为止。然后提起电刷，取出砂纸，用皮老虎吹掉研磨下的粉末、砂粒，再用软布擦拭干净。

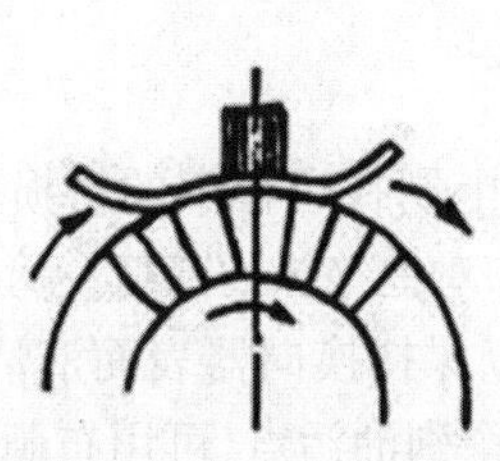

(a)单个电刷的研磨方法

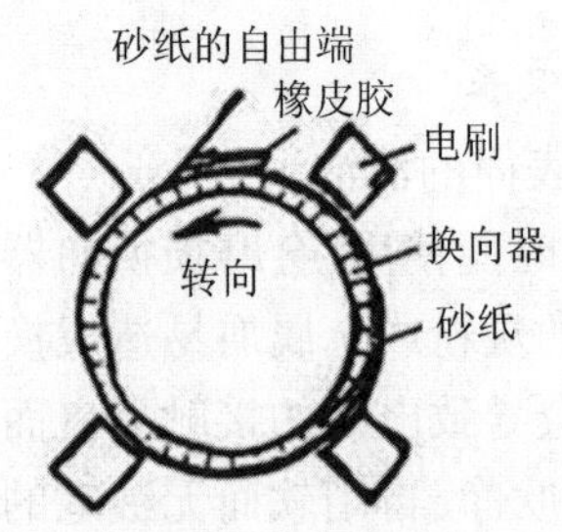

(b)全部电刷同时研磨

图 4-7-2　电刷的正确研磨示意图

（3）电刷压力的调整

一般用弹簧秤称出电刷弹簧的压力，如图 4-7-3 所示。测量时，应在对电刷压紧方向拉紧弹簧秤，以测得实际的压紧力。实际操作时，只要使压块离开电刷，就可以读出弹簧秤示数，然后按下式计算电刷压力：

$$P=\frac{F}{S}$$

式中：P 表示电刷所受的压力，单位是 Pa；

F 表示弹簧秤示数,单位是 N;

S 表示电刷截面积,单位是 m^2。

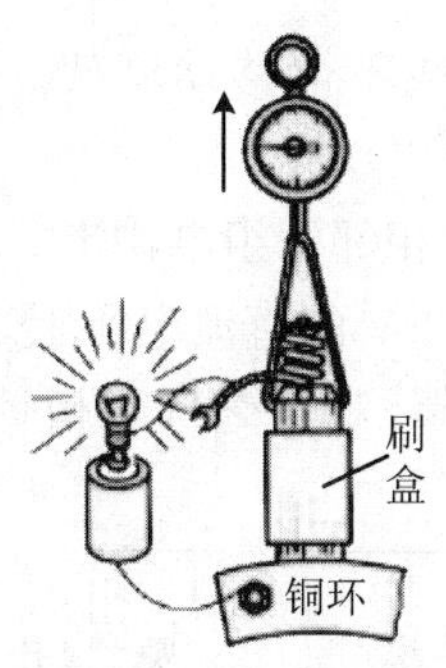

图 4-7-3 灯泡熄灭法测量电刷压力

电刷所受的压力值应为 15~25 kPa。该压力过小会造成电刷与换向器接触不良而产生火花;压力过大会加速电刷与换向器的磨损。对于起货机用电动机,电刷压力要比一般电机增加 50%~70%。还要注意,各组电刷压力不能相差 10%以上。

若电刷压力不符合要求,要进行调整,调整整个刷握的弹簧压力,或调换刷握。

三、直流电机电刷冒火原因及排除方法

直流电机运行时往往在电刷下产生火花,微弱的火花对电机运行并无危害。但如果火花范围扩大和程度加剧,就会灼烧换热器与电刷,使其表面呈现粗糙和留有灼痕;不光滑的换热器表面与粗糙的电刷接触,又会使火花加剧,如此循环与积累,很快使电机不能运行。火花标准分为五级(见表 4-7-2),在正常运行中只允许出现前面三级。

火花产生的原因很多,有机械原因、电磁原因及化学原因。在实际运行中形成火花的原因是综合性的,状况也较复杂,主要以机械原因为主。

表 4-7-2 直流电机的火花等级

火花等级	特征	换向器与电刷的状态	说明
1	无火花	换向器无黑痕,电刷上无灼痕	可以连续运行
$1\frac{1}{4}$	电刷下面仅有小部分有微弱的点状火花	换向器无黑痕,电刷上无灼痕	可以连续运行
$1\frac{1}{2}$	电刷边缘大部分或全部有轻微的火花	换向器上有黑痕,用汽油擦洗即能擦去;电刷上稍有灼痕	可以连续运行
2	电刷边缘大部分或全部有较明显的火花	换向器上有严重的黑痕,不能用汽油擦去;电刷上有灼痕	只允许在短时冲击负载及过载时发生
3	电刷整个边缘下面有强大的火花	换向器上有严重的黑痕,不能用汽油擦去;电刷上有灼痕	只允许在直接启动或反转时发生

1.电刷位置不在相对的一直线上

刷握松弛或受到其他振动而偏转,都会由于换向而发生火花。检修时可用卷尺与计算换向片的数目来校正电刷位置。

2.电刷不在中性线上

造成原因是刷架上的螺丝松动,或不慎移动刷架。常用下列方法来检查正确的中性线(如图 4-7-4 所示):

(1)当电枢静止时,将毫伏表接到相邻两组电刷上。

(2)励磁绕组通过开关接到 1.5~3 V 的直流电源上。

(3)顺时针或逆时针方向移动刷架,观察毫伏表指针,直至毫伏表指针不动,该位置即是电刷中性线位置,然后将刷架固定。

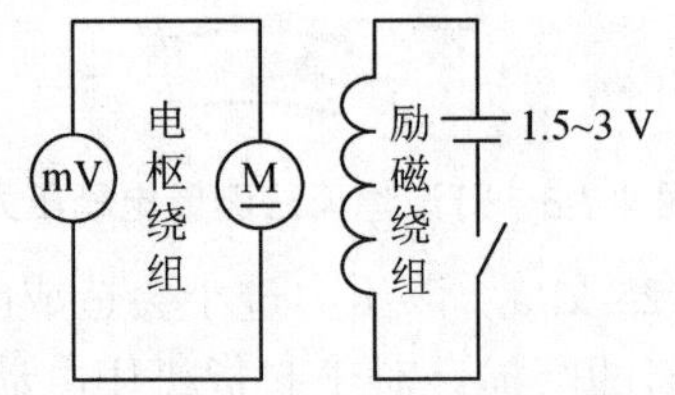

图 4-7-4 将电刷调整在中性线上

在两极电动机里,电刷应当放在各个磁极的中间;在装有换向极的电动机中,电刷要放在换向极的中心。

在四极或更多极的电动机中,电刷的位置是在主极的中心或者中心附近(后者为有换向极时)。

3.电刷规格不等

如果电刷规格不等,电刷在刷握里摇晃,运转时会发出“嘎嘎”的声音与产生火花。

4.刷握松动,电刷排列不成一直线

在正常运行中,电刷要排成一直线,如果不成一直线会影响到换向器的接触面积与整流的好坏。电刷位置偏差越大,火花也越大。修理时,应把电刷校正成一直线后拧紧刷握。

5.电刷与换向器之间的接触不良

如果弹簧压力不合适、电刷材料不符合要求、电刷型号不一致、电刷与刷握间配合太紧或太松,就会使电刷与换向器表面接触不良而引起火花。排除方法:调整弹簧压力,更换电刷并进行研磨,对换向器表面进行清洁、研磨。

6.相邻的换向片短接

修理换向器时形成的毛刺没有及时清除,运行时亦产生火花。排除方法:清除毛刺,并对换向器表面进行研磨。

7.电机过载

电机过载也会产生火花。排除方法:降低负载运行(或更换合适容量的电机)。

8.主磁极和换向极的顺序不对

排除方法:把引出线互调。

9.换向极磁极太强或太弱

此问题由检修时个别磁极与机架固定不紧,或者装配时磁极与机架之间的垫片安装不好

而引起。排除方法:在发动机内,如果换向极太强时,须将电刷往后移动(逆着旋转方向移动);如太弱,则往前移动。电动机则相反。如果还不能满意地减弱火花,则用放大或缩小换向极的间隙来消除。

10.电枢的中心没有找好

电枢的中心没有找好,造成电枢与各磁极之间的空隙不均匀,因而磁场也不均匀,电枢线圈各回路内所得到的电压也不同,其内部产生的均压电流使电刷产生火花。排除方法:调整间隙。

练习题

1.三相鼠笼形异步电动机主要由哪几部分组成?各部分的作用是什么?

2.简述三相异步电动机铭牌数据的意义。

3.简述电机受潮、绕组绝缘值降低时的处理方法。

4.简述直流电机的结构。

5.简述电刷的更换与研磨,电刷压力的调整。

6.技能训练

(1)解体电动机,并叙说解体注意事项。

(2)装配电动机,并叙说装配时注意事项。

(3)清洁电机,检查零部件,添加轴承润滑脂。

第五章 船舶电气控制箱维护与管理

第一节 船舶电气控制箱故障查找与排除

一、船用交流磁力启动箱工作原理

交流磁力启动箱原理如图 5-1-1 所示。其工作原理是:先合上电源开关 QF,这时,电源指示灯红灯 HR 亮。当按下启动按钮 SB 时,接触器 KM 线圈通电,使其主电路中的主触点 KM 闭合,电动机 M 接通电源并运转,同时工作指示灯绿灯 HG 亮,与启动按钮 SB 并联的接触器辅助触点 KM 闭合实现自锁,以保证松开启动按钮 SB 以后,接触器线圈继续通电,电动机仍然保持运转状态。要想使电动机停转,只需按下停止按钮 SBS,切断控制线路,接触器 KM 线圈失电,动铁芯自动复位,串联在主电路中的主触点和控制电路中的辅助触点 KM 均被分断,所以松开停止按钮 SBS 后,接触器线圈仍不会通电,使电动机不能自行启动。若要电动机再次启动,则需重新按下启动按钮 SB。

二、交流磁力启动箱实物安装图

交流磁力启动箱的安装线路如图 5-1-2 所示。根据原理图 5-1-1,安装线路时先接主电路,然后接控制电路;主电路相对简单,控制电路相对复杂,所以控制电路按照闭合路径,先接主要回路,然后再接分支路。

该电路对电动机具有短路、过载和欠压三重保护作用。如果电路发生短路,熔断器熔丝熔断,切断主电路和控制电路,从而使电动机自动脱离电源,实现短路保护。如果电动机长时间过载,热继电器的动断触点将会分断,切断控制电路,从而使电动机自动脱离电源,实现过载保护。如果电网电压严重下降或消失,动铁芯释放,主电路和控制电路均被切断。电网电压恢复

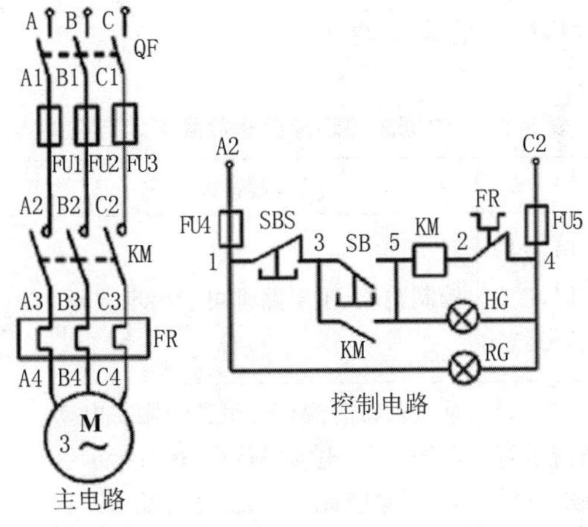

图 5-1-1　交流磁力启动箱原理图

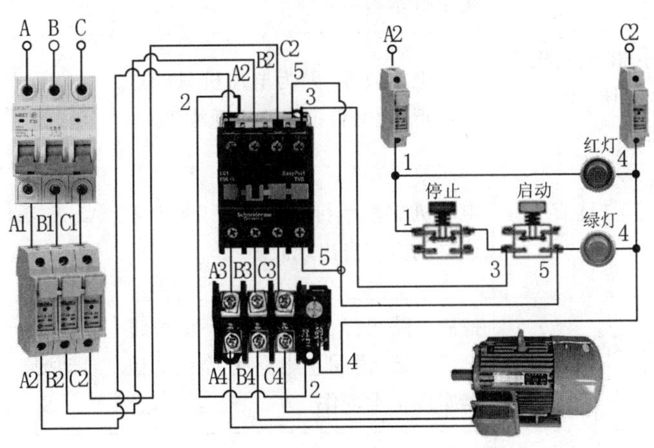

图 5-1-2　交流磁力启动箱实物安装线路图

后，必须再按启动按钮复位闭合，否则电动机不会因电压恢复而自行启动，因此实现了欠压保护。

三、交流磁力启动箱的故障查找

交流磁力启动箱的常见故障的诊断方法与电动机故障的诊断方法相同，可通过看、听、闻、摸四种方法来及时检查和排除故障。检查故障时，通常是先从主电路入手，检查电动机是否正常运行，然后逆着电流方向检查主电路的触头系统、热元件、熔断器、隔离开关及线路本身是否有故障，接着根据主电路与二次电路之间的控制关系，检查控制回路的线路接头、自锁触头、电磁线圈是否正常，检查制动装置、传动机构中工作不正常的范围，从而找出故障部位。

1.根据故障现象分析故障可能存在的线路

见表 5-1-1。

表 5-1-1　根据故障现象分析故障可能存在的线路

序号	故障现象	分析故障原因	故障可能存在的线路
1	三相电源供电正常,电源指示灯 HR 不亮,按下启动按钮,系统无反应,电机不运行	控制电路、主电路都可能出现故障	A1-FU1-A2-FU4-1-HR-4-FU5-C2-C1,线路存在故障
2	电源供电正常(电源指示灯亮),按下启动按钮 SB,系统无反应,电机不能运行	系统正常时应该接触器线圈得电动衔铁吸合,电动机运行,运行指示灯亮,而系统此时却无反应,说明控制线路中接触器线圈不得电,且运行指示灯不得电	首先检查 1-SBS-3-SB-5 线路,若该线路无故障,则 5-KM-2-FR-4 线路与 5-HG-4 线路都有故障
3	按下启动按钮 SB 电动机运行,松开启动按钮 SB 后电动机停止转动	控制电路故障,因为电动机只能点动运行,说明自锁线路出现故障	3-KM-5 自锁线路
4	电动机不能启动且有“嗡嗡”声响	电动机缺相运行,主电路出现故障或电动机本身出现故障	A2-A3-A4、 B1-FU2-B2-B3-B4、C2-C3-C4
5	按下停止 SBS 按钮电机停转,松手后电机又重新启动	控制电路故障,因为按下停止按钮电机停转,说明主电路正常且接触器实现正常工作	启动按钮短路
6	按下停止按钮 SBS 电机工作指示灯 RGB 熄灭,但电机依然运行	主电路故障,因为按下停止按钮工作指示灯熄灭,对应的接触器线圈已经失电	接触器主触点粘连

2.利用断电法和带电法排除线路故障

下面以交流磁力启动箱电源指示灯 HR 故障为例,分别运用断电法、带电法查找故障点,并排除故障。由表 5-1-1 根据故障现象分析故障可能存在的线路可知,当三相电源供电正常,电源指示灯 HR 不亮,按下启动按钮系统无反应,电机不运行时,故障可能存在的线路为:A1-FU1-A2-FU4-1-HR-4-FU5-C2-C1 线路。具体查找故障方法如下:

(1)断电法

断电法又称为电阻法,如图 5-1-3 所示。切断电源,将万用表拨到×1 Ω 挡并调零,固定一支表笔在 A1 处,另一只表笔从 A1 端依次测量线路对应阻值,如果测量 A1-FU1 阻值近似为零(线路正常),而测量 A1-A2 时阻值较大或近似无穷,则说明熔断器 FU1 熔断造成线路故障。其他故障点依次查找排除。

(2)带电法

带电法又称为电压法,如图 5-1-4 所示。接通电源,将万用表拨到交流 500 V 挡,固定一只表笔在 A 处,另一只表笔从 C 端依次测量线路对应电压,如果测量 A–C 之间的电压为 380 V

(线路正常),而测量 A-FU3 时电压较小或近似为零,则说明熔断器 FU3 熔断造成线路故障。其他故障点依次查找排除。

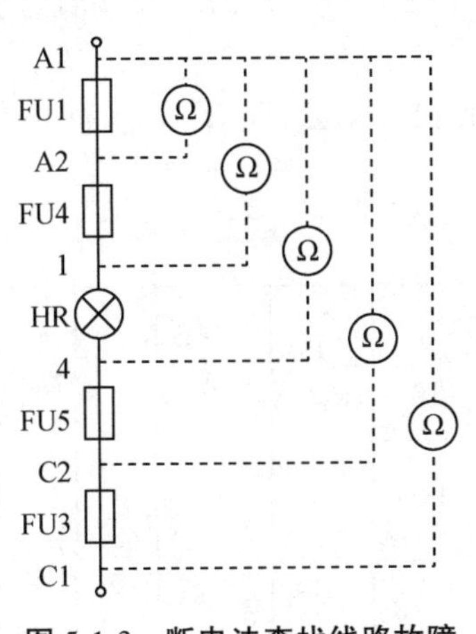

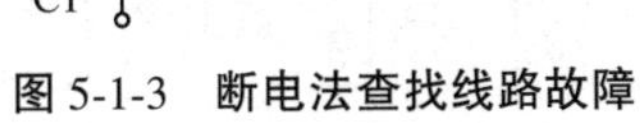
图 5-1-3　断电法查找线路故障

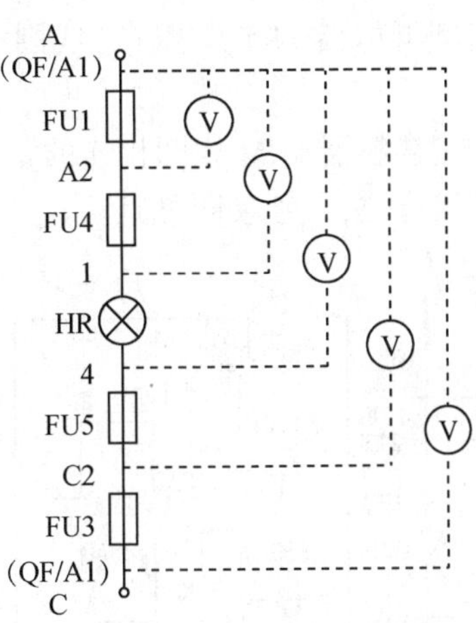

图 5-1-4　带电法查找线路故障

第二节　泵自动切换控制与管理

泵自动切换控制箱电路原理图如图 5-2-1 所示。该电路具有手动操作和自动运行两大功能。

把转换开关 SA1 扳到手动位时,其工作原理与交流磁力启动箱工作原理相同,即按下启动按钮 SB1,电动机开始运行,按下停止按钮 SB2,电动机停止运转。

把转换开关 SA1 扳到自动位时,泵自动切换控制箱具有自动切换功能,即一个泵(一号泵 M1)运行,另一个泵(二号泵 M2)备用,当一号泵出现故障时,会自动切换到二号泵,使二号泵处于运行状态。

一、备车

把一号泵 M1、二号泵 M2 的手动/自动转换开关转到自动位,运行/备用转换开关转到备用位,合上电源开关 1QK、2QK,两泵进入备车阶段。其具体过程是:

接通电源开关 1QK(2QK)后,中间继电器 1KA1(2KA1)和时间继电器 1KT1(2KT1)的线圈同时通电。

中间继电器 1KA1(2KA1)的线圈通电后,其串联在二(一)号泵电路中的常闭触头断开,使得 1SA2(2SA2)转到运行位而处于闭合状态时,二(一)号泵不运行。

时间继电器 1KT1(2KT1)线圈通电后,其延时闭合常开触头延时闭合,使得与该触头串联的中间继电器 1KA2(2KA2)线圈通电。中间继电器 1KA2(2KA2)线圈通电后,其三对触头发生动作：

(1)与备用灯串联的常开触头 1KA2(2KA2)闭合,备用灯亮。

(2)与时间继电器 1KT2(2KT2)线圈相连的常开触头 1KA2(2KA2)闭合,为自动切换做准备。

(3)与交流接触器 1KM 线圈相连的常开触头 1KA2(2KA2)闭合,为运行状态做准备(只要 1SA2 转到运行位,一号泵即可启动)。

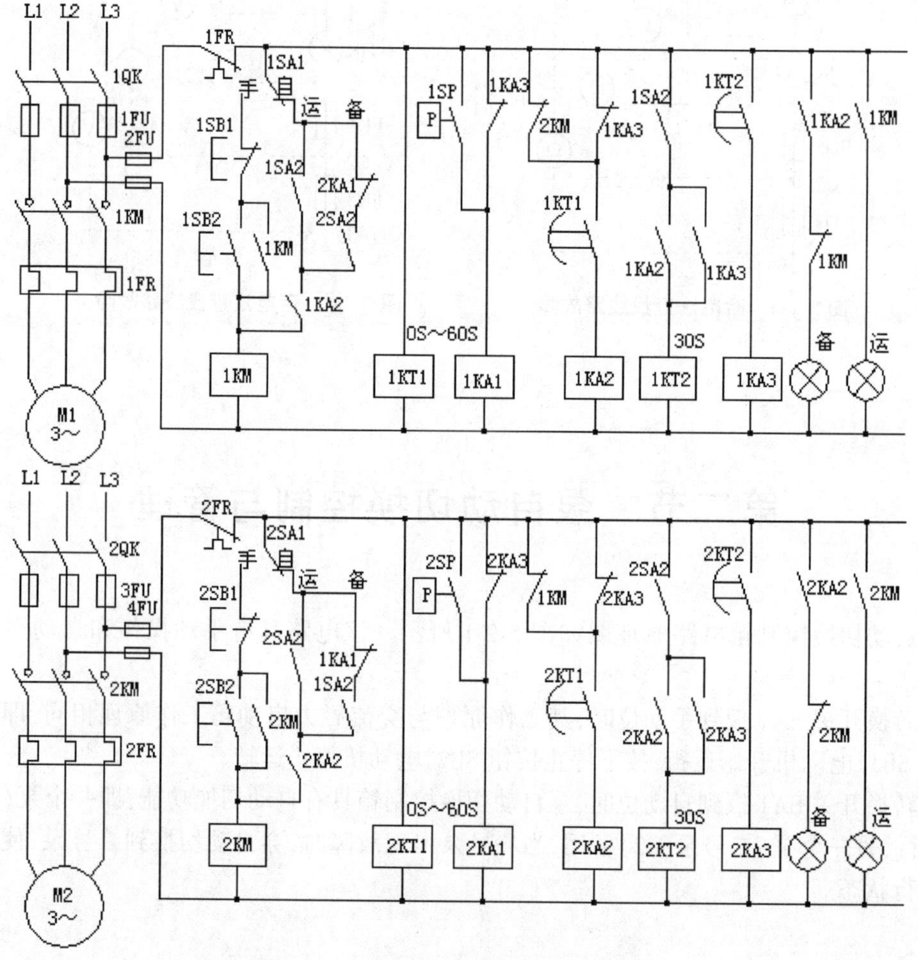

图 5-2-1　泵自动切换控制箱电路原理图

二、运行

设一号泵运行,二号泵备用。

将一号泵设置为运行状态(1SA2 闭合),1SA2 的三对触头闭合:位于交流接触器 1KM 线圈供电线路上的 1SA2 闭合,由于备车时 1KA2 已经闭合,使得交流接触器 1KM 线圈通电:

(1)位于二号泵中间继电器 2KA2 线圈线路上的常闭辅助触头 1KM 和与启动按钮 1SB2 并联的常开辅助触头 1KM 的动作对电路不起作用。

(2)与备用灯串联的辅助触头 1KM 断开,备用灯灭。

(3)与运行灯串联的辅助触头 1KM 闭合,运行灯亮。

(4)位于主电路中的三对主触头 1KM 闭合,电动机 M1 接通电源启动运转起来,并在时间继电器 1KT2 的延时闭合常开触头延时闭合接通中间继电器 1KA3 前建立起压力,使压力继电器 1SP 触头闭合。这样,即使中间继电器 1KA3 通电,与压力继电器 1SP 并联的 1KA3 常闭触头断开,一号泵照常运行。

三、一号泵为自动切换做准备

位于时间继电器 1KT2 线圈供电线路上的 1SA2 闭合,由于 1KA2 在备车时已经闭合,因此时间继电器 1KT2 线圈通电。时间继电器 1KT2 线圈通电后,其延时闭合常开触头延时闭合,使得与该触头串联的中间继电器 1KA3 线圈通电,中间继电器 1KA3 的一对常开触头闭合,两对常闭触头断开:

(1)与压力继电器 1SP 并联的常闭触头 1KA3 断开,这样,中间继电器 1KA1 线圈通电与否,全靠压力继电器 1SP 触头是否闭合来控制。

(2)与常闭触头 2KM(互锁)并联的常闭触头 1KA3 断开,这样,中间继电器 1KA2 线圈是否通电只由位于一号泵电路图中的 2 号泵的交流接触器的辅助触头 2KM 控制。这样能保证一号泵和二号泵在自动运行情况下,只有一台处于运行状态。

(3)与常开触头 1KA2 并联的常开触头 1KA3(自锁)闭合,目的是使 1KA2 常开触头断开后,时间继电器 1KT2 线圈仍然能通电。否则,如果一号泵有故障而自动切换到二号泵时,接在一号泵电路中的 2KM 常闭触头断开,导致中间继电器 1KA2 线圈失电,引起与 1KT2 线圈相连的常开触头 1KA2 断开,就会使时间继电器 1KT2 线圈失电,其延时闭合常开触头断开,引起中间继电器 1KA3 线圈失电,与压力继电器 1SP 并联的常闭触头 1KA3 闭合而重先给 1KA1 线圈通电,如果二号泵还没有转到运行位,则 1KA1 常闭触头断开会导致二号泵断电不能运转。同时一号泵中的常闭触头 2KM 闭合,又使一号泵运转起来,造成两泵连续频繁启动。

四、自动切换

与中间继电器 1KA1 常闭触头串联的 1SA2 闭合,二号泵在备车时 2KA2 也已经闭合,因此二号泵是否运行全靠中间继电器的常闭触头 1KA1 是否闭合来控制。当一号泵有故障,泵内压力达不到要求时,压力继电器 1SP 触头断开,中间继电器 1KA1 线圈断电,使其接在二号泵电路中的常闭触头 1KA1 闭合,这样二号泵中的交流接触器线圈通电,使其主触头闭合,二号泵就运行起来,实现了自动切换。然后把二号泵 2SA2 转到运行位。

五、一号泵停止运行

二号泵运行时,位于一号泵线路中的交流接触器 2KM 常闭触头断开,与其并联的 1KA3 常闭触头早已断开,因此中间继电器 1KA2 线圈失电,其触头动作,使得与交流接触器 1KM 线圈连接的 1KA2 常开触头断开,交流接触器 1KM 线圈失电,其主触头断开,切断了一号泵的电源,使一号泵停止运行。

注:电气控制箱的维护保养要求

(1)控制箱内电器等装置的零件有腐蚀生锈的地方,可用砂布或刮刀除锈。刮磨时应尽量除去氧化物,而少磨去金属。对不导电和不受摩擦的零件表面,刮磨后可涂以凡士林或黄油。涂漆零件上的防锈层剥落时,可在除锈后涂以防锈漆。禁止在接线柱、摩擦接触的平滑面、螺纹、弹簧等上面涂漆。

(2)日常维护中应保持触头接触面贴合良好。

(3)检查电器的电磁机构、灭弧系统、弹簧情况。

(4)检查各部分机械连接情况。

(5)定期测量绝缘电阻。电器线圈的绝缘电阻在冷态下不得低于0.5 MΩ,否则应进行烘潮处理。

(6)保持控制箱的水密性。经常检查水密封垫,有损坏或变质时应及时更换。

(7)保持控制箱内清洁。定期用吸尘器或电吹风清除箱内灰尘,如有油污应用干净抹布擦干净,不得使用棉纱。

练习题

1.简述电机常见故障的判别和查找方法。

2.技能训练

(1)根据线路图指出各元器件在控制箱内的实际位置。

(2)根据故障现象判断故障性质和可能存在的环节。

(3)下图为接触器与按钮复合连锁正反转控制电路的原理图,试分析其工作原理,根据原理图设计安装图和连线图,并且完成安装。

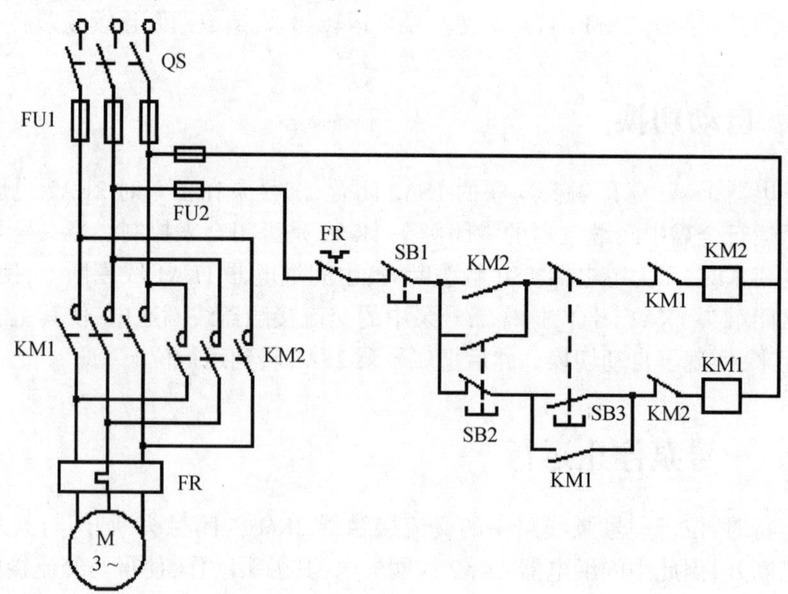

(4)下图为时间继电器自动控制 Y-Δ 降压启动电路的原理图,试分析其工作原理,根据原理图设计安装图和连线图,并且完成安装。

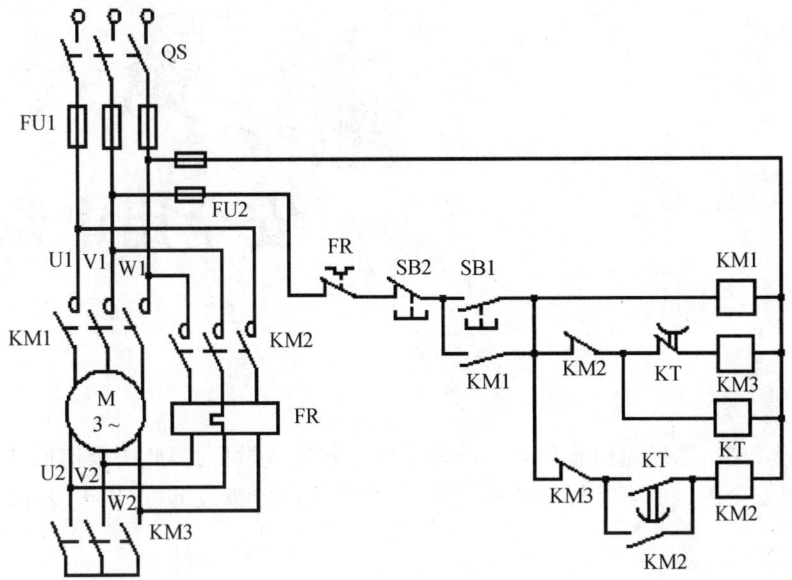

第六章 安全用电常识

由于工作需要，船舶轮机管理人员经常接触各种电气设备，因此要求他们必须懂得安全用电常识，按照安全用电的有关规定从事工作，避免发生触电事故，以保护人身和设备的安全。

第一节　用电安全知识

触电时，流过人体的电流强度是影响造成的损伤大小的直接因素，而电流的大小与人体的电阻和接触电压有关。人体的电阻越大，接触电压越小，流过人体的电流就越小，触电造成的伤害也就越轻。人体允许电流一般按不引起强烈痉挛的 5 mA 考虑。

一、人体电阻

人体电阻包括内电阻、皮肤电阻和皮肤电容。因为皮肤电容很小，可忽略不计，体内电阻基本上不受外界影响，差不多是定值，约为 0.5 kΩ，皮肤电阻占人体电阻的绝大部分。但皮肤电阻随着外界条件的不同可在很大范围内变化。皮肤表面 0.05～0.2 mm 的角质层电阻高达 10～100 kΩ，但这层角质层很容易遭到破坏，在计算安全电压时不宜考虑在内，除去角质层，人体电阻一般不低于 1 kΩ，通常视为 1～2 kΩ。

影响人体电阻的因素很多，除皮肤厚薄外，皮肤潮湿、有汗、有损伤、带有导电粉尘，对带电体接触面大、接触压力大等都将减小人体电阻，加大触电电流，增加触电危险。

人体电阻还与接触电压有关，接触电压越高，人体电阻将按非线性规律下降，如图 6-1-1 所示。图中，曲线 a 表示人体电阻的上限，曲线 c 表示人体电阻的下限，曲线 b 表示人体电阻的平均值。曲线 a、b 之间相应于干燥皮肤，曲线 b、c 之间相应于潮湿皮肤。

二、安全电压

在无任何防护设备的情况下，当人体接触带电体时，对各部分组织（如皮肤、神经、心脏、

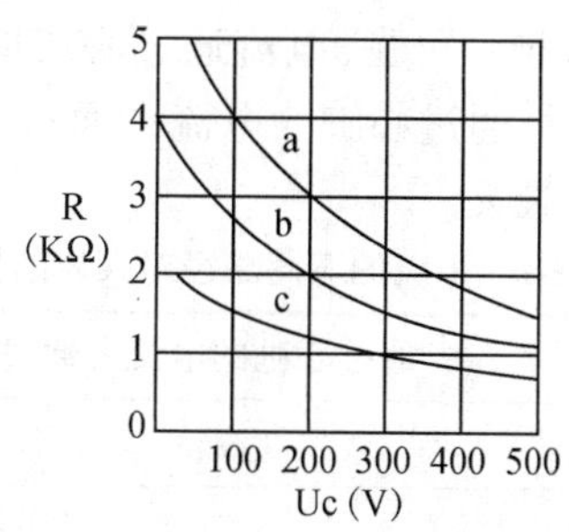

图 6-1-1 人体电阻与接触电压的关系

呼吸器官等)均不造成伤害的电压值叫安全电压。我国规定 6 V、12 V、24 V、36 V、42 V 五个电压等级为安全电压等级级别,不同场所选用的安全电压等级不同。

在湿度大、狭窄、行动不便、周围有大面积接地导体的场所(如金属容器内、矿井内、隧道内等)使用的手提照明灯,应选用 12 V 安全电压。

人体是导电的,一旦有电流通过,就会受到不同程度的伤害。由于触电的种类、方式及条件不同,受伤害的程度也不同。

三、触电伤害人体的因素

人体对电流的反应非常敏感,触电时电流对人体的伤害程度与以下几个因素有关。

1.电流的大小

触电时,流过人体的电流强度是造成损伤的直接因素。人们通过大量的实验证明,通过人体的电流越大,对人体的损伤越严重。

2.电压的大小

人体接触的电压越大,流过的电流就越大,对人体的伤害也就会越严重。

3.频率的高低

实验表明,直流电对人身的危害作用与交流电不同。直流电对人身的血液有分解作用,交流电的危害在于对人的神经系统有破坏作用。实践证明,40~60 Hz 的交流电对人最危险,因为这与人体的细胞特性有关。当电流通过人体时,人体细胞被极化拉伸成一个个偶极子,使细胞的生物化学机能遭到破坏。在直流电的作用下,细胞的极化是定向的;在交流电的作用下,这种极化随电压极性的改变往复进行。在工频电流作用下,极化的往复最为激烈,对细胞的损伤也最大。随着频率的增高,触电危险程度将下降,这是因为在高频电流的作用下,细胞的极化方向来不及改变,因而产生的损伤较少。高频电流不仅不会伤害人体,还能用于治疗疾病。

4.时间的长短

技术上常用触电电流与触电持续时间的乘积(即电击能量)来衡量电流对人体的伤害程度。触电电流越大,触电时间越长,则电击能量越大,对人体的伤害越严重。若电击能量超过 150 mA · s 时,触电者就有生命危险。

5.不同的路径

电流通过脑部可使人昏迷,通过脊髓可能导致肢体瘫痪,通过心脏可造成心跳停止、血液循环中断,通过呼吸系统会造成窒息。可见,电流通过心脏时,最容易导致死亡。表 6-1-1 表明了电流在人体中流经不同路径时,通过心脏的电流占通过人体总电流的百分比。从表中可以看出,电流从右手到左脚危险性最大。

表 6-1-1　电流的不同路径对人体的伤害

电流通过人体的路径	通过心脏的电流占通过人体总电流的百分比(%)
从一只手到另一只手	3.3
从右手到右脚	3.7
从右手到左脚	6.7
从一只脚到另一只脚	0.4

6.人体状况

人的性别、健康状况、精神面貌等与触电伤害程度有着密切关系。女性比男性触电伤害程度约严重 30%;小孩与成人相比,触电伤害程度也要严重得多;体弱多病者比健康人容易受电流伤害。另外,人的精神状况,对接触电器有无思想准备,对电流反应的灵敏程度,醉酒、过度疲劳等都可能增加触电事故的发生次数并加剧受电流伤害的程度。

7.人体电阻的大小

人体电阻越大,受电流伤害程度越轻。通常人体电阻可按 1~2 kΩ 考虑。这个数值主要由皮肤表面的电阻值决定。如果皮肤表面角质层损伤、皮肤潮湿、有汗、带着导电粉尘等,将会大幅度降低人体电阻,增加触电伤害程度。

第二节　触电及急救

一、人体触电有电击和电伤两类

1.电击

电击是指电流流过人体时所造成的内伤。它可使肌肉抽搐、内部组织损伤,造成发热、发麻、神经麻痹等,严重时将引起昏迷、窒息,甚至心脏停止跳动、血液循环中止等而导致死亡。触电死亡中绝大部分是由于电击造成的。

2.电伤

电伤是在电流的热效应、化学效应、机械效应以及电流本身作用下造成的人体外伤。常见的有灼伤、烙伤和皮肤金属化等现象。

二、人体触电方式

人体触电方式有单相触电、两相触电、跨步电压触电和悬浮电路上的触电四种方式。

1.单相触电

这是常见的触电方式。人体的一部分接触带电体的同时,另一部分又与大地或零线(中性线)相接,电流从带电体流经人体到大地(或零线)形成回路,这种触电方式称为单相触电。单相触电又分中性点接地系统单相触电[如图 6-2-1(a)所示]和中性点不接地系统单相触电[如图 6-2-1(b)所示]。一般地说,前者更具有危险性。

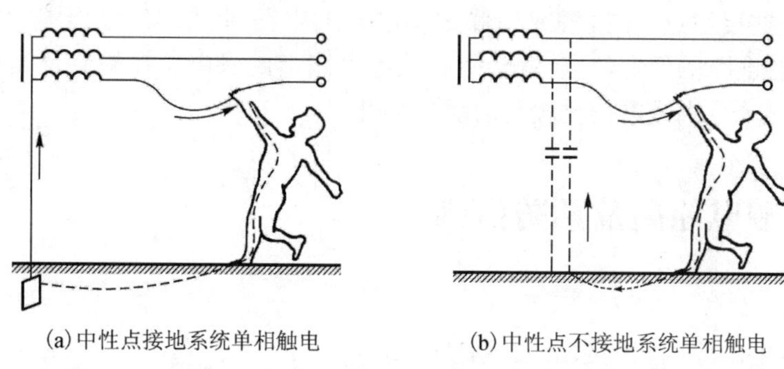

(a)中性点接地系统单相触电　　(b)中性点不接地系统单相触电

图 6-2-1　单相触电

2.两相触电

人体的不同部位同时接触两相电源带电体而引起的触电称为两相触电,如图 6-2-2 所示。对于这种情况,无论电网中性点是否接地,人体所承受的线电压将比单相触电时的相电压更高,因而危险性更大。

3.跨步电压触电

雷电流入地时,或载流电力线(特别是高压线)断落到地时,会在导线接地点及周围形成强电场。其电位分布以接地点为圆心向周围扩散,逐步降低而在不同位置形成电位差(电压)。当人畜跨进这个区域,两脚之间的电压,称为跨步电压。在这种电压作用下,电流从接触高电位的脚流进,从接触低电位的脚流出,这就是跨步电压触电,如图 6-2-3 所示。图中,坐标原点表示带电体接地点,横坐标表示位置,纵坐标表示电位,曲线表示电位分布规律。U_k 表示人两脚间的跨步电压。若人需进入跨步电压区域时,应采取单脚跳的方式才不会引起跨步电压触电。

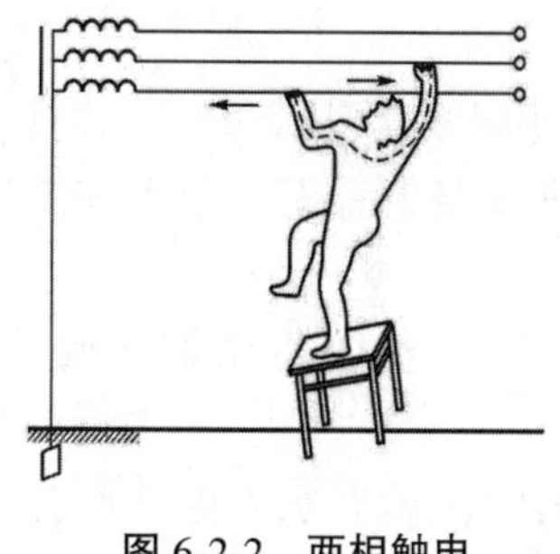

图 6-2-2　两相触电

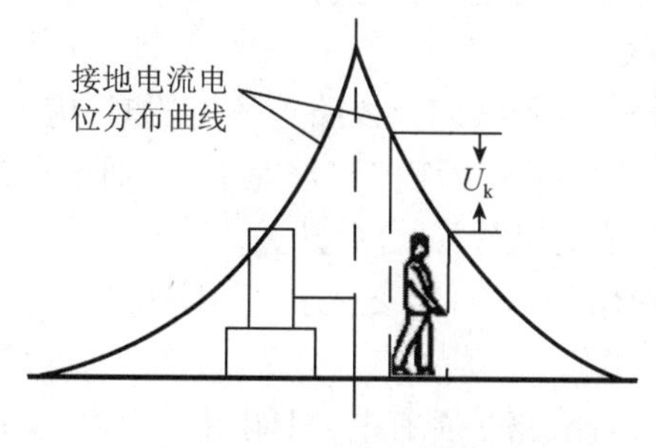

图 6-2-3　跨步电压触电

4.悬浮电路上的触电

220 V 工频电流通过变压器相互隔离的原副绕组后,从副边输出的电压零线不接地,变压器绕组间不漏电时,即相对于大地处于悬浮状态。若人站在地上接触其中一根导线,不会构成电流回路,没有触电感觉。如果人体一部分接触副边绕组的一根导线,另一部分接触该绕组的另一根导线,则会造成触电。例如:电子管收音机、扩音机、部分彩色电视机等,它们的金属板是悬浮电路的公共接地点,在接触或检修这类电器的电路时,如果一只手接触电路的高电位点,另一只手接触电路的低电位点,就会引起悬浮电路上的触电。在检修这类电器的电路时,一般要求单手操作,特别是电位比较高时更应如此。

三、触电原因及预防措施

1.触电原因

在船舶上触电的原因归纳起来主要有三点:

(1)电气操作制度执行不严格,如带电操作,不采取可靠的保护措施;停电检修,不挂警告牌;检修电路和电器,使用不合格工具等。

(2)用电设备不合要求,如电气设备内部绝缘损坏,开关、闸刀、灯具等绝缘外壳破损,失去防护作用,等等。

(3)缺乏安全用电常识,如用湿手去开关电灯、在室内乱拉电线、随意加大熔断器熔丝规格,等等。

2.预防措施

(1)工作前应把衣服纽扣扣好,并穿胶底绝缘鞋。

(2)电气器具的电线,插头必须完好。插头应与所有插座吻合,不使用无插头的电器。36 V 以上的电器应使用具有接地触头的插头,以便连接保护接地线或接中线。平时要维修保养好电气设备,保持电气设备绝缘良好和接地良好。不同的设备或电路对绝缘电阻的要求不同,新装或大修后的低压设备和线路,绝缘电阻不应低于 0.5 MΩ;运行中的线路和设备,绝缘电阻每伏工作电压 1 kΩ;潮湿工作环境下,则要求每伏工作电压 0.5 kΩ。

(3)对于手提电器,不要先开启开关,后连接电源。禁止用湿手或在潮湿的地方使用电器或开启开关。

(4)修理任何线路及线路上的电器时,应自电源处拿掉熔断器,拉下开关,并挂上警告牌,如“不许合闸,有人工作!”修理完毕后,通电前应查看一下线路上有无其他人在工作,确认无人后,方可装上熔断器,合上开关。

(5)换熔丝时,一定要先拉断开关,并换上规定容量的熔丝,不得用铜丝或其他金属丝代替。

(6)检查线路是否有电,只能用万用表、验电笔或校验灯。未确定无电前不得进行工作。带电作业必须经过电气负责人的批准,作业时必须由两人一同进行。在带电操作时,应穿上绝缘鞋,戴上绝缘手套,并尽可能用一只手接触带电设备和进行操作。整个操作过程需有人监护。

(7)在维护和检查有大电容器的电气装置时,应将电容器充分放电,必要时可短接后再进行工作。

(8)在机舱工作时,应有适当的照明,所用灯具的电压应符合标准,如36 V或24 V。

 四、触电急救

在电气操作和日常用电中,如果采取了有效的预防措施,会大幅度减少触电事故,但要绝对避免是不可能的,所以在电气操作和日常用电中必须做好触电急救的思想和技术准备。

1.触电的现场急救

发现有人触电,最关键、最首要的措施是使触电者尽快脱离电源。由于触电现场的情况不同,使触电者脱离电源的方法也不一样。在触电现场经常采取以下几种急救方法。

(1)迅速关断电源,把人从触电处移开,如图6-2-4所示。如果触电现场远离开关或不具备关断电源的条件,只要触电者穿的是比较宽松的干燥衣服,救护者可站在干燥木板上,如图6-2-5所示,用一只手抓住触电者衣服将其拉离电源,但切不可触及触电者的皮肤。如果这种条件尚不具备,还可以用干燥木棒、竹竿等将电线从触电者身上挑开,如图6-2-6所示。

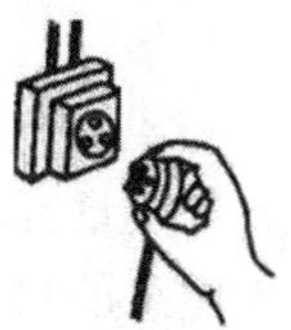

图6-2-4 关断电源

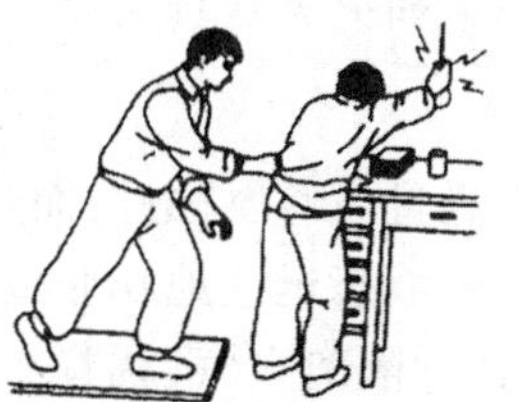

图6-2-5 拉离断电

图6-2-6 挑线断电

(2)如果触电发生在相线与大地之间,一时又不能把触电者拉离电源,可用干燥绳索将触电者身体拉离地面,或在地面与人体之间塞入一块干燥木板,这样可以暂时切断带电导体通过人体流入大地的电流,然后再设法关断电源,使触电者脱离带电体。在用绳索将触电者拉离地面时,注意不要发生跌伤事故,也可用干木把斧子或有绝缘柄的钳子等将电线剪断。剪断电线要分相,一根一根地剪断,并尽可能站在绝缘物体或干燥木板上。

(3)如果救护者手边有绝缘导线,可先将一端良好接地,另一端接在触电者所接触的带电体上,造成该相电源对地短路,迫使电路跳闸或熔断保险丝,达到切断电源的目的。在搭接带电体时,救护者要注意自身的安全。

(4)在电杆上触电,地面上一时无法施救时,仍可将绝缘软导线一端良好接地,另一端抛掷到触电者接触的架空线上,使该相对地短路,跳闸断电。在操作时要注意两点:一是不能将接地软线抛在触电者身上,这会使通过人体的电流更大;二是注意不要让触电者从高空跌落。

注意:以上救护触电者脱离电源的方法,不适用于高压触电情况。

(5)如果触电者触及断落在地上的带电高压导线,且尚未确证线路无电,救护人员在未做好安全措施(如穿绝缘靴或临时双脚并紧跳跃地接近触电者)前,不能接近至断线点8~10 m范围内,防止跨步电压伤人。触电者脱离带电导线后,亦应迅速带至8~10 m以外后立即开始触电急救。

2.脱离电源后的检查与抢救

触电急救必须分秒必争,立即就地迅速用心肺复苏法进行抢救,并坚持不断地进行,同时及早与医疗部门联系,争取医务人员接替救治。在医务人员未接替救治前,不应放弃现场抢救。具体的急救技术参看消防急救的课本,在此不赘述。

第三节　电气消防知识

船舶火灾不仅直接危及船舶安全运输,同时也给广大船员和乘客的人身安全造成很大威胁,因此,船舶防火是船舶安全的重要工作。

一、电气灭火器具

船舶电气设备起火时,一般用下列灭火器具灭火:

1.二氧化碳灭火机

二氧化碳是一种非导体,它干燥且没有腐蚀性,而且灭火后不留渣滓,不伤设备,是一种很好的电气火灭火材料。灭火时,它由液态迅速地膨胀成气态,吸收大量热量,同时其相对密度比空气大,能覆盖在燃烧物表面,达到隔离空气,稀释氧气浓度,使火窒息的目的。使用时,注意不要与水或蒸汽一起使用,否则会大大降低其灭火性能。

2.干粉灭火机

干粉灭火机使用的干粉是由碳酸氢钠加硬脂酸铝、云母粉、石英粉或滑石粉等研磨成的粉状物。干粉无毒、无腐蚀性、不导电,是扑灭电气火的理想物质。灭火时,依靠压缩气体(二氧化碳或氮气)的压力,将干粉以粉雾状喷射到燃烧物表面,构成阻碍燃烧的隔离层,稀释燃烧区的氧气浓度,从而把火熄火。干粉灭火迅速、效果好,但成本高,一般用于小面积灭火。

3.1211 灭火机

1211 是一种有一溴二氟甲烷的灭火剂,也是一种扑灭电气火的理想材料。一般船上配电板附近备有这种小型灭火机,适合扑灭小面积电气火。目前船上广泛采用的电气灭火器都是二氧化碳灭火机及 1211 灭火机两种。

对已经切断电源的电气火灾,也可采用水来灭火,但由于水(特别是海水)会浸湿电气设备和电缆,使其绝缘性能大大降低,因此如果火势较小最好不要用水,以免损坏设备和电缆。

二、电气消防方法

在发生电气设备火警时,或邻近电气设备附近发生火警时,轮机员应运用正确的灭火知识,指导和组织群众采用正确的方法灭火。

(1)当电气设备或电气线路发生火警时,要尽快切断电源,防止火情蔓延和灭火时发生触电事故。

(2)若未切断电源时,不可用水或泡沫灭火机灭火,尤其是油类的火警,应采用黄沙、二氧化碳灭火机、干粉灭火机和1211灭火机灭火。

(3)灭火人员不可使用身体及手持的灭火器碰到有电的导线或电气设备。

练习题

1.简述人体触电有哪几种类型,有哪几种方式。
2.简述触电伤害人体与哪些因素有关,各是什么关系。
3.简述发现有人触电,可用哪些方法使触电者尽快脱离电源。
4.简述机舱中常有哪些预防触电的措施。
5.简述机舱中常用的电气灭火器具有哪些,各自的特点是什么。

下篇
船舶电站训练

第七章

船舶电力系统概述

第一节　船舶电力系统的组成

船舶本身的特点决定了现代船舶上必须装备供电系统,这就是船舶电力系统。它将不同形式的能量转换成电能,并将电能分配给各用电设备。船舶电力系统主要由电源设备、配电装置、电力网和各种用电负载四部分组成,其电力系统单线图如图 7-1-1 所示。

一、电源设备

电源设备是将其他形式的能量转换为电能的装置。船舶常用的电源设备有交流发电机或直流发电机和蓄电池装置。

二、配电装置

配电装置是接受和分配电能的装置,也是对船舶电源、电力网和各种用电负载进行控制、监视、测量和保护的装置。它包括各种转换开关和控制开关、互感器、测量仪表、连接母线、保护电器、自动化装置及各种附属设备等。根据供电范围和对象的不同,它可分为主配电板、应急配电板、动力分配电板、照明分配电板和蓄电池充放电板等。

三、船舶电力网

船舶电力网是全船电缆和电线的总称。其作用是将各种电源和各种电力负载联系起来,以实现能量的传递和信息的处理。船舶电力网根据所连接的负载的性质,可以分为动力电网、照明电网、应急电网、小应急电网等。

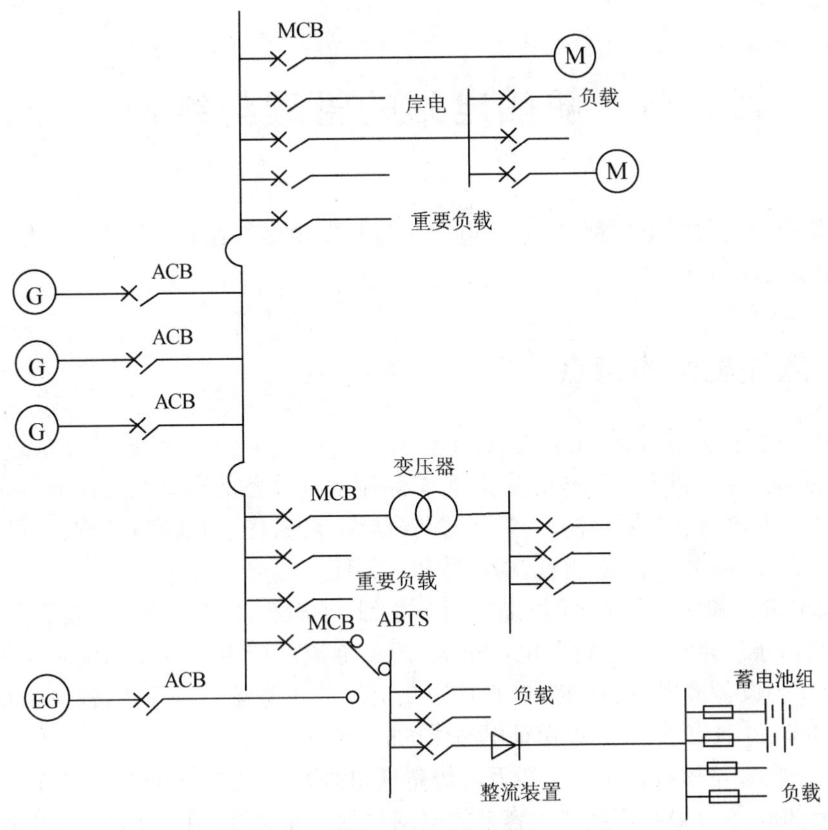

图 7-1-1　船舶电力系统示意图

G—主发电机；EG—应急发电机；M—电动机；ACB—自动空气断路器；
MCB—装置式自动空气断路器；ABTS—汇流排转换接触器

四、负载

船舶电力负载大体可分为如下几类：

1.船舶各类机械的电力拖动

(1)甲板机械——舵机、锚机、绞缆机、起货机、舷梯绞车、吊艇机等。

(2)舱室机械——各类油泵、水泵、空压机、冷冻机、通风机、空调设备等。

(3)电力推进船舶或特种船舶使用的推进电动机以及生产机械。

2.船舶电气照明

工作场所和生活舱室安装的各种照明灯具以及各种航行灯和信号灯具用电。

3.船舶通信和电航设备

通信设备有无线电收发报机，电话、广播、声光报警装置，电车钟，舵角指示器等。电航设备有陀螺罗经、雷达、罗兰导航仪、无线电测向仪、电测深仪、电计程仪等。

4.其他用电设备

如电热器、洗衣机、电视机等家用电器和电炉、电烤箱、电蒸锅等厨房电器。

第二节　船舶电站的管理与维护

船舶电站是船舶的重要组成部分，它由电源装置和配电装置组成，是船舶电力系统的核心，对保证船舶安全和经济航行具有重要意义。

一、船舶电站的特点

(1)船舶电气设备的工作条件比较复杂，工作环境比较恶劣，海上航行时存在的高温、潮湿、盐雾、霉菌、振动、倾斜和摇摆等不良因素，影响船舶电气设备的寿命及动作的可靠性。因此要求船舶电站的发电机、电器元件应当进行三防(防潮、防霉菌、防盐雾)处理，并具有抗振、抗倾斜和摇摆的性能，以保证电站运行的稳定性和可靠性。

(2)船舶发电设备和用电设备之间的距离短，相互影响较大。当电网某一点发生短路(特别是动力设备)，由于线路阻抗低，短路电流很大，短路电流所产生的电磁机械应力和热效应易使开关、汇流排等设备遭到损伤和破坏，直接影响电站的正常运行。因此，各级船舶电网应设置短路保护环节，并具有可靠性，以保证电站供电的连续性。

(3)船舶电站的容量相对较小。一般万吨级货船电站总容量为1000 kW左右，正常运行的发电机组只有300~500 kW，而某些大容量的电动机的容量可达60~70 kW，与电站容量之比为1 5~1 10。当大容量电动机启动时可能会引起电网电压大幅度下降，发电机组的转速和频率也会波动厉害，因此，要求船舶发电机要有较大的承受过载和强行励磁的能力，以提高船舶电站的稳定性。

二、对船舶电站的具体要求

(1)发电机的台数与容量必须满足各种工况下对电站容量的要求，而且要使每台机组的功率得到充分利用。

(2)主发电机组必须有备用机组，以便交替使用、维护和检修。另外，还需备有应急电源或应急发电机组。有条件的应做到应急发电机组能自动启动，自动投入电网工作。

(3)发电机组应配置相应的调压及调速装置，使电网电压和频率稳定在一定范围之内。

(4)应具有各种保护措施，以便及时消除各种故障，保护发电机组，使整个电网能持续稳定运行。

(5)配备各种检测仪表和信号指示装置，以便及时反映发电机运行与电网供电情况。

三、船舶电站的日常安全管理

船舶电站安全稳定运行是保证船舶正常航行的重要条件，电气管理人员必须做好船舶电站的日常管理工作。

1.船舶电站运行中的监视与管理

(1)观察配电板上仪表读数,如电压、频率、电流、功率等读数,并做好记录。

(2)根据工况进行发电机的并联运行或解列,使电站合理经济运行。

(3)合理分配并联运行发电机机组之间的有功及无功功率。如果不合理,应手动调节,或查找相关故障使之合理分配。

(4)检查主、应急配电板上的主开关、继电接触器的通断状况是否在正确位置上。重负载开关应有明显的标志,以免引起误操作。

(5)检查运行中的发电机调压装置是否有不正常的振动和声响,若有异常,应查明原因,排除故障。检查发电机温度及轴承温度是否正常。

(6)观察滑环或直流发电机换向器情况,正常工作时不得出现有害的火花。

(7)对因故障待修或正在检修的电气设备,在主配电板上断开电源时,必须在其相应的开关上悬挂告示牌,以免造成触电事故或设备损坏。

(8)配电板上同步表和兆欧表均按短时工作设计,因此并车或测量完毕后,应将转换开关打到零位。

(9)经常注意配电板上兆欧表或地气灯所显示的船舶电网绝缘情况是否良好,如有绝缘不良,应及使检查和排除。整个配电板绝缘的检查每日一次,并记入电气工作日志。

2.船舶电站停止运行后的管理

(1)电站在将要长期停止运行或者发电机、配电板将要进行厂修前均应测量绝缘电阻,并做好记录,以备查考。

(2)配电板上所有开关、电阻器及仪表均应处于切断状态。有门锁的配电板应锁好。

(3)直流船舶如果需要接交流岸电时,应将动力设备、航行灯、各直流线圈的负载线路切断,并悬挂告示牌,此时只能对照明线路供电。必须使用直流电源的设备,须经整流装置供电,但不宜采用半波整流装置。

(4)交流船舶接岸电时,应当查明电压及频率是否与本船电网电压及频率一致,并测量确定相序一致时,才能接通岸电。

(5)接受其他船舶供电时,应注意供电船舶的电制和负荷情况。在电制、电压、频率和相序一致,而且电站容量允许的情况下,才能由其他船舶供电。

(6)配电板停用期间,对有加热驱潮电阻装置者,应通电加热,严防油、水溅入发电机和配电板内。

3.船舶电站经修理或长期停用后投入运行前的检查与要求

(1)检查发电机主开关保护装置整定值的标志是否在原来的正常位置上,如有变动必须调到正确位置。

(2)检查发电机、配电板绝缘电阻值,最低不得小于0.5 MΩ(检查时各分路开关应断开)。

(3)检查配电板上各电器及仪表是否正常,接线是否良好,特别是经过修理或改装的部位应注意接线与图纸是否相符。

(4)检查发电机内部是否有油、水、污垢及其他物件,并检查内外接线端子、电刷、刷握的位置及弹簧压力是否正常。

(5)盘车检查试验主开关手动合闸是否良好。

(6)发电机转动是否有异常现象。

经过上述检查,如发现异常,需经过处理,达到正常要求后,才允许投入运行。

思考题

1.船舶电力系统由哪些部分组成?各部分的作用是什么?

2.船舶电力系统的容量、输电网络和运行环境与陆上相比有哪些特点?

第八章 船舶配电装置及继电保护装置

第一节 船舶配电装置的认识

一、船舶配电装置的分类

船舶配电装置按用途可分为:

(1)主配电板——用来控制和监视主发电机的工作,并对全船电网进行配电。

(2)应急配电板——用来控制和监视应急发电机的工作,并对应急电网进行配电。

(3)充放电板——用来控制和监视充电设备,对蓄电池进行充放电以及对低压电网进行配电。

(4)岸电箱——船舶停靠码头或厂修时用于接岸电。

(5)分配电板——向成组的用电设备进行配电。按用电性质可分为电力、照明、无线电、通信导航等多种不同的类型。

二、船舶主配电板

1.船舶主配电板的组成及功能

(1)船舶主配电板的组成

船舶主配电板一般由发电机控制屏、负载屏、并车屏、汇流排(母线)组成。

(2)主配电板的功能

①根据需要接通或断开电路(手动或自动);

②当电力系统发生故障时,保护装置能按要求动作,切除故障设备或网络,或发出报警信号;

③测量和显示运行中各个电气参数,如电压、电流、功率、功率因数等;

④能对电站的电压、频率以及并联运行的各发电机组的有功、无功功率进行调整;

⑤能对电路的工作状态、开关状态以及偏离正常工作状态进行信号显示。

2.发电机控制屏

发电机控制屏主要是由测量仪表及其转换开关、指示灯、发电机主开关、发电机继电保护装置、调速开关、发电机励磁装置等部分组成。其面板布置图如图 8-1-1 所示。

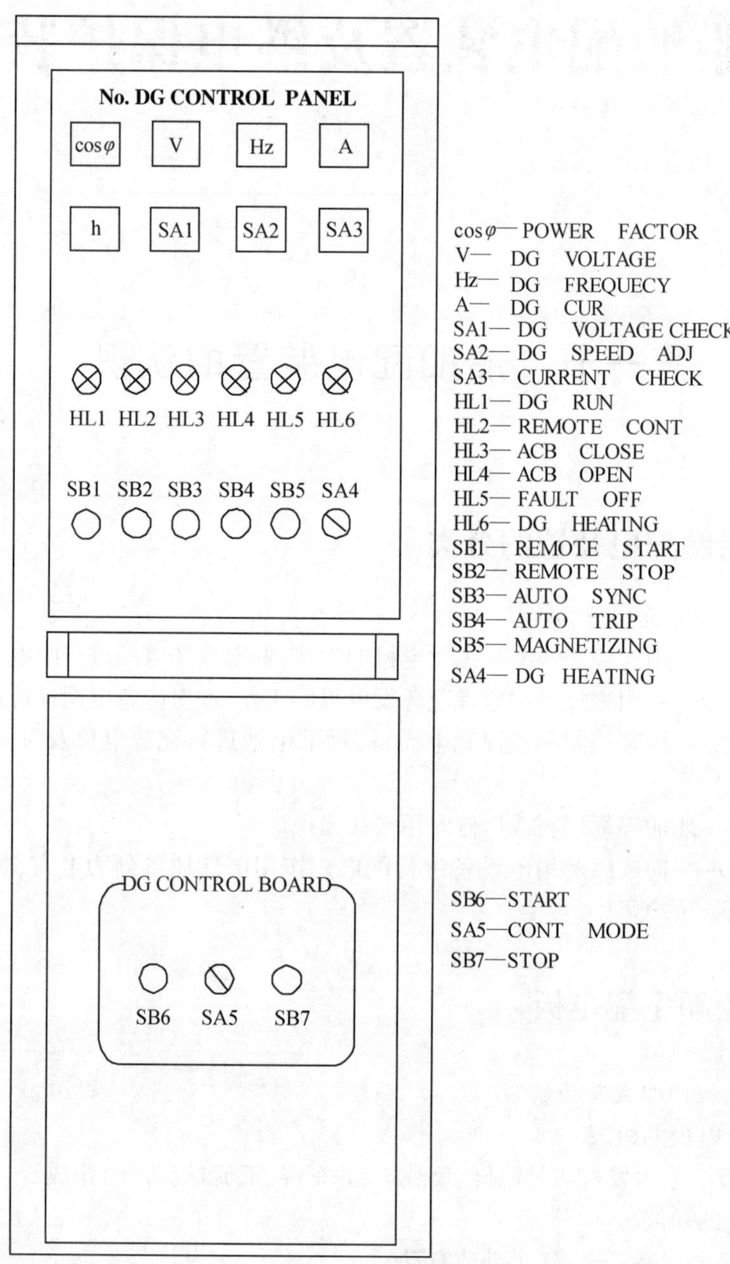

图 8-1-1 发电机控制屏面板布置图

测量仪表及其转换开关一般位于发电机控制屏的上部面板上。通过电流表及转换开关可以测量发电机任一线电流，通过电压表及转换开关可以测量发电机任一线电压。另外通过频率表、功率表、功率因数表可分别测量发电机的频率、功率及功率因数的数值。

合、分闸按钮，调速开关(按钮)，信号指示灯一般位于发电机控制屏的中部便于操作的地方。

发电机主开关有的位于控制屏的中部，有的位于控制屏的下部(ACB 的容量较大时)，发电机主开关通常均采用框架式自动空气断路器。

发电机控制屏上指示灯主要有：

黄色指示灯(OL)：发电机停机状态下烘潮加热时指示灯亮。

白色指示灯(WL)：发电机启动成功运行时指示灯亮。

红色指示灯(RL)：发电机运行但主开关(ACB)未合闸时亮。

绿色指示灯(GL)：发电机运行主开关合闸时亮。

主配电板发电机控制屏上主开关(框架式自动空气断路器)主要用于接通与断开发电机主电路，并对发电机起短路、过载、失欠压保护的作用。

发电机励磁装置、继电保护装置，当发电机主开关位于中部时一般装于控制屏的下部；当发电机主开关位于下部时一般装于控制屏的中部。

现代某些自动化电站发电机控制屏面板上部仅有一个电流表及其转换开关，一个发电机运行(供电)时间表，一个黄色或白色的烘潮(空间加热器)指示灯及其开关，主开关故障复位开关(ATR)(带红色故障指示灯)，主开关(ACB)故障跳闸后 ATR 上红色指示灯亮，转动复位开关(ATR)故障复位后 ACB 才能合闸。

3.负载屏

普通负载屏主要是由配电开关、熔断器、部分还有电流表及其转换开关组成；对于组合控制屏类的负载屏主要是由配电开关、负载启动继电—接触控制装置、启动与停止按钮、指示灯、熔断器等部分组成。对于大负载通常还装有电流表，可分别测量 3~4 个不同的大负载工作电流。其面板布置图如图 8-1-2 所示。

负载屏上配电开关大多采用的是塑壳式自动空气断路器，某些船舶对一些大负载或重要负载也有采用框架式自动空气断路器的。

照明负载屏上除配电开关外，其上部一般还装有电压表、电流表、配电板式兆欧表及各自转换开关，分别用来测量照明电网的电压与电流以及动力电网与照明电网对地的绝缘电阻。其面板布置图如图 8-1-3 所示。

岸电开关一般位于紧靠发电机控制屏的某块负载屏的下部。其一般为塑壳式自动空气断路器，且带有失压脱扣器。

4.并车屏

并车屏主要是由每台发电机的功率表(有几台发电机就有几个功率表)、两个电压表(分别用来测量母线电压和待并机线电压)及转换开关、两个频率表(分别用来测量母线频率和待并机频率)、同步表、同步指示灯及其选择开关、方式选择开关、每台发电机的调速开关(按钮)、合(分)闸按钮、合(分)闸指示灯等部分组成。其面板布置图如图 8-1-4 所示。

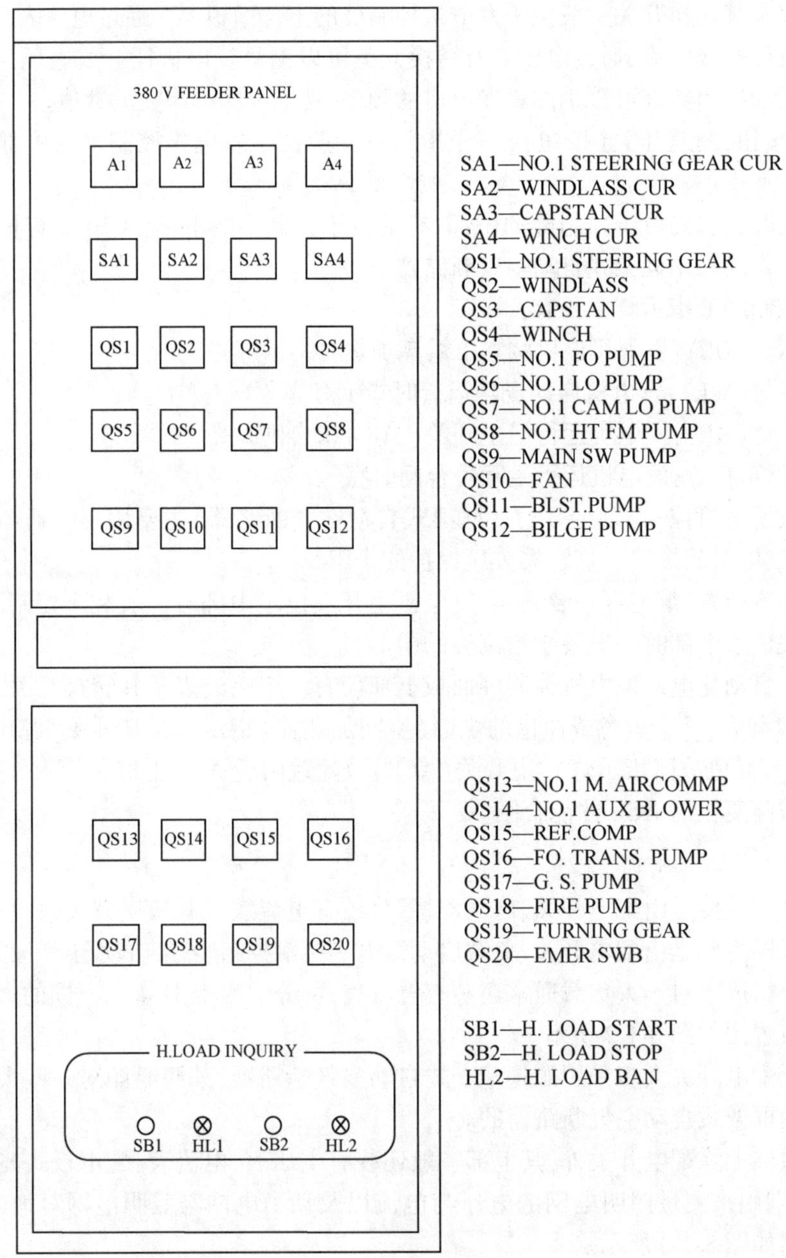

图 8-1-2　380 V 负载屏面板布置图

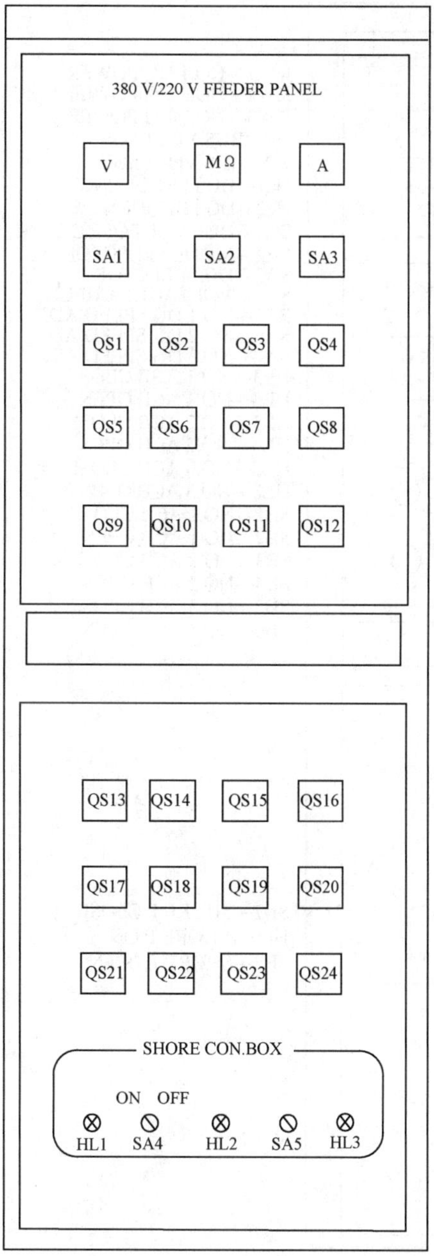

380 V/220 V FEEDER PANEL

V MΩ A

SA1 SA2 SA3

QS1 QS2 QS3 QS4

QS5 QS6 QS7 QS8

QS9 QS10 QS11 QS12

SA1—220V CHECK
SA2—INSULATION CHECK
SA3—220V CUR.CHECK
QS1—NO.2 STEER. GEAR
QS2—FO PURIFIER
QS3—DOTRANS. PUMP
QS4—LT FW PUMP
QS5—NO.2 FO PUMP
QS6—NO.2 M. LO PUMP
QS7—NO.2 CAM LO PUMP
QS8—NO.2 HT FW PUMP
QS9—AIR COND. SW PUMP
QS10—AIR COND. COMP
QS11—SLUDGE PUMP
QS12—LO PURIFIER

QS13 QS14 QS15 QS16

QS17 QS18 QS19 QS20

QS21 QS22 QS23 QS24

QS13—NO.2 M. AIR COMP
QS14—NO.2 AUX.BLOWER
QS15—AUX. SW PUMP
QS16—AUX LT FW PUMP
QS17—BOILER POWER
QS18—ANTIPOLLUTION
QS19—F.V.FW PUMP
QS20—LIGHT.TRANS
QS21—DECK ELEC.SHOP
QS22—ELEC.TRIAL FANEL
QS23—LIGHTING DISTRIBUTOR
QS24—OUTDOOR LAMP CONTR

SHORE CON.BOX

ON OFF

HL1 SA4 HL2 SA5 HL3

HL1—SHORE POWER
SA4—SHORE POWER
HL2—PH.CORREVT
SA5—PH.CONVERTER
HL3—PH.INCORRECT

图 8-1-3 380 V/220 V 负载屏面板布置图

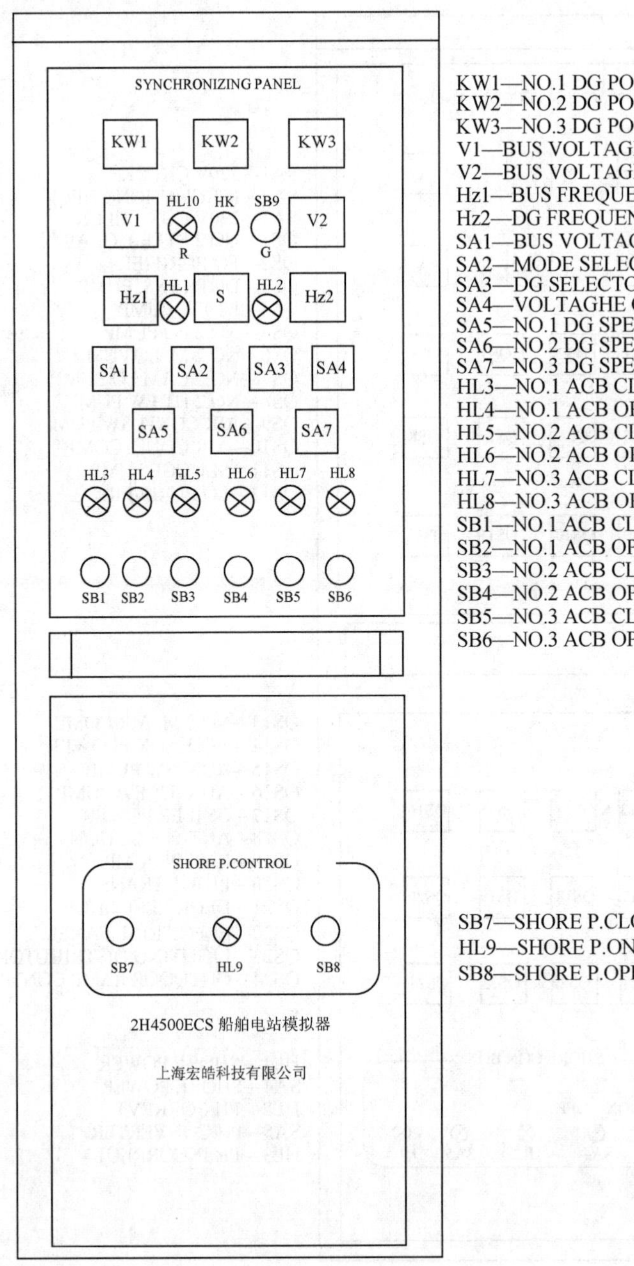

图 8-1-4　并车屏面板布置图

在这一屏上可以对任意一台发电机组进行调速、投入电网、切除等操作。电站自动化装置也有装设在并车屏中下部的(通常自动化装置和主配电板是同一公司的产品)。

没有并车屏的主配电板,一般将同步表、同步指示灯及其开关装设在中间一块发电机控制屏上。

5.汇流排

汇流排及其连接件是铜质材料制作的,连接处作防腐或防氧化处理。汇流排能承受短路时的机械冲击力,其最大允许温升为 45 ℃。

交流汇流排的颜色:第 1 相(R)为绿色,第 2 相(S)为黄色,第 3 相(T)为褐色或紫色,中性线为浅蓝色。

6.主配电板的日常维护保养要求

主配电板维护周期及技术要求主要有以下 3 条:

(1)表面——日常应检查测量仪表、开关、指示灯是否完好,是否正常,如有异常应及时修复或更换,测量仪表应每 4 年校验一次。

(2)主开关——每月检查一次各活动零件是否活动正常,紧固件是否松动,可调部分有无变形或移位等,发现不正常应及时采取相应措施。每半年检查一次合闸机构操作是否灵活、可靠;清洁灭弧罩及栅片上的烟灰;保持触头表面光洁;检查过载、短路、失压保护装置及其延时装置是否正常可靠。过载保护、短路保护、欠压保护整定值每 4~5 年校验一次。

(3)充磁装置——每半年检查一次隔离二极管等设施,防止倒流。

7.主配电板安全运行管理要求

(1)观察配电板上仪表读数,做好记录。

(2)根据负荷状况进行发电机组的并联运行或解列操作。

(3)根据功率表、电流表读数合理分配机组间的有功、无功功率。

(4)检修设备时,断开电源后应在相应的开关上悬挂告示牌。

(5)每天至少一次检查船舶电网对地绝缘并做好记录。

(6)主配电板前后左右至少 1 m 范围内及其上方不准堆放或悬挂任何杂物。

第二节 发电机的保护

船舶电站是现代船舶的心脏,发电机是船舶电站中最重要的设备,保护发电机不损坏是船舶安全航行的重要保证。针对发电机运行中的各种不正常情况和故障,必须设置相应的继电保护装置,以保证船舶电站安全可靠运行。

船舶发电机的不正常情况和故障主要有外部短路、过载、逆功率以及频率不正常。

船舶同步发电机内部也有可能产生故障,例如:定子绕组的相间短路、单相绕组层间短路、单相绕组接地;转子绕组的匝间短路、接地等。但由于船舶发电机属于低压系统,即电压不高,而且又定期检查,因此船舶发电机内部故障出现的机会极少。另外,由于发电机到主配电板之间的电缆比较短,故均不专设保护装置。

关于运行发电机出现过电压的情况,对于不可控自励发电机,从调压器的工作原理中可看出几乎不可能产生;对于带电压校正器的发电机,在可控硅失控等情况下是完全有可能产生的,在这种情况下,可考虑在电压超过额定电压的 15%~20%延时 2~3 s 关断主开关。因过电压故障情况较少,所以目前非自动化电站的船舶几乎都不使用过电压保护。

对于频率不正常运行情况,由于频率下降显然影响系统中机械的正常运行,但这些将转而引起主机油压降低、循环水压力降低等故障,从而会很快报警通知值班人员采取措施,频率下降对机械和电动机(拖动位能性负载除外)本身也无过热等不良影响。频率升高的可能性不大，且原动机本身已具有飞车保护，故非自动化电站的船舶通常也不考虑保护。

各级船级社对船舶发电机的保护均只要求设有外部短路保护、过载保护、欠压保护和逆功率保护。

通常这些保护都是以中断供电来实现保护的。但如果保护特性选择不合理，往往会造成不必要的供电中断，这与我们要求的系统供电的连续性有矛盾。中断供电显然对电气设备起到了保护作用，但在发生不至于引起发电机等电气设备损害或不至于引起事故时，保证连续供电是矛盾的主要方面，这时就不应偏重于保护设备，而使系统产生不必要的或不允许的供电中断，影响航行安全。当事故可能引起发电机等主要电气设备严重损坏时，这时保护主要设备就转化为矛盾的主要方面，保护装置就应动作，从长远的观点看，这样也是为了更有效地保证航行的安全。

在大多数情况下，故障或不正常运行都是暂时性的。当不正常运行在一定数量之内和在一定时间之内可以认为是允许的，因为设备都有一定的过载能力，而且不正常运行也不会立刻引起破坏性事故，因此在一般情况下，保护装置首先应避开暂时性的故障和非正常的运行状态，以保证连续供电。在这里，“数量”和“时间”这两个概念对发电机的保护是十分重要的。

对于具有自动电力管理系统的电站，除船级社规定的各项保护功能外，一般大多还具有欠频、过电压等处理及报警功能。

一、发电机外部短路保护

发电机外部发生短路的原因不外乎是导线绝缘老化、受机械及生物（如老鼠）的损伤、误操作、维护不周及导电物品不慎掉在裸导体或汇流排上所造成。短路时产生的短路电流，对电力系统中正在运行的设备有巨大的破坏作用，因此要求保护装置要正确、可靠、快速而且有选择性地动作，断开故障点。

通常在发电机较远处发生短路时，短路电流相对较小，这时负载开关应先动作，而不是发电机主开关动作使船舶电网供电中断，故主开关的动作应有一短延时，以确保保护的选择性。而在发电机近端发生短路时，会产生巨大的短路电流，这时应立即切断发电机的供电电路，故发电机的主开关应瞬时动作。因此，发电机的外部短路保护装置中一般设有两套电流保护装置，根据短路电流的大小，进行短延时或瞬时动作保护。

对于短路保护，船级社大多规定短路保护应整定在大于150%的额定电流，但整定值应小于稳态短路电流，它必须具有一短延时（不大于0.6 s）以适应系统选择性要求。通常船级社建议整定短路保护动作值为发电机额定电流的200%~250%，延时时间为0.4 s。超过250%的额定电流，瞬时动作。

发电机的外部短路保护主要由自动空气断路器中的过流脱扣器来实现。

二、发电机的过载保护

电站运行中，如果出现发电机容量不能满足负载的要求或并联运行的机组负荷分配不均匀等情况，都可能造成发电机过载。过载的形式，不是电流过载就是功率过载。对发电机而言是电流过载，对原动机而言是功率过载。长期的电流过载会使发电机过热，引起绝缘老化和损

坏;长期的功率过载会导致原动机的寿命缩短和部件损坏。

对于交流同步发电机承受电流过载的能力,各级船级社大多都规定应能在功率因数为滞后0.5的情况下承载150%额定电流2 min,且能近似地输出额定电压。所以对船用发电机而言完全允许一定时限的过载而不要求立刻跳闸。

从外部系统的要求方面来看,也要求发电机过载保护是带时限的。例如:当大电机启动或多台电动机同时启动时,启动电流可能超过发电机的额定电流,但此时发电机的过载保护装置不应动作,而应从时间上避开这种暂时的过载。启动过程一般不会超过10 s。若在远离发电机处发生短路时,其短路电流也可能超过发电机过载电流的整定值,但为了保证保护装置动作的选择性和可靠性,也应该从时间上避开这种情况,让下一级的保护装置先动作,这段时间一般仅为几十到几百毫秒。因此对发电机的过载保护装置来说,必须有一个合理的时间来鉴别过载的性质,以避开暂时性的过载状态。

对于过载保护,船级社大多都规定在超过额定电流110%~150%之间的过载保护必须以不超过2 min的延时使发电机断路器跳闸。通常船级社建议整定在发电机额定电流的125%~135%,延时15~30 s断路器分断。

尽管有延时保护,但过载时间一长必将导致保护装置动作而中断供电。当电站具有分级卸载功能时就可弥补这方面的不足,使中断供电的可能性降到最低限度。一般电站有两级卸载就够了,自动分级卸载装置动作时,会自动切断那些临时切断也不危及船舶或其他机器安全用电的设备,即我们通常所说的非重要负载,如空调设备等。分级卸载装置动作电流值可整定为发电机额定电流的100%~110%,第一级延时5~7 s动作,第二级延时10~12 s动作。

发电机的过载保护主要是由框架式自动空气断路器中的过流脱扣器来实现。自动分级卸载由分级卸载装置或自动电力管理系统中的分级卸载功能来实现。

三、发电机的欠压保护

当调压器失灵或发电机外部短路故障尚未切除时或发生严重欠频时,均有可能产生电压下降的情况。

发电机在欠压情况下运行将引起电动机电流增加,电动机转矩下降,从而导致电动机发热、绝缘老化损坏;对发电机而言将导致励磁电流急剧增加而使发电机转子绕组损坏,这对发电机、电动机的运行都是不利的。

发电机欠压保护的任务就是当发电机电压低于一定值时,将使发电机主开关合不上闸或从电网上自动断开。欠压保护实际上还是一种短路保护的后备保护,因为短路时必定会发生欠压现象。

系统中如有大电动机启动或突加较大负荷时,也可能引起电压的下降,这属于暂时的正常现象,欠压保护不应动作,所以欠压保护同样需要延时。

对于欠压保护船级社大多都规定拟并联运行的发电机,其断路器应设有欠压保护装置,防止在发电机不运行时其断路器闭合。如发电机电压下降至额定电压的70%~35%,则发电机断路器必须自动断开。欠压保护装置必须有与短路保护相协调的短延时。

发电机的欠压保护同样主要由框架式自动空气断路器中的失压脱扣器来承担。

四、发电机的逆功率保护

同步发电机的逆功率是指发电机不是发出有功功率,而是从电网吸收有功功率。同步发电机出现逆功率运行的原因是,当几台同步发电机并联运行时,若其中一台发电机的原动机发生故障,例如燃油中断或发电机与原动机的联轴节损坏等,将使该台发电机不但不能输出有功功率,反而从电网吸收功率即成为同步电动机运行。出现这种情况时,可能会使并联运行中的其他发电机发生过载。

当同步发电机并车操作时,若待并机在负频差下或滞后相位差下合闸时,这时待并机组在并车瞬间会出现逆功率,这是允许的,此时的逆功率保护不应动作。因此逆功率保护同样需要有一定的延时时间。

对于逆功率保护,船级社大多都规定原动机为柴油机时,逆功率保护动作值整定在发电机额定功率的4%~15%某一区域(典型区间为4%~10%),原动机为汽轮机时为1%~6%某一区域(典型区间为1%~3%),延时时间为2~10 s(典型值为3 s)。

发电机的逆功率保护主要由逆功率继电器来承担。

具有自动电力管理系统的电站中自动化控制系统通常也具有过载、短路、欠压、逆功率保护及分级卸载等各项保护功能,但整定值(或延时时间)均小于(或先于)框架式自动空气断路器等常规保护装置,所以常规保护装置可作为后备保护设施,这样电站的安全运行就得到了进一步的保证。

第三节 自动空气断路器

自动空气断路器也称自动空气开关,有框架式和塑壳式两种类型。船舶发电机主开关大多采用框架式,配电开关大多采用塑壳式。

一、框架式自动空气断路器

框架式自动空气断路器过去也称为万能式自动空气断路器或万能式空气开关。

框架式自动空气断路器,在正常运行时作为接通和断开主电路的开关电器;在不正常运行时对主电路进行过载、短路和失欠压保护,自动断开故障电路。所以,框架式自动空气断路器既是一种开关电器,又是一种保护电器。

框架式自动空气断路器一般包括:触头系统、灭弧装置、自由脱扣机构、合闸操作传动机构和脱扣器(失压、分励、过流脱扣器),有的还具有锁扣装置。图8-3-1所示为框架式自动空气断路器的结构方框图。

目前船舶常用的框架式自动空气断路器有DW95型、DW98型、AH型等,也有比较先进的AS-EE型固定式、抽屉式和AT型等。

DW98型的构造和功能与DW95型的类似。断路器结构为立体布置形式,在胶木底板上

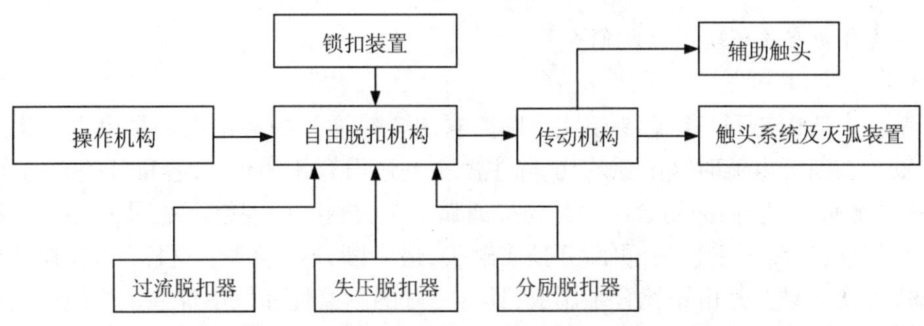

图 8-3-1　框架式自动空气断路器的结构方框图

安装触头系统，其前方为操作机构，半导体保护环节本体（半导体脱扣器）置于下方，敏感元件（互感器）装于断路器背面下母线上，执行元件（失压脱扣器）装于操作机构的左方，辅助触头装于操作机构的右方，正前方为合闸操作手柄，板后固定接线，开关面板有分合指示牌，左下方有手动分闸按钮，右下方为应急锁扣装置。电磁铁合闸操作（简称电动合闸）控制电路另附有控制箱。DW95 型的框架式自动空气断路器带有分励脱扣器，而 DW98 型则省略了分励脱扣器。

图 8-3-2 为寺崎（TERASAKI）AT 型框架式自动空气断路器外观图。

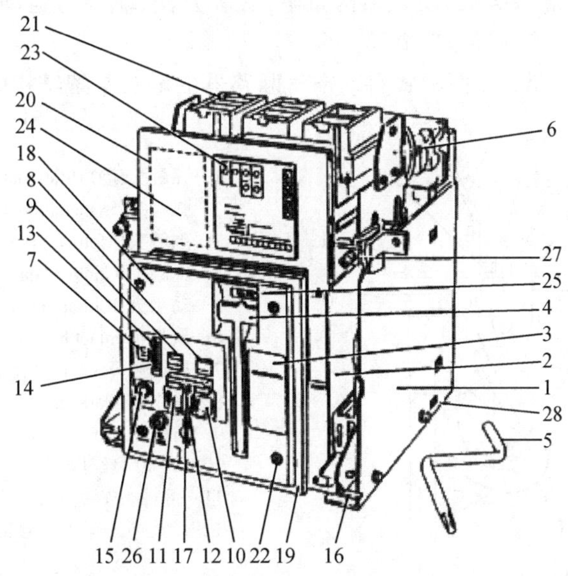

图 8-3-2　寺崎（TERASAKI）AT 型框架式自动空气断路器外观图

1—拉出机架；2—断路器本体；3—名牌；4—储能手柄；5—拉出手柄；6—起吊举升板；7—断路器连接、试验、分离位置指示器；8—合闸-分闸指示器；9—弹簧储能指示器；10—合闸按钮；11—分闸按钮；12—手动操作按钮盖（选用）；13—断路器位置停止器释放杆；14—断路器位置挂锁杆（选用）；15—拉出手柄插入孔；16—拉出停止器，用于锁住断路器体于分离位或取出断路器体位；17—分闸位置挂锁杆（选用）；18—前面板；19—防尘板（选用）；20—OCR（过流脱扣装置）前保护盖；21—灭弧装置；22—前板固定螺丝；23—AOR 型多功能保护装置（4 位 CPU，选用）；24—失压脱扣器（选用）；25—合-分计数器（选用）；26—键锁装置（选用）；27—固定块（选用，用于将断路器固定至配电板的标准件）；28—拉出位置开关引线孔。

1.框架式自动空气断路器结构简介

(1)触头系统

触头系统一般由二到三组触头组成。断路器闭合时通过的额定电流是由主触头承担,为了避免主触头在断开电流时被电弧灼伤,除主触头外还设有弧触头,大容量开关有的还设预接触头(又称副触头)。它们的闭合次序是先接通弧触头,再接通预接触头,最后接通主触头;分闸次序刚好相反,先断开主触头,再断开预接触头,最后断开弧触头。这样的结构可保证主触头不被电弧灼伤。触头是由银钨合金制成,具有良好的耐磨性和抗熔焊性。为使动、静触头具有良好的接触面积,大容量断路器的每极(每相)触头分成 4~8 个触点(如 ABB 的 F1S 1250 系列 ACB 分成 4 个)。触头系统的设计应保证有足够的电动稳定性,具有电动力补偿,即短路电流所产生的电动力不是减弱而是加强触头的压力。

具有慢合闸功能的断路器(如电磁铁合闸操作机构的 AH 型 ACB)可以清楚地看到合闸全过程状况。合闸时先接通预接触头,再同时接通主触头,最后断开预接触头,由主触头接通电路;跳闸时先同时接通预接触头,然后断开主触头,再断开预接触头,最后断开弧触头。弧触头不存在机械接触,仅在切断电路时所产生的电弧由弧触头拉长至熄灭。

实验室配备的 DW98 型断路器的触头系统为单档触头,触头是采用具有强熔焊能力的银钨合金。触头弹簧放在静触头处,使之结构简单,安装方便,减轻可运动部分的重量。同时采用了轴销为主,软连接为辅的导电方式。

图 8-3-3 所示为寺崎 AT 型框架式自动空气断路器的触头系统结构图。

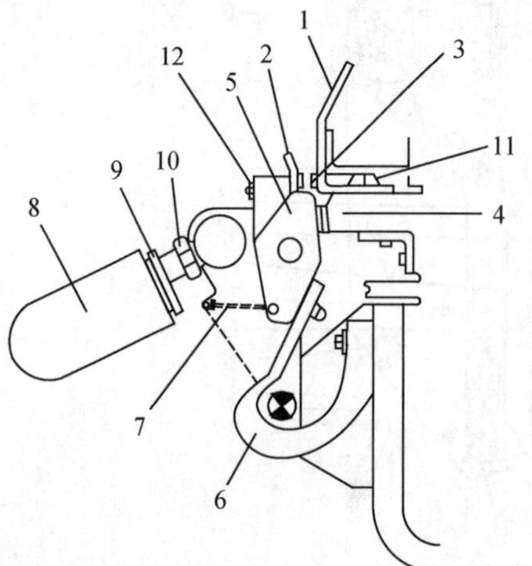

1—弧触头(静)(Stationary arcing contact)
2—弧触头(动)(Stationary main contact)
3—副触头(Molded base)
4—主触头(Contact bearing)
5—动触头(Ribbon lead)
6—碳带(Contact holder)
7—接触弹簧(Contact spring)
8—操作杆(Contact tip)
9—防松螺母(Operating rod)
10—调整螺丝(Locknut)
11—静触头安装螺母(Adjusting screw)
12—动触头安装螺母(Moving contact pin)

图 8-3-3　寺崎 AT 型框架式自动空气断路器的触头系统结构图

(2)灭弧装置

灭弧室通常采用栅片灭弧方式,上部有冷却电弧和限制飞弧距离的灭弧栅,灭弧室外壳采用胶木压制件,强度很高,灭弧室内壁衬有耐电弧的绝缘材料板,相间隔板不仅将各极分隔,而且将机构与触头系统隔开。当开关触头断开燃弧时,灭弧室下端形成了一个压力区域,对电弧产生了气吹作用,加速了电弧向上运动,使电弧电阻迅速提高而熄灭,有效地防止了相间短路;另一方面拉长的电弧进入灭弧栅片,被分割成许多小段,加之栅片本身的传热作用,使电弧的温度迅速降低,以至熄灭。

(3)过流、失压、分励脱扣器

①过流、失压、分励脱扣器脱扣原理简介

过流、失压、分励脱扣器示意图如图 8-3-4 所示。

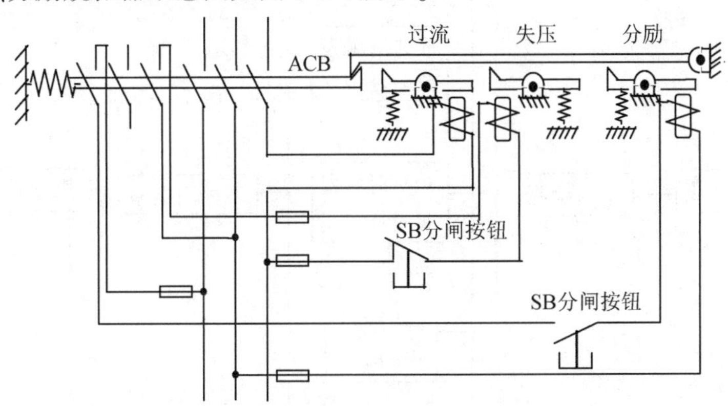

图 8-3-4 过流、失压、分励脱扣器示意图

其中失压脱扣器保证在电压降到额定电压值的 35%或以下时必须动作,使自动开关打开。在额定电压的 70%或以上时必须保证自动开关可靠合闸。因此失压保护可在 35%~70%额定电压范围内整定。为了避免在电网电压瞬时波动下产生误动作(如较大电动机启动时),要求欠压保护可带有 0~3 s 的延时。

分励脱扣器是线圈通电跳闸。由图可知分励、失压脱扣器可作远距离操纵跳闸用。

过流脱扣器为了具有选择性保护,采用了过载长延时(定时限或反时限)、短路短延时、特大短路瞬时脱扣的三段保护特性。反时限是指过载越大,开关脱扣时间越短;过载越小,开关脱扣时间越长。

图示过流脱扣器是作瞬时动作短路保护用的,其形式实质上是没有电磁线圈,而是利用主电路中通电导线(扁铜板)产生的磁场起作用的,故一般作特大短路(发电机近端短路)瞬时动作保护用的。

②DW95、DW98 型框架式自动空气断路器电子脱扣器

现在船用框架式自动空气断路器的脱扣器大多采用电子脱扣器。

图 8-3-5 为 DW95 型框架式自动空气断路器电子脱扣器原理方框图。

它是由集成电路和分立元件组成的,具有过载、短路、特大短路、欠压保护特性,同时还具有过载($1.1I_e$)预报警功能。

断路器下部正面面板上有 5 个小孔,运用小型螺丝刀可分别整定特大短路保护动作值、带有短延时的短路保护动作值、过载保护动作值、过载保护延时时间、欠压保护延时时间。

断路器内置电流互感器测量电路提供过载、短路、特大短路保护所需的电流信号,经各自判别电路判别、延时(或不经延时)后加到开关门电路上,开关门电路的形式一般是晶闸管或是继电器,执行元件不是分励脱扣器就是失压脱扣器。

图 8-3-6 为 DW98 型框架式自动空气断路器电子脱扣器原理方框图。

它是由敏感元件(互感器)、脱扣器本体和执行元件(失压脱扣器)组成的,具有过载保护、短路短延时保护、特大短路瞬时保护、欠压延时保护和欠压瞬时保护功能。

半导体脱扣器具有六个可调电位器,作为保护环节的过电流的整定,长延时时间的整定,

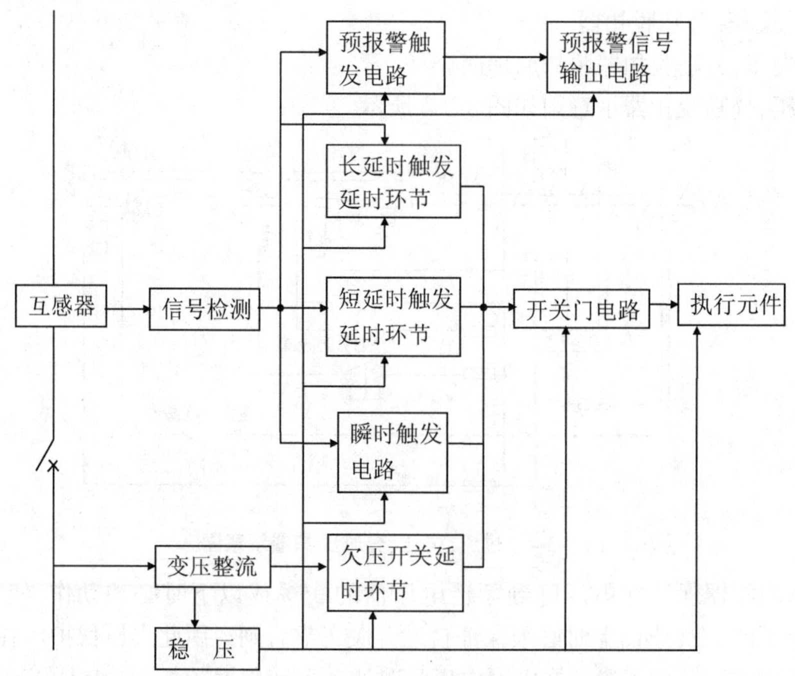

图 8-3-5 DW95 型框架式自动空气断路器电子脱扣器原理方框图

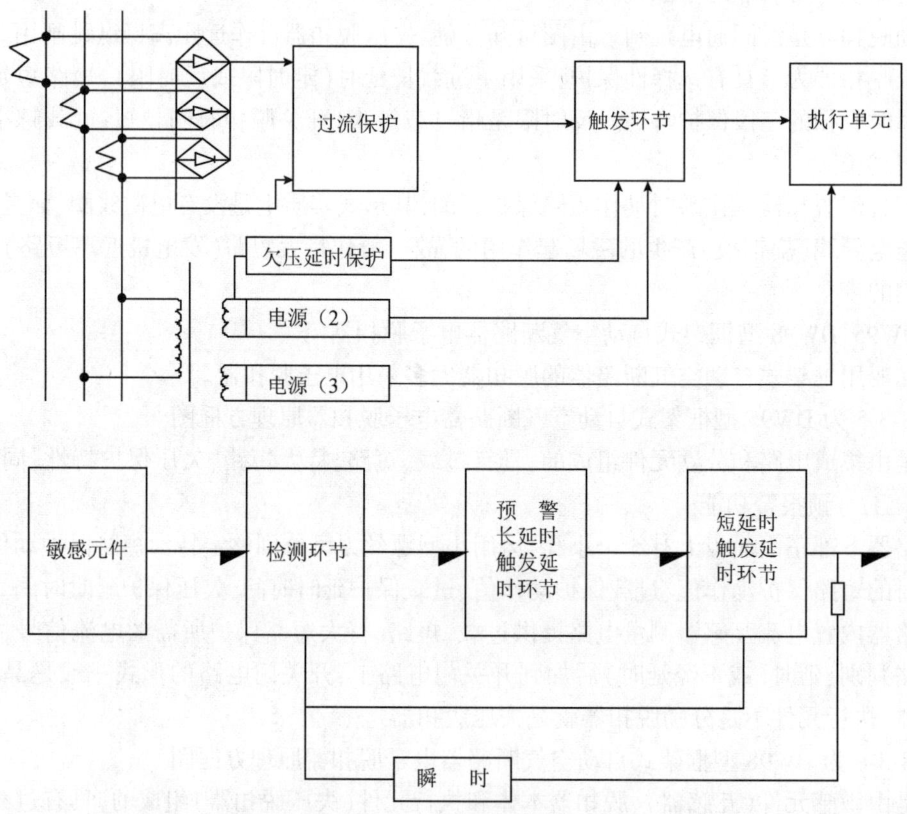

图 8-3-6 DW98 型框架式自动空气断路器电子脱扣器原理方框图

短路短延时电流的整定、短延时时间的整定、短路瞬动电流的整定和欠压的整定。使用者可根据配电系统所需的保护要求，自行选择并紧固电位器螺母，以免受振动时电位器移位。

半导体脱扣器设有预备报警电路，在负载达到长延时电流整定值的90%时开始报警，面板上黄灯亮并输出外接报警信号。

DW98 型框架式自动空气断路器电子脱扣器电路图如图 8-3-7 所示，读者可结合图 8-3-12 整机连线图扩展思考。

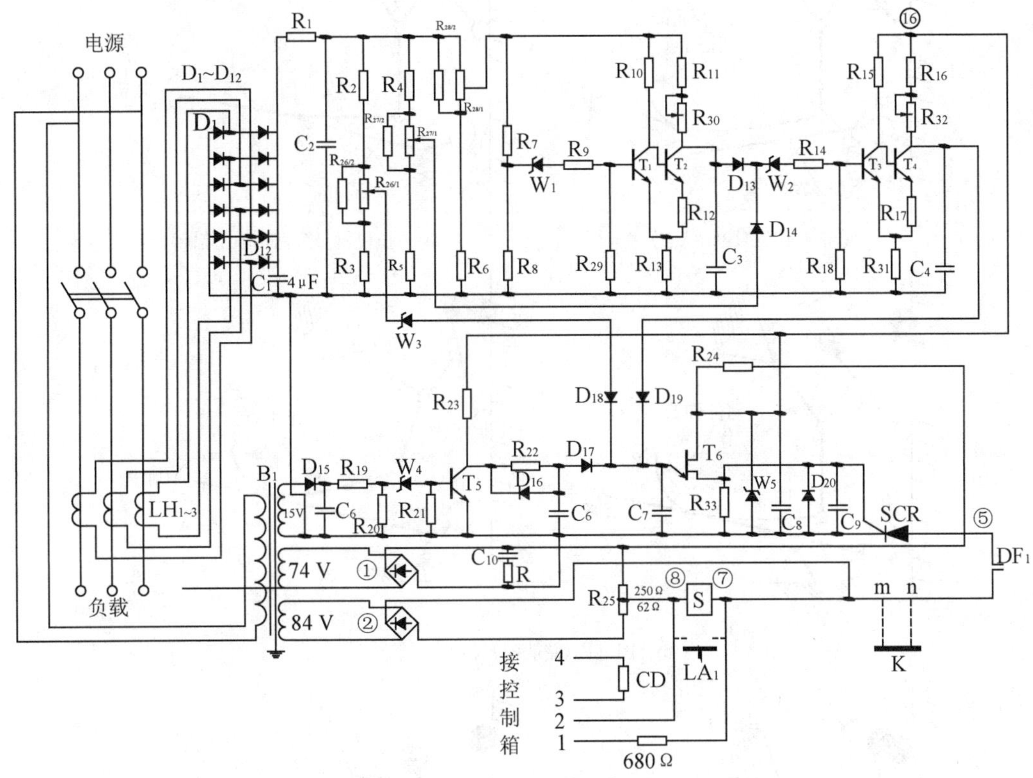

图 8-3-7　DW98 型框架式自动空气断路器电子脱扣器电路图

(4) 自由脱扣机构

自由脱扣机构有三个功能：

①将手柄或电动合闸部分的操作传递给触头系统；

②当合闸操作完成后，维持触头系统处于接通位置；

③保护部分动作时能够使它自由脱扣。

为了实现这些功能，不同型号的开关有不同的构造，但自由脱扣机构一般都是由四连杆机构组成。只有当自由脱扣机构处于“再扣”（或称“复位”）状态时，自动空气断路器才能合闸。

有的断路器只有当主弹簧储能结束，自由脱扣机构才完成“再扣”，如 DW95 型；有的断路器是当跳闸时主触头完全分离后自动完成“再扣”的，如 AH 型。

图 8-3-8 为 DW98 型框架式自动空气断路器自由脱扣机构示意图。

(5) 合闸操作机构

合闸操作机构用于控制自由脱扣机构的动作，实现触头闭合或断开。

框架式自动空气断路器有三种合闸操作方式：手动合闸操作方式、电磁铁合闸操作方式及电动机合闸操作方式。

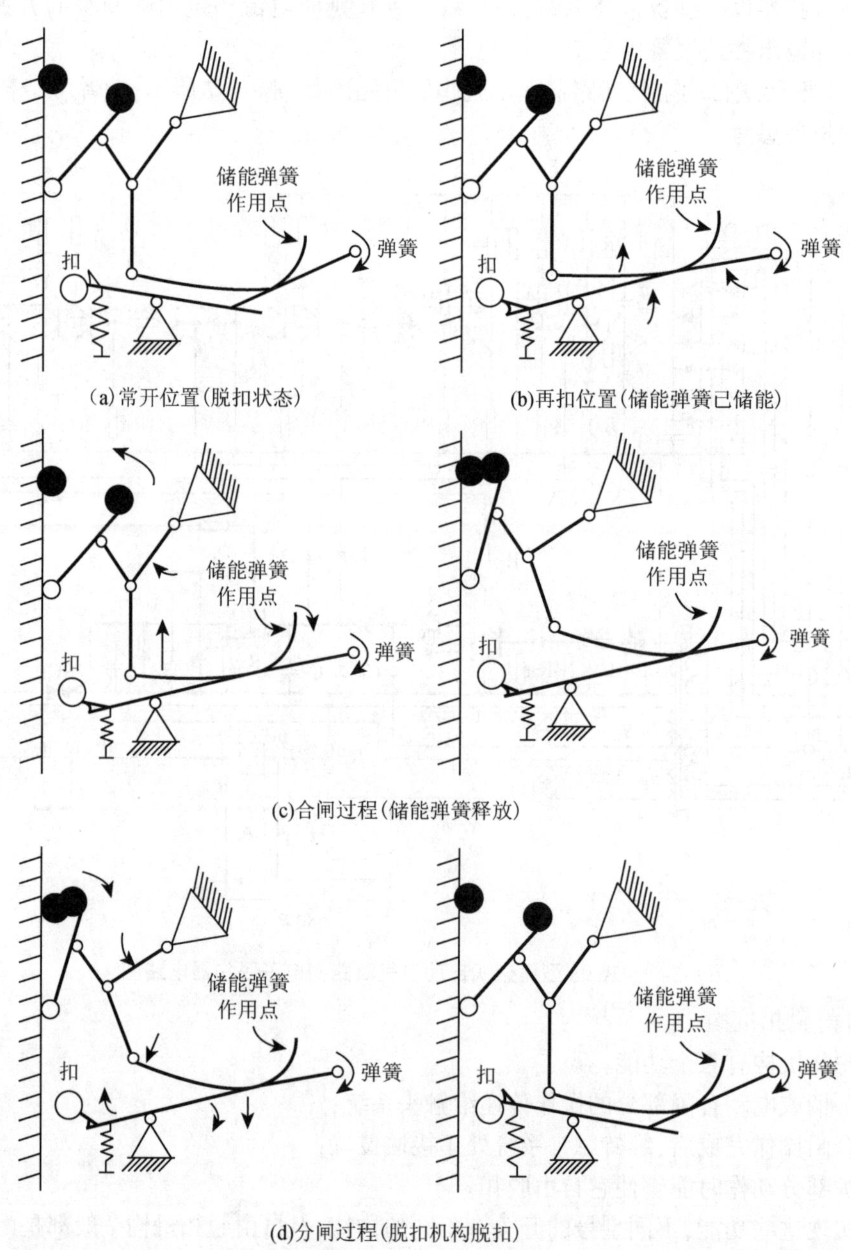

图 8-3-8　DW98 型框架式自动空气断路器自由脱扣机构示意图

不论哪一种操作方式,大多是首先使断路器内部的合闸主弹簧储能,并使自由脱扣机构处于"再扣"位置,然后利用已储能的弹簧释放能量使主触头快速闭合;也有利用电磁铁动作的冲击力快速合闸的(如 AH 型电磁铁合闸机构),即合闸时间与个人操作无关,仅与断路器内部机制有关。现在框架式自动空气断路器一般合闸时间在 0.1 s 左右。

一般船用框架式自动空气断路器大多采用按钮控制合闸操作,但其内部实际合闸操作机

构不是电磁铁形式就是电动机形式，但大多保留有手动操作方式。

①手动操作

各种类型的自动空气断路器都有手动合闸操作手柄，通常有转动和上下扳动两种形式。

几种常见的国产自动空气断路器的手动操作方法如下：

早期国产的DW94型自动空气断路器合闸时，先将手柄摇38圈左右，通过蜗轮、蜗杆传动将储能弹簧拉长储能，自由脱扣机构"再扣"，然后再摇2~4圈，使储能弹簧释放，实现合闸。

DW95型和DW98型自动空气断路器合闸时，需先将手柄逆时针转110°和90°，然后再顺时针转一定角度，使储能弹簧储能，自由脱扣机构"再扣"，再继续顺时针转一定角度即实现合闸。

AH型自动空气断路器合闸时首先将手柄向下扳，使储能弹簧储能，自由脱扣机构"再扣"，再将手柄扳向上方，即实现合闸。

各类自动空气断路器都有手动机械脱扣按钮，分闸时只要按下手动分闸按钮即可实现分闸操作。尚有一些断路器利用扳动手柄储能，使用手动机械合闸按钮合闸。

②电磁或电动合闸

DW94型自动空气断路器目前使用较少，其电动合闸电路可参看相关教材介绍，此处从略。

DW95型和DW98型自动空气断路器目前在船上使用较多，其电磁合闸控制电路图分别如图8-3-9和图8-3-10所示，其工作原理大致相同，读者可自行比较其不同之处。

对于DW95型，当发电机启动成功，电压建立，6、7间即为发电机电压，经KA的常闭触头、V_{10}、R_{42}、R_{43}对电容C_{10}充电。但按下合闸按钮SB_1，电容C_{10}对继电器KA放电，KA动作，其常闭触头打开，切除电容充电回路，常开触头闭合，按通整流桥电路，电磁铁线圈YA通电动作，将开关内主弹簧拉长储能。电容快放完电时继电器KA释放，其常开触头打开，切断桥式整流电路，电磁铁线圈YA断电，此时储了能的主弹簧复位使断路器合闸；KA的常闭触头闭合，电容C_{10}又充电储能为下次合闸做准备。

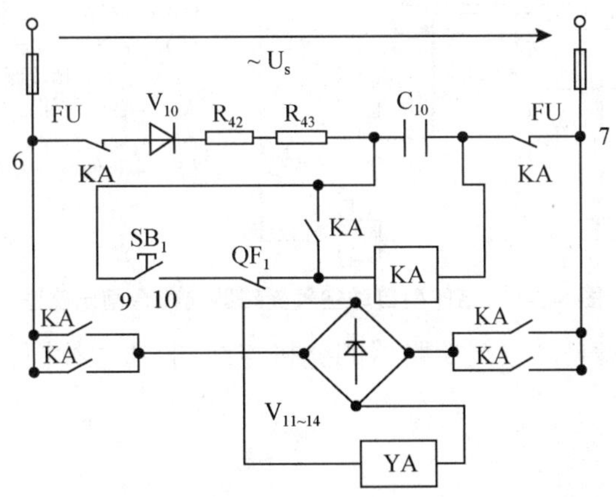

图8-3-9 DW95型自动空气断路器电磁合闸控制电路图

SB—合闸按钮；YA—电磁铁线圈；QF_1—空气开关副触头；KA—辅助继电器

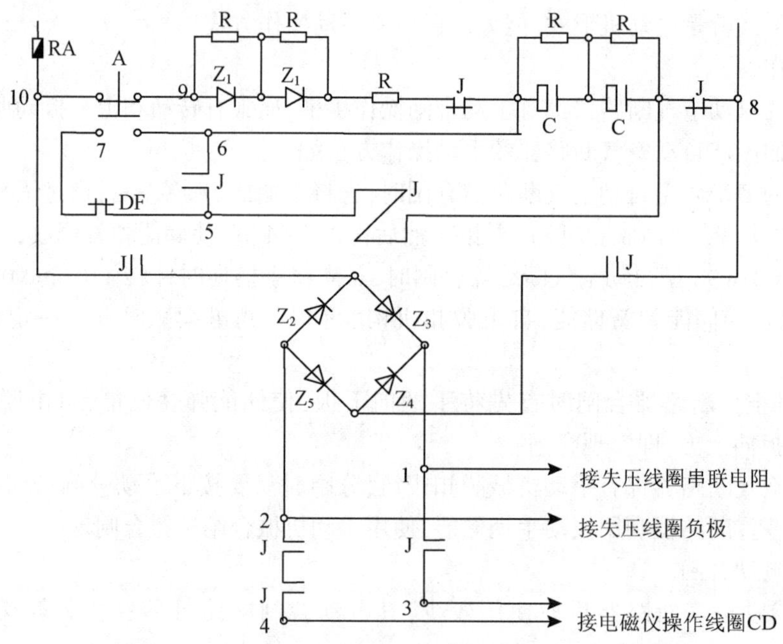

图 8-3-10　DW98 型自动空气断路器电磁合闸控制电路图

RA—熔断器(用户自备)；R—电阻；A—按钮(用户自备)；Z_1—二极管(220 V 及以下只用一个)；J—中间继电器；Z_2～ Z_5—二极管；DF—断路器联锁触头(在断路器上)；CD—电磁铁操作线圈(在断路器上)；C—电容操作电源等于 220 V 及以下时只用一个

AH 型自动空气断路器电磁合闸电路图如图 8-3-11 所示。

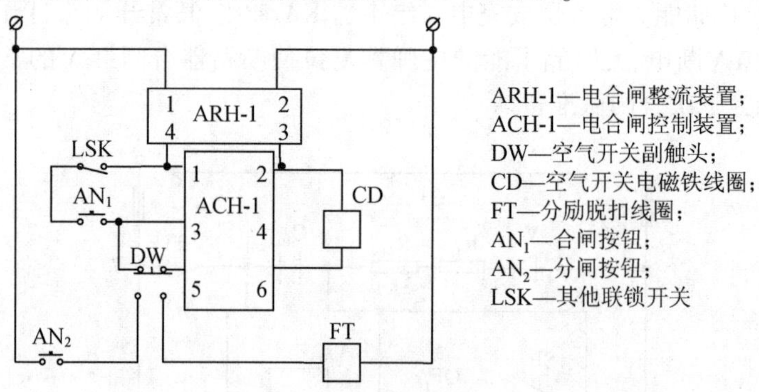

图 8-3-11　AH 型自动空气断路器电磁合闸电路图

图 8-3-12 为 DW98 型自动空气断路器的整机连线图，通过读图，可将自动空气断路器的各部分有机地联系起来。

(6)锁扣装置

锁扣装置有两种：

一种是即使发生短路，断路器也不会跳闸。如 DW95、DW98 型，当发生紧急情况时，为了不间断供电，有时不得不采取宁可使电气设备受到损伤也要保证供电的措施，这时可将框架式自动空气断路器的锁扣装置放在“扣”的位置，把脱扣器锁住。

另一种是一旦锁住，断路器就不能合闸，如 ABB 公司的 F1S 系列、Merlin Gerin 公司的

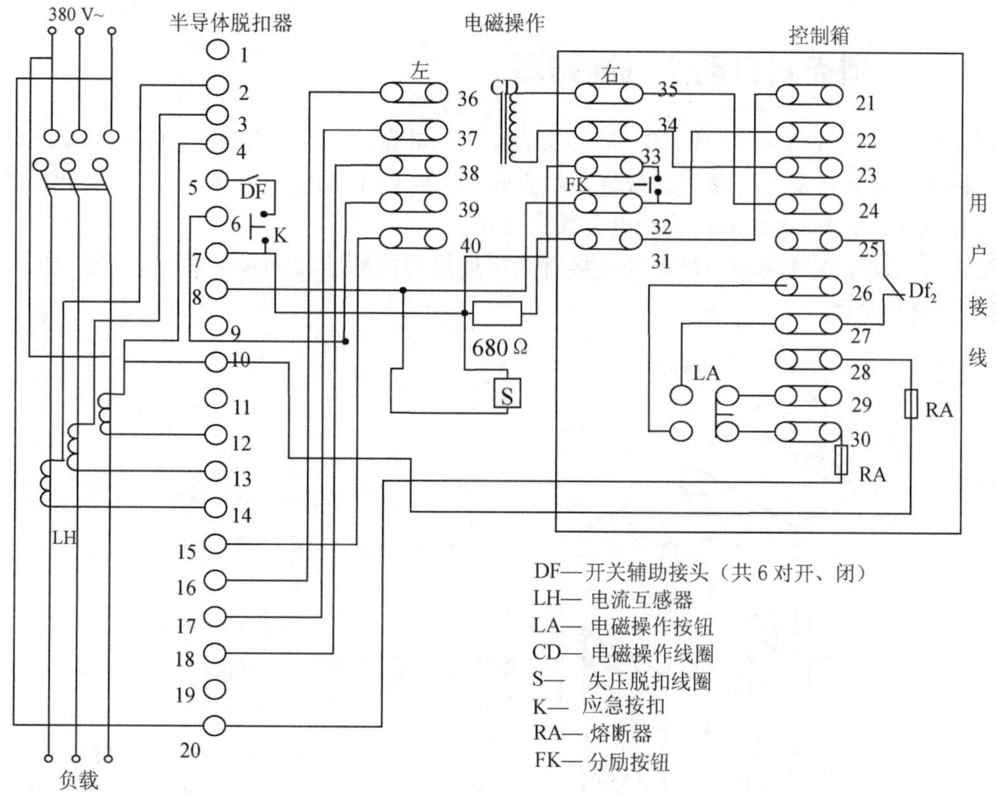

图 8-3-12 DW98 型自动空气断路器的整机连线图

M 系列等自动空气断路器，这是为了防止他人误合闸操作而导致严重的机电设备故障而设置的。

2.框架式自动空气断路器的维护要求

(1)自动空气断路器在使用前应将各电磁铁工作表面(如失压脱扣器电磁铁吸合面)的防锈油漆或油脂擦净，以免影响开关的动作值。

(2)每隔一段时间(如每月或每季度)，应使用吸尘器清除落于断路器表面及零件上的灰尘和黑烟，如没有吸尘器，则可用吹风机或电器清洗液清除，以保证断路器绝缘良好。

(3)操作机构在使用一段时间(如每次清洁后)，在传动机构部分应涂润滑油，以改善活动机构的磨损。

(4)各部分的螺钉、螺栓均应紧固，不应有松动。如有磨损或损坏的零件应及时更换。

(5)灭弧室在因短路分断后或较长时期(如每半年)使用后，应清除灭弧室内壁和栅片上的金属颗粒和黑烟灰。长期未使用的灭弧室(如配件)，在需使用前应先烘一次，以保障良好的绝缘。

(6)断路器主触头使用一定次数后，如触头表面发现有毛刺、金属颗粒等，或每半年应当拆卸主触头，用 200#细砂纸研磨以保证良好的接触。如研磨后的触头厚度为原来的 1/3 以下时，须更换触头，且动、静触头应同时更换。

(7)定期检查各脱扣器的电流整定值和延时时间，特别是半导体脱扣器，应定期用试验按钮检查其动作情况。

二、塑壳式自动空气断路器

塑壳式自动空气断路器[MCCB(Molded case circuit breaker),NFB(No-fuse circuit breaker)]也称为装置式自动空气断路器或称为塑壳式(装置式)自动空气开关,用于不太频繁的接通或断开电路,在船舶上大多作为配电开关来使用。

塑壳式自动空气断路器与母线的连接有固定连接与接插连接两种形式,接插型 MCCB 外形如图 8-3-13 所示。

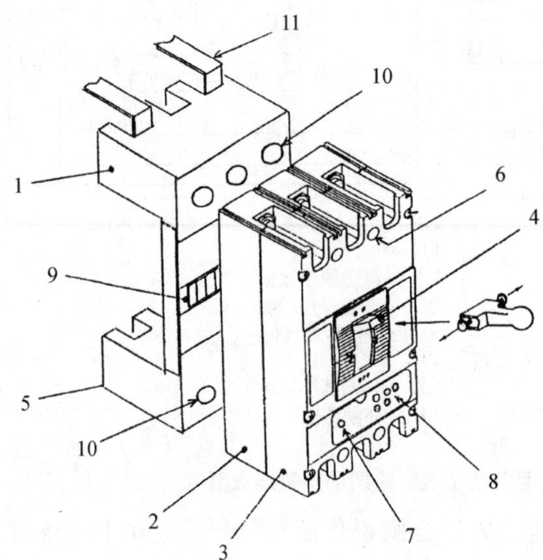

1—Line side terminals
2—Molded base
3—Molded cover
4—Handle
5—Load side terminals
6—Mounting screw
7—Manual trip button
8—Magnetic trip adjusting dial
9—Auxiliary connection block
10—Disconnect contact
11—Line side conductor

图 8-3-13　接插型塑壳式自动空气断路器外观图

塑壳式自动空气断路器的结构比框架式自动空气断路器要简单,但同样具有触头系统、灭弧装置、自由脱扣机构和保护装置,具有过载、短路和失压保护功能。通常一只开关只带过载或短路保护功能,当然也可采用既有过载又有短路保护的复式脱扣器。过载保护一般采用热脱扣器,短路保护采用过流(电磁)脱扣器,现代某些产品带有固态继电器的或微机控制的过电流保护装置。欠压保护采用失压脱扣器,也可带有分励脱扣器以作远距离跳闸用。

塑壳开关的合闸操作一般是手动操作,操作手柄具有四个位置:合闸位、脱扣位、分闸位与复位位;也有电动操作,如在内部装有电动机合闸操作机构,大多数 MCCB 是在外部配备电动操作机构后实现自动操作,自动合闸操作机构一般是电动机式的,但也有电磁铁式的。

塑壳开关使用中,因保护或远距离操纵引起自动跳闸后,再合闸时应先将手柄推向下端复位位,使自由脱扣机构处在“再扣”状态,然后才可合闸。

第四节 逆功率继电器

船舶同步发电机逆功率保护用的逆功率继电器是一个具有功率方向的器件。它可判别同步发电机有功功率的方向，当同步发电机发生逆功率且达到或超过整定逆功率值时，经一定延时后逆功率继电器动作，将发电机从电网上切除。

逆功率继电器有电磁感应式的，也有电子式的等不同类型。我国船舶电站过去广泛采用的是 GG-21 型感应式逆功率继电器，但电子式逆功率继电器在现代船舶上的应用越来越多，已形成取代电磁感应式的趋势。电子式逆功率继电器的功率检测环节大多运用相敏整流原理方法来测量逆功率，然后再加上放大、比较、定时及继电器输出等环节实现。

 一、GG-21 型逆功率继电器的接线与调整

1.GG-21 型逆功率继电器的接线

由于逆功率继电器反应的功率取决于线圈输入的电压、电流及其相位，故要求继电器电压和电流两个线圈的极性一定要接正确，否则转矩 M 不反映功率大小，即铝盘的转动与功率无关，从而会引起误动作。

GG-21 型逆功率继电器的实际接线图如图 8-4-1 所示，这种继电器是按 30°接线方式接线的。所谓 30°接线是指当负载的 $\cos\varphi=1$ 时，加到继电器上的电流和电压之间的相位差为 30°。

所以当电流线圈接 W 相电流 I_W 时，电压线圈应接 W、V 间的线电压 U_{WV}，此时要求 U_{WV} 所产生的磁通 Φ_U 滞后 U_{WV} 60°。同样当电流线圈接 U 相电流 I_U 时，电压线圈应接 U_{UW}；电流线圈接 V 相电流 I_V 时，电压线圈应接 U_{VU}。

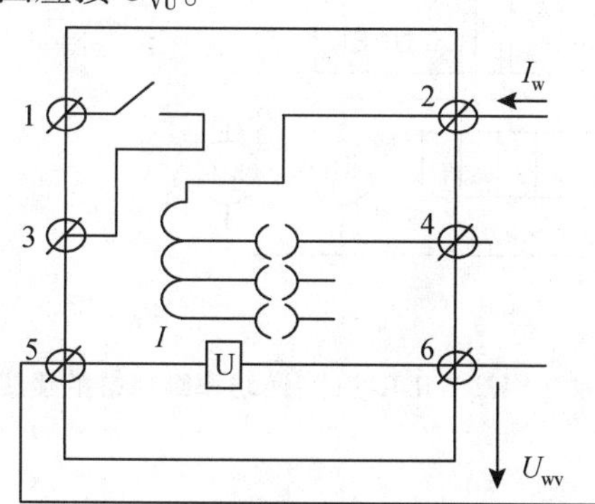

图 8-4-1 GG-21 型逆功率继电器接线图

接好线后应进行检查，看是否按 30°方式接线，并要注意互感器的同名端。当发电机向电网供电时，继电器不应动作；当发电机发生逆功率时，继电器应动作，使发电机主开关跳闸。当发电机输出功率时，逆功率继电器动作，说明接线反了，一般在主开关断电后只要将电压线圈或电流线圈的两端位置调换一下即可。当动作灵敏度相差很大时，说明接线方式错误，此时应按 30°接线法的要求重新接线。

2.逆功率继电器动作值的整定

逆功率继电器动作值的整定,可分成粗调与细调。

粗调是通过改变电流线圈的抽头实现的。GG-21 型逆功率继电器有 3 个抽头可供调整,抽头 1 对应 6.4%P_N、抽头 2 对应 9.6%P_N、抽头 3 对应 12.8%P_N。逆功率继电器动作值的调整应采用带电调整法(可以养成一个良好的操作习惯),即应先将继电器上备用调整棒取出,然后旋入需调整的新位置上,再将原来位置上的调整棒取出装到备用位置上,这样在调整过程中电流线圈始终保持在接通状态(因为电流线圈接在电流互感器的副边,严禁开路)。

细调是通过调整游丝弹簧的反作用力矩实现的,游丝弹簧紧则逆功率继电器动作值增加,游丝弹簧松则逆功率继电器动作值减少。

电磁感应式逆功率继电器延时时间的调整是通过改变止挡块的位置来实现的。

二、K2 WR-R-SS 型逆功率继电器的接线与调整

K2 WR-R-SS 型逆功率继电器的接线图如图 8-4-2 所示。

逆功率动作值可通过调整位于面板上五位拨动开关来整定,拨动开关权数依次为 0.5、1、2、4、8,因此最小整定差值为 0.5%,可在(1.5%~15%)P_N整定。延时时间的整定同样可通过面板上另一个五位拨动开关来整定,其权数同样依次为 0.5、1、2、4、8,因此最小整定差值为 0.5 s,可在 1.5~15 整定。

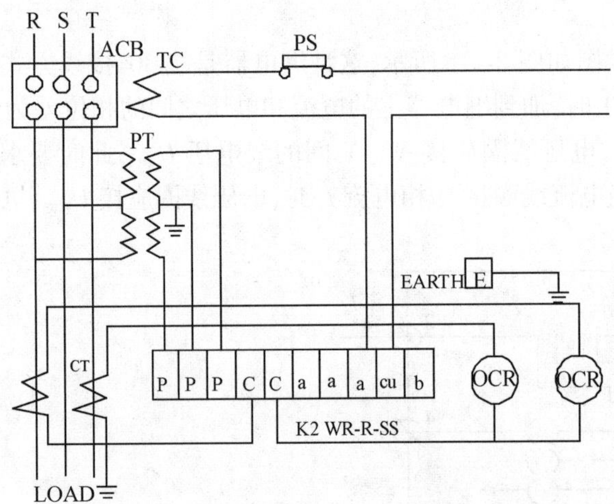

图 8-4-2 K2 WR-R-SS 型逆功率继电器的接线图

三、逆功率继电器的调试

逆功率继电器的调试,新建船舶或厂修时可单机进行调试,此时应调换继电器上电压线圈或电流线圈的接线;对于运行中的船舶,则可采用双机并联方法测试。下面按双机并联测试方法说明之。

调试时应自始至终保持电网负荷不变且电网频率保持在额定频率。若机组额定功率为 400 kW,此时电网负荷为 80 kW、频率为 50 Hz,启动被测试机组后并上网,小幅度增加运行机

组的油门,同时小幅度减小被测机组的油门,调整时功率表应以不大于 1 小格的幅度波动为准,当调整到逆功率继电器的铝盘刚转动时,运行机组的功率表指示值若为 120 kW,则被测机组逆功率继电器的实际动作值为 120-80=40(kW),即为 $10\%P_N$。值得注意的是:一定要以铝盘刚转动时的瞬间功率值作为继电器的动作值,否则继电器的延时将会扰乱所测得的动作值的准确性。

第五节 船舶电网绝缘监测与岸电供电

一、单相接地和船舶电网绝缘监测

船舶电网通常都是采用中性点对地绝缘的三相三线制,因此电力网中任何一点单相接地均属于不正常状态。虽然这种状态在短时间内不致出现问题,但此时未接地的两线对地电压已上升至线电压,这就提高了人触电的电压等级,影响人身安全;另一方面,若再有一相接地,则会形成相间短路,因此这是一种潜伏性的事故状态,必须及时发现并予以消除。为此,船舶在主配电板照明控制屏上装设有电网绝缘监测装置,常见的绝缘监测装置有绝缘指示灯(也称为“接地灯”或“地气灯”)、配电板式兆欧表、电网绝缘监测仪等几种。

1.单相接地的监测

有的船舶电网的单相接地是通过绝缘指示灯来监测的。其接线图如图 8-5-1 所示。

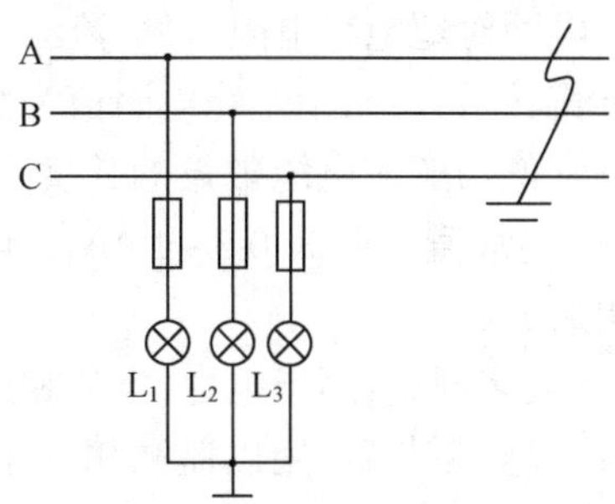

图 8-5-1 绝缘指示灯监测电路图

由于三只相同的灯泡星形连接,每只灯泡两端的电压为相电压。正常时,三个指示灯全亮且亮度相同;若有一相接地(如 A 相),则与该相相连的指示灯(L_1)两端的电压为零,指示灯 L_1 熄灭,而与其他两相相连的指示灯 L_2、L_3 两端的电压上升至线电压,灯泡的亮度更亮。因此,值班人员可以根据三个指示灯的亮度情况判断船舶电网是否出现单相接地。当出现接地故障时,值班人员应及时查找故障原因,找出故障点,并予以排除。

2.绝缘电阻的测量

目前船舶使用最广泛的绝缘电阻测量装置是配电板式兆欧表,由于测量船舶电网绝缘是在电网有电情况下进行的,故不能使用便携式兆欧表。配电板式兆欧表的原理图如图 8-5-2

所示。

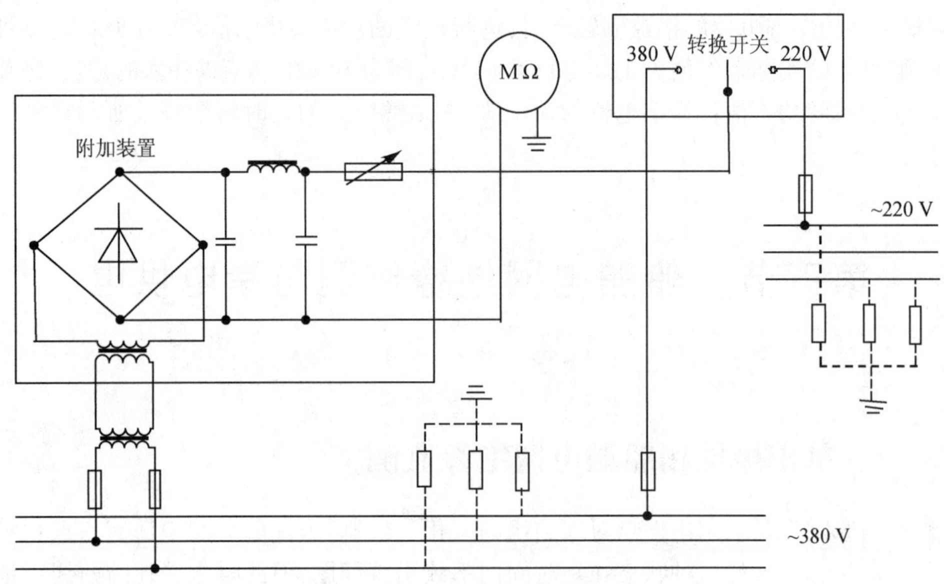

图 8-5-2　配电板式兆欧表原理图

这种兆欧表是由表头(MΩ 或 kΩ)与附加装置(整流电源)组成的,通过转换开关可分别测量 380 V(440 V)动力电网和 220 V(110 V)照明电网绝缘电阻。

当测量照明电网对地绝缘电阻时,将转换开关从 0 位打到 220 V 位。从附加装置正端流出的直流电流经转换开关到 220 V 照明电网,再经照明电网对地的绝缘电阻流到测量表头,最后流回附加装置的负端。动力电网对地绝缘电阻的测量同照明电网的测量原理相同,只需将转换开关从 0 位打到 380 V 位。电网对地绝缘电阻越低,流经表头的电流越大,表头指针偏转越大;当有一相接地时,表头指针偏转最大,指示绝缘电阻值为 0。

船舶电网对地绝缘电阻的正常值与船舶电缆敷设的长度有关,电缆越长则电网对地绝缘电阻越低,船舶照明电网绝缘电阻正常值一般为 0.3 ~ 1 MΩ。电网绝缘电阻主要是由电网电缆与船体间所构成的电容漏电阻组成的。

对于新建造的船舶,各船级社大多规定:用于电力、电热和照明的绝缘配电系统,不论是一次还是二次配电网络,均应设有连续监测装置,用以监测相对于船体的绝缘电阻,且在绝缘电阻异常低时发出声、光报警信号。一旦电网对船体的绝缘电阻下降至每伏电源电压 100 Ω 以下时必须触发报警装置。

3.船舶电网接地故障的查找

船舶电网接地故障大多发生在照明网络。一般在机舱值班巡视中,可通过配电板式兆欧表检测发现故障(现象是兆欧表读数接近 0),而对于装有连续监测电网对地绝缘电阻报警装置的系统而言,当发生声、光报警时,机舱人员都应及时找到接地点,排除接地故障,消除隐患。

下面以配电板式兆欧表为例,说明照明电网接地故障的查找过程。

(1)首先打开配电板式兆欧表测量照明电网,兆欧表读数此时接近为 0。

(2)在主配电板前,逐个拉掉照明配电开关,查看兆欧表指示是否恢复正常值。如果拉下一开关后兆欧表仍指示 0,说明该支路为正常电路,则应合上该开关,恢复该路的正常供电。

如果拉下一开关后，兆欧表读数恢复正常，说明该开关控制电路为故障电路。

(3)拉区域开关的次序一般应为：船员居住区—甲板照明区—机舱照明区—驾驶室通导设施。当接地故障发生在冲洗甲板后或下雨天或大风浪天或晚上正在装卸货作业时，一般应先拉甲板照明区域，然后才拉船员居住区。

(4)找到发生接地故障分配电开关后，切断该路供电，并在该配电开关上悬挂“严禁合闸”警示牌，并关上兆欧表开关。

(5)在分配电箱前，运用便携式兆欧表来检查二次配电网络。若分配电箱内为分支配电开关，则将所有开关均拉掉；若分配电箱内为熔断器形式，则将所有熔断器都拿掉。逐个测量分支电路对地绝缘状况。

(6)找到接地的分支电路后，拉掉这一路配电开关(或熔断器)，合上其余开关(装上其余熔断器)，并在主配电板前合上这一路配电开关向其供电。

(7)在查找具体接地点时，应从中间接线盒(如两个房间中间的)断开，来测量判断是哪一小区域(如房间)接地的。

(8)由于小区域(房间)中只有有限的几个供电点，一般不超过5个点，应逐一检查每个供电点。主要检查灯头、插头、开关部分引线，检查灯头、插头、开关内部状况，经过这些检查仍找不到接地点时，应检查接线盒至用电器间的电缆，直至找到接地故障点。

二、岸电供电

船舶进厂及靠港检修时，或某些船舶靠港停泊时，可以用陆地的电源来供电，称为接岸电。在码头上设置有与岸电连接的装置，船舶一靠码头即可接岸电。此时船上发电机组全部停机，既可减少靠岸时的值班人员，又便于对发电机组进行正常的维护和修理。

接岸电时，岸上电源通过电缆通常接到位于主甲板层的岸电箱上。岸电箱应安装在便于连接来自外部电源软电缆的场所，并根据安装场所选择合适的外壳防护等级。岸电箱与主配电板间应以固定敷设的电缆连接，该电缆应有足够的载流量以满足停泊时各电气设备的用电需求。

岸电箱一般都有指示岸电端电压的电源指示灯或电压表、断路器或开关加熔断器、岸电接线柱、相序指示器(或负序继电器)等装置，另外还有铭牌清楚标明船电的额定电压、额定频率及配电系统的形式。有时根据船东需求还应装设电度表。

岸电开关通常是带失压脱扣的装置式自动空气断路器，位于主配电板的动力负载屏上，也有位于应急配电板的动力负载屏上的。换接岸电的操作是在主配电板或应急配电板上进行的，在主配电板或应急配电板上除岸电开关外，还设有岸电指示器，以指示岸电电缆已经接通。

1.相序指示器

交流电制的船舶在接岸电时应保证接入岸电相序与船电相序完全一致，若相序不一致，接入岸电后将会导致船上所有的三相异步电动机全部反转，破坏机械设施，甚至还会产生严重的安全事故。相序指示器是用来检测接入岸电相序与船电相序是否一致的装置，其接线原理图如图8-5-3所示。

图中L_1、L_2为灯泡，C为电容，三者呈星形连接，两个灯泡的电阻R相等，并等于电容的容

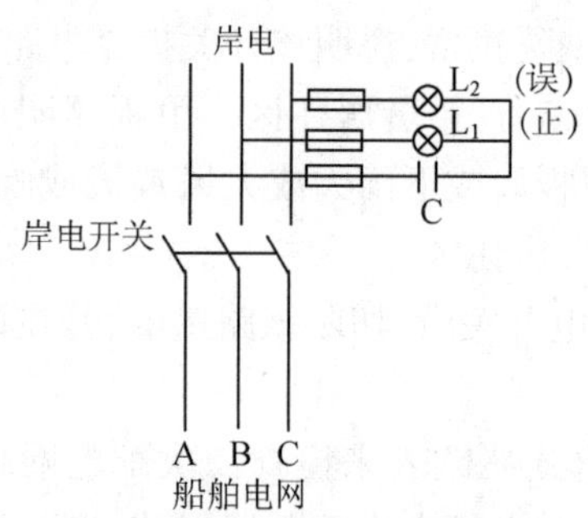

图 8-5-3 相序指示器接线原理图

抗 X_C，即 $R_1=R_2=X_C$。由于是星形连接无中线的不对称三相负载电路，故两个电灯和电容的相电压不相等。若电容器接 A 相，白灯 L_1 接 B 相，红灯 L_2 接 C 相，则白灯两端的电压比红灯两端的电压高，白灯较亮，为正相序；反之，若红灯较亮，为逆相序。通常在白、红两指示灯旁分别设有相序"正""误"的铭牌标志，根据指示灯的亮度及其标志可以判断相序是否正确。当相序不一致时，只需将岸电接线任意两相调换连接即可。

2.换接岸电的操作步骤

(1)进厂坞修时，将岸上电力电缆接在岸电箱的岸电接线柱上，合上岸上配电开关，岸电电源指示灯亮(这项工作一般由船厂工人承担)。

(2)由岸电箱上相序测定器指示岸电与船电间相序是否一致，当两个指示灯的亮暗关系与岸电箱上标志相一致时，说明岸电相序与船电相序一致，否则即相序不一致。当相序不一致时应拉掉岸上配电开关，调换相序后再合上岸上配电开关(这一项工作一般也是由船厂工人承担)。在船电供电情况下合上岸电箱上开关(若岸电箱上有开关)。若有负序继电器，则当相序不一致时，合上岸电箱上开关后，开关马上跳闸。

(3)在主配电板前，当岸电指示器表明岸电有电时，即可分断发电机主开关，电网失电后立即合上岸电开关(在合上岸电开关时应先将岸电开关手柄向下扳，使开关内自由脱扣机构复位然后再向上合上开关)，此时船舶电网已经由岸电供电。

3.接岸电的注意事项

(1)接岸电时岸电与船电的电流种类应一致。

(2)接岸电时岸电的额定频率、额定电压应与船电应一致。

(3)当岸电位三相四线制时，需将岸电的中性线接在岸电箱上接船体的中线接线柱上。只有船体与岸电中性线相连后，才可接通岸电。

(4)合上岸电箱上开关，只有当岸电相序与船电相序一致时才可到主配电板前进行转接岸电操作。

(5)船舶接岸电时严禁船舶发电机合闸供电，只有在岸电切除后船舶发电机才可合闸供电。

(6)经船级社(如 GL)认可的某些船舶设有船电与岸上电源并联设施，这仅仅是为了转移负载，仅允许船上供电系统和岸上电网做短暂的并联运行。

第六节 船舶电网失电后的应急处理

运行中的船舶由于种种机、电故障或操作不当等原因均可能会引起全船跳电。作为机舱管理人员,当发生跳电事件后应能正确处理,以减少由此可能引发的严重恶性事故(如船舶处在进出港、狭窄水道、特大风浪等场合)。对于普通电站的处理与具有自动电力管理系统的电站处理,两者有较大不同。

 一、对于具有自动电力管理系统的电网失电后的处理

(1)除因短路保护导致主开关跳闸断电外,对于其他各种机、电故障致主开关跳闸,自动电力管理系统均能自动处理,不需要值班轮机人员加以干涉,值班人员仅需按照报警指示故障进行相应检查、排除处理即可。

(2)若电网突然失电,除警报声外所有设备均停止运行。此时值班人员切忌马上启动机组合闸供电,而应首先查看警报指示。警报指示发电机短路,控制系统自动切换至非自动状态。应答后至主配电板后面仔细检查汇流排是否发生短路,找到短路点排除后或确信主配电板没有发生短路(此短路可能是由船舶电网短路保护的选择性整定不当造成)才可按复位按钮,系统即恢复至自动状态,同时解除阻塞,此时值班人员可遥控启动值班机组投入电网运行即可。

 二、常规电站电网失电后的处理

1.并车操作时发生电网失电

首先检查原运行机组与待并机组的机、电状况,由于并车操作不当发电机主开关不是过流保护跳闸就是逆功率跳闸。复位过流继电器、复位逆功率继电器(视具体发电机控制屏而定,有些不需要),一切正常时合上其中任一台机组的主开关,然后按功率大小及重要性逐级启动各类负荷,待发电机组带上相当负荷时再将另一台机组按并车条件进行并车操作。

2.运行机组因机械故障跳闸,电网失电

首先应答警报、消声,报警装置或指示滑油失压或指示超速等机械故障,然后启动备用机组,待转速、滑油压力、电压正常后即可合闸供电,之后按功率大小及重要性逐级启动各类负荷,最后检修故障机组。

3.单机运行时启动大负荷或几乎同时启动几个较大负荷时,电网失电

如用船上起货机进行装卸货作业致发电机过流跳闸,电网失电。

若机舱报警则应答警报、消声,复位过流继电器(视具体发电机控制屏而定,有些不需要),然后合上发电机主开关,再按功率大小及重要性,逐级启动各类负荷投入运行,之后启动备用发电机组,待一切正常后按并车操作要求进行并车投入电网并联运行,最后再启动大负荷

投入运行。

4.运行机组因发电机短路或失压保护跳闸,电网失电

常规电站大多无此报警功能。若机组仍在运行但电压很低或没有电压,说明是失压保护跳闸,则应停止这台机组,然后启动备用机组投入电网运行,最后再检查故障机组的发电机调压器;若机组仍在运行且电压正常,说明可能是短路保护跳闸,则应检查主配电板汇流排是否短路,排除短路故障后或确信主配电板没有发生短路故障时即可合闸供电。

5.运行机组主开关误动作跳闸或船舶电网选择性保护不良而跳闸,电网失电

因无此报警功能,按上述短路保护处理方案检查,确信配电板没有发生短路后才可合闸供电。

6.燃油供给故障(如调速器失灵、断燃油等)致主开关跳闸,电网失电

基本上均没有这类监测报警点,主开关仍是失压保护跳闸。具体现象:伴随着转速下降而跳闸停机。检查系统燃油供给系统,确信系统无故障后启动备用发电机组投入电网运行,然后检修故障机组的调速器等燃油供给系统。

三、发电机主开关跳闸的判别

1.发电机过载保护的判别

发电机过载主开关跳闸,一般是发生在发电机运行在较大负荷下,在不察看发电机实际功率时启动大负荷运行,如启动空压机、压载泵等,导致发电机过载而跳闸;也可能发生在并联运行时,其中一台机组因机电故障保护立即跳闸,而分级卸载装置失灵或卸载后仍过载致运行机组出现过载而发生保护跳闸等场合。

2.发电机欠压保护的判别

发电机欠压保护跳闸,主要发生在调速器及燃油系统或调压器出现故障的场合。调速器及燃油系统故障导致欠压保护的判断依据是先出现转速下降(这可从柴油机声音听到),后发生跳闸;调压器故障导致欠压保护的判断依据是先出现电压下降(这可从照明灯的亮度变化看出),后发生跳闸,且跳闸后电压表无电压指示或电压很低。

3.发电机逆功率保护的判别

发电机逆功率保护跳闸,主要发生在并车操作合闸时刻掌握不当,导致待并机组合上后跳闸,或并联运行时负荷分配操作调节方向反了,或并联时其中一台柴油机调速器损坏,或燃油中断等场合会发生逆功率保护跳闸。

4.发电机外部短路故障的判别

这里指的是按规范的要求对发电机外部短路保护,即发生发电机电流大于等于 $200\% I_n$ 时,主开关跳闸这一故障的判别。

(1)对于具有自动电力管理系统的电站,当发生发电机主开关跳闸电网失电时,除报警外机舱没有其他任何反应且报警指示的是短路保护,说明这时发生了发电机外部短路故障。

(2)对于常规电站,当发生发电机主开关跳闸,电网失电,这一跳闸不是发生在同时启动

几台大负荷时,不是出现在利用船上起货机进行装卸货作业时,不是出现在先出现转速下降后发生主开关跳闸时,也不是出现在先发生电压下降后再跳闸(从照明灯的亮度可得到判别)时,这时一般可断定发生了发电机外部短路故障,但也不排除有关人员的操作失误,如并车操作不当,使发电机电流达短路保护整定值(对运行机组),也有可能是由于主开关本身故障引起跳闸。

思考题

1.船舶主配电板的组成与功用。
2.主配电板上测量仪表的功用及用法。
3.主配电板上各种指示灯的功用及用法。
4.发电机控制屏上各种开关电器的功用及用法。
5.负载屏、照明屏上开关电器的功用及用法。
6.主配电板的日常维护保养要求。
7.主配电板安全运行管理要求。
8.指出自动空气断路器的结构组成。
9.自动空气断路器的维护要求。
10.船舶电网绝缘降低和单相接地的查找。
11.岸电箱的使用及其注意事项。
12.在主配电板电路图上指出船电与岸电之间的联锁。
13.发电机跳闸故障的判别。
14.常规电站发电机主开关跳闸(停电事故)的应急处理。

第九章 船用应急电源

第一节 概述

为了保证船舶安全,船舶除了设置主电源(Main power source)以外,还必须配备应急电源(Emergency power source)。当主电源不能供电时,由应急电源向船上部分保证船舶安全的用电设备进行供电。中国船级社(CCS)《钢质海船入级规范》(以下简称《规范》)中规定:客船和500总吨以上的货船均应设有独立的应急电源。

根据《规范》要求,应急电源可以是应急发电机(Emergency generator),也可以是蓄电池组(Battery group)。在主电源供电失效时,应急电源应能自动启动(若为应急发电机)并自动连接于应急配电板,给规定的应急设备(Emergency equipment)供电。

应急电源用于主电网失电时给下列设备供电:

1.对于客船,应急电源应能给下述(1)~(11)处所提供应急照明;对于货船,应能给下述(1)~(8)处所提供应急照明。

(1)每一登乘救生艇、筏的集合地点、登乘地点和舷外;

(2)所有服务及起居处所内的通道、梯道、出口及乘人电梯内;

(3)机器处所及主发电站内包括它们的控制位置;

(4)所有控制站、机器控制室以及每一主配电板和应急配电板处;

(5)消防员装备存放处所;

(6)操舵装置处;

(7)消防泵、喷水器供水泵(如设有时)和应急舱底泵(如设有时)等处所以及这些泵的电动机启动位置;

(8)在2002年7月1日或之后建造的液货船的所有货泵舱内;

(9)通达登乘救生艇、筏的集合地点、登乘地点的走廊、梯道和出口;

(10)包括梯道和出口在内的脱险通道全线距甲板高度不超过0.3 m处的照明;

(11)超过 16 人的居住舱室。

2.对下列各项设备供电

(1)所有在紧急状态下需要的船内通信设备;

(2)航行灯和其他号灯;

(3)甚高频无线电设备、中频无线电设备(若设有时)、船舶地面站(若设有时)以及中频/高频无线电设备(若设有时);

(4)航行设备(小于 5000 总吨的船舶,经船级社同意可免除这一要求);

(5)探火和火灾报警系统;

(6)连续使用的白昼信号灯、船舶号笛、手动失火报警按钮和所有在紧急状态下需要的船内信号设备;

(7)其中一台以应急发电机供电的消防泵;

(8)自动喷水器泵(仅限客船,如设有时);

(9)应急舱底泵以及操纵电动遥控舱底阀所必需的所有设备(仅限客船);

(10)由应急电源供电的操舵装置。

应急电源应有足够的容量,根据《规范》要求,在应急情况下,客船应能向上述安全设备连续供电 36 h;货船除了上述第 1 项第(1)条要求最低提供应急照明 2 h,向上述其余设备应能连续供电 18 h。对具有“2 类航区”附加标志,且定期从事离岸不超过 20 n mile 短程航行的船舶,如经船级社认可能达到同等的安全程度,可以考虑采用较少的供电时间,但不得少于 12 h。

当应急电源为应急发电机组时,尚应设置一蓄电池组作为临时应急电源。当应急发电机因故不能供电或当主电网失电而应急发电机组尚未供电的时间内,由蓄电池提供应急照明并向无线电通信等重要设备供电。通常把应急发电机组称为大应急电源,应急蓄电池组称为小应急电源。小应急电源的容量应能保证向《规范》规定的设备连续供电 30 min。

第二节 应急发电机

现代大型船舶上大都配有应急发电机组(Emergency generator),一般位于防撞舱壁以后、舱壁甲板以上和机舱以外的艇甲板上专门的应急发电机间内,其功率应根据应急供电设备的总装置功率来确定。根据 CCS 的《规范》要求,应急发电机由一具有独立的冷却装置和燃料供给的柴油机驱动,原动机的自动启动系统及原动机的特性均能使应急发电机在安全而实际可行的前提下,尽快地承载额定负荷(最长不超过 45 s)。

应急发电机组通过应急配电板(Emergency switchboard)把电能分配给各应急负载。应急配电板由应急发电机控制屏、动力和照明负载屏、应急汇流排(Emergency bus)组成。应急发电机间内还布置有应急照明变压器、应急发电机启动用蓄电池。应急发电机都有一套用于自动启/停、供电切换的控制装置,此装置有采用继电器控制电路的,也有采用微机或 PLC 控制系统的。近年来新建造的船舶大多采用微机或 PLC 控制装置,主要是通过控制程序来实现各种控制功能,外部电路比较简单。

一、主配电板与应急配电板间关系

应急发电机是在主配电板(Main switchboard)失电的情况下使用的电源。正常情况下,应急发电机不运转,应急配电板由主配电板供电;主电网失电时,应急发电机启动,建立电压后向应急配电板供电;主配电板恢复正常供电后,应急配电板转换回由主配电板供电。

大部分船舶,主配电板向应急配电板供电具有单向性,即只能由主配电板向应急配电板供电,而不能由应急配电板向主配电板供电。个别船舶设有能迅速地转换至应急运行的转换装置,在符合船级社相关要求并经船级社认可的情况下,应急发电机可在船舶停泊港内期间向主电网供电。

1.主电源与应急发电机的供电切换

主配电板与应急配电板间关系如图 9-2-1 所示。图中,G_1、G_2、G_3表示主电站的三台发电机,ACB_1、ACB_2、ACB_3分别是三台发电机的主开关,G_E是应急发电机,ACB_E是应急发电机的主开关,MSB 和 ESB 分别表示主配电板和应急配电板。配电开关 MCCB 位于主配电板上,用于给应急配电板供电和提供短路保护。开关 EACB(或 $MCCB_E$)位于应急配电板上,带有失压脱扣器(Under-voltage tripper),用于主配电板与应急配电板之间的联络,称为联络开关。应急发电机主开关一般为框架式自动空气断路器(Automatic air breaker)。联络开关可以采用框架式,也可采用塑壳式自动空气断路器(Moulded case circuit breaker),实船上多为塑壳式自动空气断路器。由于联络开关必须具有自动合闸的功能,因此,若采用塑壳式自动空气断路器,必须加装一套电动合闸操作机构。

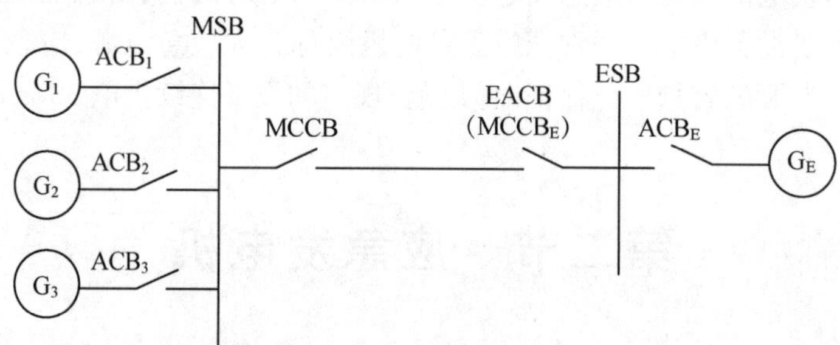

图 9-2-1 主配电板与应急配电板间关系单线图

在主发电机正常供电时,开关 MCCB 平时一直处于闭合状态,联络开关(Interconnection switch)闭合,应急配电板由主配电板供电;当主电网失电时,联络开关 EACB 因失压脱扣器线圈断电而脱扣跳闸,应急发电机自动启动,其主开关 ACB_E 自动闭合对应急配电板供电。此时,由于联络开关已经断开,应急发电机的电能供不到主配电板。当主电网恢复供电后,控制系统检测到主电网有电,应急发电机主开关先跳闸,接着联络开关合闸,应急配电板恢复到由主配电板供电状态。应急发电机的联络开关和主开关互为连锁,不能同时合闸,该互锁(Interlock)一般是通过将各自开关的一副常闭辅触头串入对方失压脱扣器线圈回路里,或将各自开关的一副常开辅触头并连在对方失压脱扣器线圈两端来实现的。

为确保应急发电机处于良好的状态,一般每周应对其原动机进行一次启动试验:先把应急发电机控制状态转到手动位,手动启动发电机组并空载运行,即主开关不合闸。实验完毕停发电机组,控制状态转回自动位。为了试验整个应急供电系统的自动功能,还应定期进行应急发电机自动启动和自动合闸的效应试验。试验时无须船舶电网断电,而是将应急配电板上自动试验开关从0位(或从正常位)打到试验位,则联络开关的失压脱扣器线圈断电而跳闸,应急配电板即失电,接着处在备用状态的应急发电机组自动启动,启动成功电压建立后应急发电机主开关立即合闸向应急电网供电。此时船舶即处在主电站、应急电站同时供电状态,只不过现在这两个电网没有电的直接联系。当需结束试验时,只需将试验开关扳回0位(或正常位),解除试验状态,同样控制系统检测到主电网有电时,应急发电机主开关先跳闸,接着联络开关合闸,应急配电板恢复由主配电板供电。

2.主电源与应急发电机的供电切换实例

图9-2-2是一实船使用的主电源与应急发电机的供电切换控制电路图。图中,Q1为应急配电板上的联络开关,Q2为应急发电机主开关。Q1和Q2均采用了塑壳式开关,带有失压脱扣器,并加装了电动机合闸装置(图中虚线框1和2),可实现自动合、分闸操作。

无论分闸或合闸操作,电动机都是朝同一方向转动。c为合闸限位开关,在分闸位置闭合,电动机转到合闸位置断开;d为分闸限位开关,在合闸位置闭合,电动机转到分闸位置断开。触头16-18在开关脱扣位置闭合,用于控制开关脱扣跳闸后的自动“再扣”(Reset)。开关总是在合闸位置脱扣,因此脱扣时,限位开关c和d还保持合闸时的位置状态。这样,当开关脱扣后接着就可以进行自动“再扣”。自动“再扣”实际上是使电动机转动再进行一次分闸操作。

根据实际使用要求,供电转换需要有3种工作状态:手动、自动和试验。控制系统设置有两个选择开关:手动/自动(Manual/Auto)选择开关和正常/试验(Normal/Test)选择开关。

手动状态:机组的起动、停机和供电转换都只能由人工来完成。

自动状态:机组处于备用状态,主电源失电,机组立即自动启动,给应急配电板供电。

试验状态:在主电源供电的状态下,对应急发电机进行自动启动、供电的效应试验。

柴油机的自动启动和停止控制由机旁控制箱内的自动控制装置执行。在主配电板正常供电的情况下,把机旁控制箱上的控制开关置于“自动”位,继电器K32通电,应急配电板上的“备用就绪”灯亮,表示应急发电机已处于可用状态。应急发电机运行时,继电器K33通电,应急配电板上的“运行”灯亮。柴油机的启动与停止由时间继电器K14控制,当K14断电,其常闭触头闭合时,柴油机启动;当K14通电,其常闭触头延时断开时,柴油机停止。

(1)手动/自动选择

手动/自动选择由开关S14设定。S14置手动位,K34不动作,其常开触头(Normally open contact)断开,常闭触头(Normally closed contact)闭合,分别接入联络开关Q1和应急发电机主开关Q2的合、分闸控制回路。S11、S12分别是Q1的手动合、分闸按钮;S1、S2分别是Q2的手动合、分闸按钮。这样,在手动位Q1和Q2能手动合、分闸操作。S14置自动位,K34通电动作,其常开触头闭合,常闭触头断开,接通Q1和Q2的自动合闸控制回路,并且切除了手动合/分闸功能。

(2)供电切换

平时S14置自动位,试验开关S13在正常位。U_M是主配电板电压,正常情况下,主配电板有电,监视主电网的继电器K11动作,其常开触头闭合,一方面使Q1的失压脱扣器线圈(Under-voltage tripper coil)通电,允许合闸;另一方面使时间继电器K12、K13、K14均通电。K12通电,其触头延时闭合发出Q1合闸指令,使Q1合闸,由主配电板给应急配电板供电。

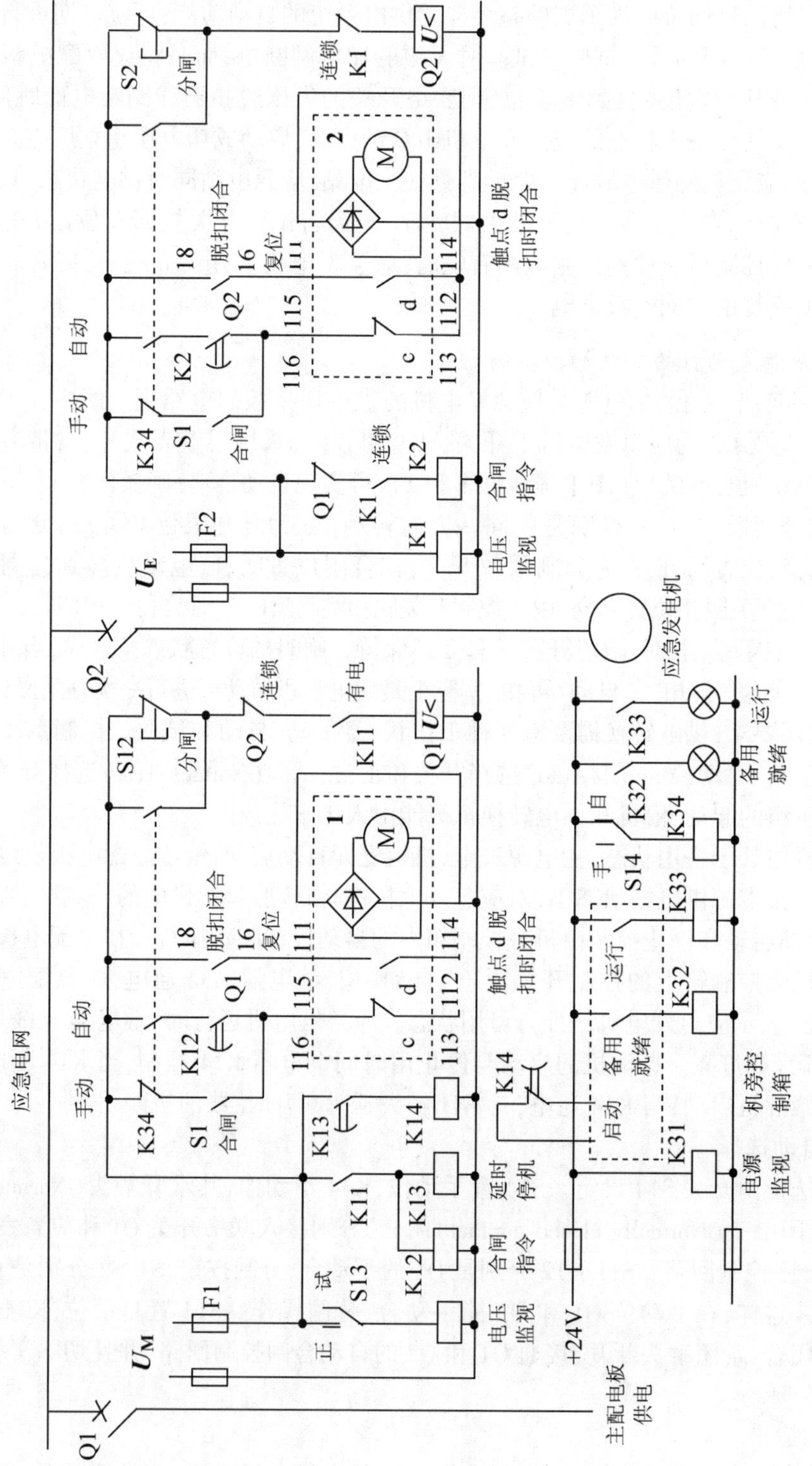

图9-2-2 主电源与应急发电机的供电切换控制电路图

K14 通电,使机组处于停机状态。当主电网失电时,K11 断电释放,使 Q1 的失压脱扣器线圈断电而脱扣跳闸(Trip),Q2 的失压脱扣器线圈回路接通,为通电做准备;K13 断电,其常开触头延时断开,使 K14 断电,其常闭触头延时闭合,发出应急发电机启动指令。U_E是应急发电机电压,应急发电机启动成功,电压建立,Q2 的失压脱扣器通电吸合,允许合闸;U_E建立同时,监视应急发电机电压的 K1 继电器通电动作,使时间继电器 K2 通电,经延时其常开触头闭合,使 Q2 合闸,由应急发电机给应急电网供电。当主电网恢复供电时,K11 通电动作,其常闭触头断开,使应急发电机主开关 Q2 的失压脱扣器线圈断电而脱扣跳闸;同时,其常开触头闭合,一方面使联络开关 Q1 的失压脱扣器线圈通电,允许合闸;另一方面使时间继电器 K12、K13 通电开始延时。K12 延时时间到,其常开触头闭合,发出 Q1 合闸指令,Q1 闭合,应急配电板又恢复到由主配电板供电状态。K13 延时时间到,其常开触头闭合,时间继电器(Time relay)K14 通电,其常闭触头断开,实现延时停机。

联络开关 Q1 与应急发电机主开关 Q2 之间通过失压脱扣器进行电气连锁,防止二者同时合闸。当主电网给应急配电板供电时,联络开关 Q1 闭合,同时 K11 通电,其与 Q2 的失压脱扣器线圈串联的常闭触头断开,Q2 的失压脱扣器线圈不能通电,防止 Q2 误合闸。当应急发电机给应急配电板供电时,Q2 闭合,其一副常闭辅触头串联入 Q1 的失压脱扣器线圈回路中,使 Q1 的失压脱扣器线圈不能通电,Q1 不能合闸。

(3)试验应急发电机

当机组控制方式在“自动”位时,把试验开关 S13 转到“试验”位,则监视主电网的继电器 K11 断电,相当于控制系统监测到主电网失电。则 Q1 失压脱扣跳闸,应急配电板失电,同时应急发电机启动给应急配电板供电。试验结束后,把试验开关 S13 转到“正常”位,因 U_M 正常,K11 通电,即控制系统监测到主电网有电,则 Q2 脱扣跳闸,然后 Q1 合闸,应急配电板又恢复由主电网供电,应急发电机延时停机。

二、应急发电机组的自动起动控制

用于应急电站的柴油发电机组(Diesel generating set)大多数时间是处于不运行状态,一般只有在主电站断电时才投入使用。对机组自动启/停控制要求较简单。通常只要求尽快启动达到额定转速、建立电压、投入使用。

柴油机组启动能源有压缩空气或蓄电池。用于应急电站的一般都是采用蓄电池。也有采用压缩空气的,若采用压缩空气启动,则需要备一台小型手摇起动的柴油机拖动的空气压缩机。现在,具有自动启/停控制装置的应急柴油发电机组,都是把调速器置于额定转速位置启动。柴油机启动发火即升至额定转速,发电机建立电压后即投入供电运行。对于启动的控制一般设置为可进行 3 次启动,并具有故障报警功能。启动

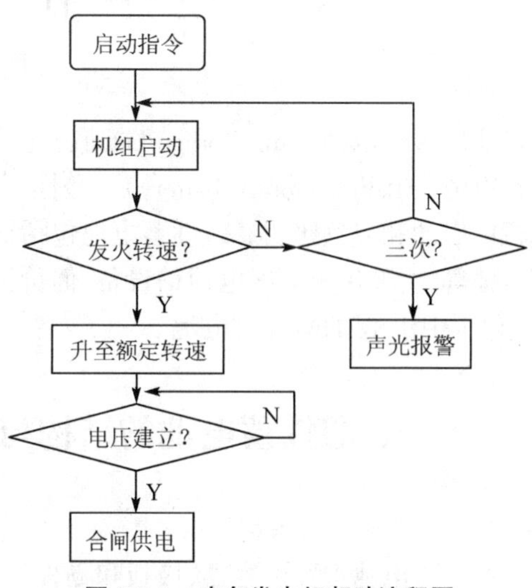

图 9-2-3 应急发电机起动流程图

工作流程如图 9-2-3 所示。

早期的自动控制装置只有自动启动功能,停机由人工操作。自动控制电路设置在应急配电板内。现在是独立的自动启/停控制装置,既能自动启动,也能自动停止。控制装置设置在柴油机的机旁控制箱内。

三、应急配电板的维护与管理

1.应急配电板维护周期及主要技术要求

(1)表面——日常应检查测量仪表、开关、指示灯是否完好,是否正常,测量仪表应每 4 年校验一次。

(2)主开关——每月一次检查各活动零件是否活动正常,紧固件是否有松动,可调部分有无变形或移位等,发现不正常应及时采取相应措施。每半年一次检查合闸机构操作是否灵活、可靠;清洁灭弧罩及栅片上的烟灰;保持触头表面光洁;检查过载、失压保护装置及其延时装置是否正常可靠。过载、短路、欠压、整定值每 4~5 年校验一次。

(3)充磁装置——每半年检查一次整流二极管等设施,防止倒流。

2.运行中船舶应急配电板的日常管理

主要有以下 5 条:

(1)观察配电板上仪表读数,做好记录。

(2)对检修的设备,断开电源后应在相应的开关上悬挂告示牌。

(3)配电板前后左右至少 1 m 范围内及其上方不准堆放或悬挂任何杂物。

(4)应急配电板每月(或每周)至少要试验一次应急启动装置。

(5)每年要进行一次效用试验,检查与主电网间的连锁关系。

第三节　船用蓄电池

船用蓄电池(Marine storage battery)主要有两类:酸性蓄电池(Acidic storage battery)与碱性蓄电池(Alkaline storage battery)。酸性蓄电池也称为铅酸蓄电池,船用历史最久,常用于柴油机的启动和应急照明。碱性蓄电池包括镉-镍蓄电池、铁-镍蓄电池、锌-银蓄电池和镉-银蓄电池等,主要用于无线电通信设备,但价格较高,民用船舶较少采用。本节介绍的是在远洋船舶上应用广泛的酸性蓄电池。

一、酸性蓄电池的结构与工作原理

1.酸性蓄电池的结构

酸性蓄电池主要由容器、极板和隔板三部分组成。盛装电解液(Electrolyte)和支撑极板的容器具有防酸泄漏、耐腐蚀和坚固等特性。船用酸性蓄电池的容器多数采用塑料槽和硬橡胶

槽。船用酸性蓄电池的极板常采用铅锑合金制成的栅格式,栅格中压入活性物质。正极板的活性物质是二氧化铅(PbO_2),负极板的活性物质是海绵状纯铅。为了增大容量,蓄电池的正极板(Positive plate)和负极板(Negative plate)都制成好多片,分别并联在一起,接成两组,构成蓄电池的正极和负极。蓄电池的正、负极板间通过隔板互相绝缘。隔板用木板、硬橡皮、塑料等制成,为了使电解液能自由地流通,隔板的构造应是多孔的,但是不能使脱落的活性物质经过隔板而与相邻极板接触。每一组正负极板所组成的单电池的电压约有 2 V,在实际应用时常将 3 个或 6 个相同的单电池串接起来成为一组。

酸性蓄电池的内阻小,适合于大电流放电,所以柴油机启动用电源应采用酸性蓄电池。

2.酸性蓄电池的工作原理

酸性蓄电池采用比重(Specific gravity)为 1.28~1.31(对应浓度为 27%~37%)的稀硫酸作为电解液,是利用铅、二氧化铅和硫酸的化学反应来储存电能和释放电能的,其工作原理由化学反应方程式来表示:

$$\underset{(正极)}{PbO_2} + \underset{(电解液)}{2H_2SO_4} + \underset{(负极)}{Pb} \underset{充电}{\overset{放电}{\rightleftharpoons}} \underset{(正极)}{PbSO_4} + \underset{(电解液)}{2H_2O} + \underset{(负极)}{PbSO_4}$$

当蓄电池的正、负极板插入稀硫酸溶液时,极板之间将产生 2 V 左右的电动势,若外电路接通,电池开始放电,形成放电电流,同时正、负极板上的活性物质与稀硫酸发生化学反应,逐渐变成硫酸铅,当活性物质都变成了同样的硫酸铅后,蓄电池的电压也就下降到不能再放电了。此时需对蓄电池进行充电,使其恢复成原来的二氧化铅和绒状铅。显然,蓄电池的充电(Charging)和放电(Discharge)是可逆的。

如果正极板已全部转化成 PbO_2,负极板全部还原成 Pb 后,若继续充电将发生电解水的反应,在正负极分别有氧气(O_2)和氢气(H_2)大量逸出,电解液会有大量气泡冒出,并伴有酸液外溅。当看到电解液“沸腾”现象,则应立即停止充电。

从化学反应方程式可以看出,硫酸在蓄电池充、放电中参与了化学反应。充电时,电解液中硫酸的浓度增加,电解液的比重也会相应地增加;放电时,电解液中硫酸的浓度降低,电解液的比重也会相应地降低。因此,蓄电池在充、放电过程中电压、电解液比重都在发生相应的变化,这也就给我们提供了判断蓄电池何时该充、放电的依据。通常电解液比重的变化要比电压的变化来得明显,所以一般都用比重计测量电解液比重来判断蓄电池充、放电的程度。

通常酸性蓄电池充电结束的标志是:

电解液的比重上升为 1.275~1.31,或单个电池电压变化:

(1)刚充电时电压即上升至 2.1 V;

(2)随着充电时间的增长,电压缓缓增至 2.3 V;

(3)再充电几个小时后,电压升至 2.6 V 左右基本维持不变,说明此时电池已充满电。

酸性蓄电池放完电的标志是:

电解液的比重下降至 1.13~1.18,或单个电池电压变化:

(1)刚放电时电压即降至 2.0~1.95 V;

(2)随着放电时间的增加,电压缓缓降至 1.9 V;

(3)再放电时电压很快降至 1.8~1.7 V,说明此时电池已放完电。

3.酸性蓄电池的容量

容量(Capacity)是描述蓄电池储存电能能力大小的物理量,单位是安培小时(A·h)。它是用充足电的蓄电池放电到规定终了电压(一般为额定电压的90%)时所放出的能量来表示,以放电电流 I 与放电时间 t 的乘积来描述,即 $Q=I \cdot t$(A·h)。

酸性蓄电池通常是以10 h的放电电流为标准放电电流(即经过10 h使蓄电池放完电的放电电流),因此额定容量(Rated capacity)被定义为在电解液温度为25 ℃,以10 h放电电流连续放电至中止电压时所输出的容量。例如型号为6Q195(型号中的数字"195"表示电池的额定容量为195 A·h)的蓄电池,能以19.5 A的电流放电10 h。

蓄电池的容量与放电电流的大小及电解液的温度有关,如果超出标准放电电流进行放电,不但会降低容量,而且会严重影响蓄电池的使用寿命。

二、蓄电池的充电

1.蓄电池充电的种类

蓄电池充电分为初充电和经常充电两种。

(1)初充电(Initial charge)

新的或长期库存的蓄电池,必须经过初充电后,才能投入使用。

将硫酸缓缓注入蒸馏水中,经充分冷却后再调整到比重为1.285(35 ℃时),然后注入蓄电池内,液面高于隔板约15 mm。然后静置2~3 h,待电解液充分渗透冷却,再测液面,如低于15 mm则应补充电解液达到原有高度。将蓄电池的正负极板与电源的正负极对应接好,进行充电。第一阶段充电电流为额定容量的0.07,充电过程中应随时注意各单格电池的充电情况,当各格电压达到2.4 V后,即改用第二阶段电流充电;第二阶段充电电流为额定容量的0.04,充电到各格电池电压上升到2.6 V,且比重与电压在3 h内稳定。初充电过程中应注意蓄电池内部的温度,不得超过35 ℃,否则应暂停充电,待温度降低后再继续进行。

(2)经常充电

蓄电池的维护性经常充电分两阶段进行,先以第一阶段充电电流充电,充电电流为额定容量的0.1,约10 h后有气泡从电池内泛起,蓄电池电压上升至每个电池为2.4 V左右,这意味着蓄电池基本上已充足,在电池内部正进行电解水的反应,因此应转入第二阶段充电,充电电流大小为第一阶段充电电流的一半。由于第一阶段充电电流大,化学反应比较"粗糙",可能极板深部的物质并未全部参与化学反应,通过第二阶段的充电,可使极板深部的反应比较彻底,3~5 h后,再调整电解液的比重,使其达到1.285左右,然后再用第二阶段充电电流继续充电1 h,使蓄电池内的电解液比重上下均匀一致,充电过程即告结束。

2.蓄电池的充电方法

(1)恒压充电法(Constant voltage charging method)

充电过程中充电电压始终保持不变。这种方法装置简单、方法容易。用这种方法刚开始充电时,充电电流大,随着蓄电池电压的上升,充电电流逐渐减小,到充电后期电流很小,会使极板深处得不到很好的还原,电能储藏不足,所以这种方法充电时间较长。

(2)恒流充电法(Constant current charging method)

充电过程中充电电流始终保持不变。由于充电过程中电池电压逐渐升高,为保持充电电流不至于减小,充电电源的电压就必须不断提高。这种方法由于充电电流大,所以充电时间可以缩短。但在充电后期充电电流仍不变,会造成电解液中的水分解,形成很多气泡,这不仅损失电能,而且容易使极板上的活性物质过量脱落而损坏极板。

(3)分段恒流充电法(Multi-stage constant current charging method)

充电初期,蓄电池用较大电流充电,当蓄电池发出气泡,电压上升到 2.4 V 左右时,改用第二阶段较小的充电电流充电。这种方法充电较方便,既可缩短充电时间、节约电能,又可延长蓄电池的使用寿命。

(4)浮充电法(Floating charging method)

蓄电池直接和直流电网并联,电网向其负载供电的同时也向蓄电池进行充电。当外负荷减小时,电网电压会略有升高,充电电流就会自动增加;反之,则自动减小。由于这种充电方法充电电流是浮动的,故称浮充电法。电网一旦因故失电,蓄电池可立即向负载供电。

处于浮充状态的蓄电池组因充放电程度不能自行掌握,所以必须另设一套充电装置,过一段时间须用另一套充电装置进行一次充足 — 放光 — 再充足的保养。

(5)快速充电法(Fast charging method)

快速充电法就是在 2~3 h(甚至更短)内将蓄电池充电充满的方法。这种方法是用大电流来充电的,因此蓄电池应处在冷却系统下充电,否则温度升高会导致极板弯曲而损坏。

目前远洋船舶充放电板大多配置的是恒压充电+浮充电相结合的设施。平时蓄电池处在浮充电状态下,一般一年做一次恒压充电,若船舶电网发生跳电时间较长,则电网恢复供电后,应及时采用恒压充电。对于额定容量为 195 A · h(或日本的 200 A · h)蓄电池,恒压充电电压一般应调整在 28.8 V(单个电池电压为 2.4 V),充电 24 h;浮充电电压调整在 27.0 V(单个电池电压为 2.25 V)。

3.蓄电池的过充电(Overcharge)

蓄电池在使用过程中往往因长期充电不足、过放电或外部短路等原因使极板硫化,从而使充电电压和电解液的比重都不容易上升。这时需对蓄电池进行过充电。

通常对长期担负工作的蓄电池,每月至少进行一次过充电。对负荷较轻的蓄电池,也应每 2~3 个月进行一次过充电。

酸性蓄电池过充电的方法是在正常充电之后,停止充电 1 h,再改用正常充电率的一半电流充电,至冒气泡后停止 1 h 后再充,如此反复进行,直到充电装置刚一合闸蓄电池就发出强烈气泡为止。

三、蓄电池的维护与保养

1.蓄电池维护保养要求

(1)每 7 天左右检查一次电压、电解液高度及比重,并做好记录。如低于规定值应及时补充蒸馏水,进行充电,然后清洁表面。

(2)不经常使用的蓄电池,每月至少检查一次,并进行补充电。

(3)蓄电池表面,每3个月进行一次彻底清洁,清洁时先用干净布擦除接头处的氧化物,然后再涂上牛油或凡士林,防止氧化。

2.蓄电池维护保养注意事项

(1)注意保持蓄电池表面清洁,不要有油渍污垢在上面,决不允许在上面放置金属工具、物品,以防短路,损坏蓄电池。

(2)保持极柱、夹头和铁质提手等处的清洁,如出现电腐蚀或氧化物等应及时擦拭干净,以保证导电的可靠性。平时应将这些零件表面涂上凡士林,防止锈蚀。

(3)平时注意盖好注液孔的上盖,以防船舶航行时电解液溢出,或海水进入蓄电池里。必须保持通气孔畅通。

(4)蓄电池放电终了,应及时按要求进行充电。

(5)蓄电池室内严禁烟火。

(6)保持蓄电池室通风良好。.

3.蓄电池常见故障及处理方法

蓄电池维护、使用不当会降低其使用寿命和容量,甚至会受到损坏,使用中可以通过充放电情况,及观察极板外观和容器底上是否有沉淀物,来判断蓄电池是否正常。鉴于船舶条件的限制,能在船处理的蓄电池的常见故障就是极板硫化(Plate vulcanization)。

发现蓄电池充电时冒气泡过早,或刚开始通电就有气泡;充电时电压太高,放电时电压降落很快,而且电解液的比重低于正常值;正极板呈褐色,还带白色;此时,说明极板已硫化。

(1)引起极板硫化的原因

①经常充电不足;

②放电电流过大;

③放电后没有及时充电;

④电解液不纯,含有杂质;

⑤电解液比重太高;

⑥电解液液面太低,致使极板上部硫化。

(2)极板硫化后的补救措施

①如果充电不足,可采用过充电的方法来恢复活性物质;

②如果电解液比重过高,可加蒸馏水调整比重;

③如果电解液中含有杂质,则应清除杂质或更换电解液。

至于极板短路、极板弯曲、沉淀物过多、容器损坏等故障发生,则通常采取更换新蓄电池来解决。

思考题

1.说明应急电源的供电范围。

2.简述应急配电板的维护与管理要求。

3.画出单线图说明主电网与应急电网间的关系。

4. 简述配制酸性蓄电池电解液的方法及注意事项。
5. 简述酸性蓄电池电压、比重的测量与判别。
6. 简述酸性蓄电池经常性维护保养充电方法。
7. 简述酸性蓄电池维护保养要求及注意事项。

第十章 船舶电站操作

第一节 同步发电机组的手动准同步并车

随着船舶吨位的增加和电气化、自动化程度的提高，船舶电站容量在不断增加，因此主电站通常设有三台甚至更多的发电机组。根据船舶不同运行工况所需用电量的不同，可以使用一台、两台或三台以上的发电机组通过主配电板汇流排（母线）共同向全船负荷供电，这就是通常所说的并联运行。

一台发电机组在投入电力系统前，它的某些参数必须要满足一定的要求，才允许进行并车操作，而后进入并联运行。所以，待并发电机组在并车前要通过并车装置进行适当的操作，使这些参数符合并车条件。

一、同步发电机的并车条件

对于一个运行中的电站，三相同步发电机准确同步并车操作时，最理想的情况是满足下面几个条件：

(1)待并机的相序与电网（或运行机组）的相序一致；

(2)待并发电机组的电压与电网（或运行机组）电压的大小相等，即 $U_G = U_B$；

(3)待并发电机组的频率与电网（或运行机组）频率相等，即 $f_G = f_B$；

(4)待并发电机组电压的相位与电网（或运行机组）电压的相位一致，即 $\delta_G = \delta_B$。

船上所有发电机在安装或检修后，其相序都要进行测定，以保证一致，因此，相序条件一般不用再考虑，只需满足电压相等、频率相等、相位相同三个条件即可。

符合上述三个条件，则待并发电机的电压相量与电网（或运行机组）的电压相量完全重合。若在此瞬间将待并发电机主开关合闸投入电网（并车操作），则在待并机组与电网（或运行机组）间不会产生冲击电流，这是准确同步的理想情况。

对于一艘运行中的船舶,并车操作时掌握的并车条件为:

(1)待并机电压与电网电压差不超过±10%U_N。

(2)待并机频率与电网频率差不超过±0.5 Hz。

(3)待并机电压与电网电压相位差不超过±15°。

实际并车操作时,要达到理想并车条件是不容易的。当任一并车条件不满足时,并车瞬间在待并机组与电网间会产生冲击电流。当冲击电流在许可范围内时,它能帮助同步发电机并车,将两台机组拉入同步。但当并车条件超出允许范围时,过大的冲击电流可能会导致并车失败或者使系统电压下降,甚至出现跳电、损坏机组等事故。这些都是应该避免的。

上面分析并车期间所产生的冲击电流作用,同样适用于发电机组并联运行期间,即并联运行中在网上运行的机组的电压、频率均始终相等,否则电网会发生崩溃。但发电机的电势可以不等,此时并联运行的机组间存在环流,这一环流就是起均压作用;负荷突变时,并联运行机组的转子间可以有不同的角加速度,角速度却始终相等,角加速度的作用使并联运行机组间瞬间出现相位差,从而产生了环流。环流的自整步作用既消除了相位差,也消除了角加速度,这一作用结果迫使发电机转子与定子间的相对位置发生了改变,即发电机所承担的有功功率发生了改变。

二、手动准同步并车

上面已分析了并车三条件,并车操作就是测量与调整这些参数,使它基本上满足这三条件时合上待并机的主开关,在冲击电流的均压与自整步作用下将待并机拉入同步。这种方式通常称准同步并车。

主配电板上的电压表、频率表、同步表或同步指示灯就是测量这种参数的仪表。由于船用配电板测量仪表一般精度较低,因此并车操作中的频差的检测往往直接通过观察同步表来进行的,并按同步表的转向及旋转速度调节待并机组的频率。在进行手动并车操作时,只要待并机组已启动成功、电压建立,原动机的其他参数一切正常时,即可进行手动并车操作。通常运行机组的各项电参数在并车前都保持在额定数值附近,因此并车时参数的调整,只调整待并机组的参数。

1.手动并车操作步骤与方法

(1)启动备用机组,调整其电压和频率使其达到额定值。

(2)在主配电板前测看两台机组电压表的数值指示,一般均在许可范围内。只要发电机满足船级社规范要求,则电压差一定在±5%以内,因此通常不需要考虑。

(3)打开同步表开关,观看同步表指针旋转方向与旋转速度。通过发电机控制屏(或并车屏)上调速开关(或调速按钮),按同步表的转向及旋转速度对待并机组进行相应的调整。通常我们希望待并机在正差频(即待并机的频率高于运行机的频率)下进行并车,这样并车瞬间一方面不会发生逆功率,另一方面待并机一并上网即可承担一定的负荷,这对并车是有利的。对于大多数同步表而言,顺时针旋转表示待并机组频率高于电网频率,也有个别船舶上同步表的转向是反的,即其同步表顺时针旋转表示待并机组频率低于电网的频率。一般调整到同步表指针向快的方向旋转,且转一圈的时间为3~5 s(相应频差在0.33~0.2 Hz),即可准备合闸。

(4)并车时应考虑发电机主开关固有的动作时间。对于现代的发电机主开关,一般可按

0.1 s 计，再考虑手按按钮的操作时间，要求动作迅速则也可按 0.1 s 计。即主开关应提前 0.2 s 进行合闸操作。对于顺时针旋转为快的同步表，若同步表指针按钟表分针计算，则同步表转一圈为 3 s 时，应在 56 min 时果断合闸操作；当同步表指针转一圈为 5 s 时，应在 57.5 min 时果断合闸操作。综上，因此实际操作时，只要同步表指针转一圈的时间为 3～5 s，合闸提前量可掌握在 57 min 时合闸。

（5）并上车后应关闭同步表开关，因同步表为短时工作制，其工作时间不大于 15 min。

（6）之后进入负载分配与频率的调整操作程序。

2.同步指示灯法

手动并车除借助于同步表进行操作外，也可利用同步指示灯进行并车。通常同步指示灯是当作备用的设备，一旦同步表损坏，可借助于同步指示灯进行并车操作。

同步指示灯有两种方法：灯光明暗法与灯光旋转法。

（1）灯光明暗法

这种方法也称为灯光熄灭法。该方法中每个指示灯均是接在待并发电机电压与电网电压的对应相上，如图 10-1-1 所示，因此指示灯上的电压为待并机电压与电网电压间的相位差电压。明暗法可以用三个指示灯，也可用两个指示灯，甚至一个指示灯，实际船舶上大多采用两个指示灯的方案。

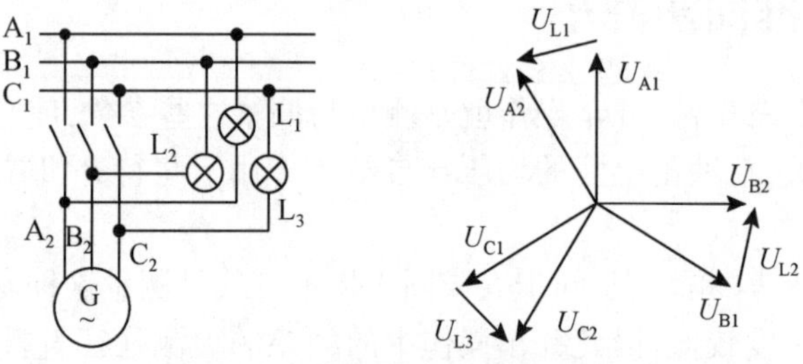

图 10-1-1　灯光明暗法接线原理图

当待并机电压 U_G 与电网电压 U_B 间只要电压数值、频率和相位不一致时，指示灯上就有相位差电压。这一相位差电压由于存在频率差，故而其数值大小是在不断变化着的，从而指示灯同时呈现明、暗交替变化。频差越大，明、暗交替变化也越快，当相位一致时，指示灯上的电压为 0（待并机电压与电网电压数值相等时）。一般指示灯在电压降到其额定电压的 30%～50% 时就已经熄灭，因此指示灯熄灭的中间时刻基本上是相位一致的时刻，也就是发电机主开关主触头闭合的时刻。

这种方法，从指示灯明暗变化的速度可判断差频的大小，调整待并机的频率，直至明暗变化一周在 3～5 s（Δf = 0.33～0.2 Hz），然后捕捉相位一致时刻进行合闸操作。

（2）灯光旋转法

这种方法基本上都采用三个指示灯，按三角形布置。正中上方的一个指示灯接在对应的第一相上（U 相与 R 相），下面两个灯系交叉接法，即一个灯接在待并机的 V 相与电网的 T 相，另一个灯接在待并机的 W 相与电网的 S 相，如图 10-1-2 所示。

只要待并机电压与电网电压间频率不相等时，这三个指示灯就会先后出现明暗交替变化，即呈现灯光旋转现象。待并机频率高时，灯光呈顺时针方向旋转，反之呈逆时针方向旋转。当正中上方指示灯熄灭，且下面两个指示灯的灯光变化到亮度相同时，即为相位一致时刻，此时

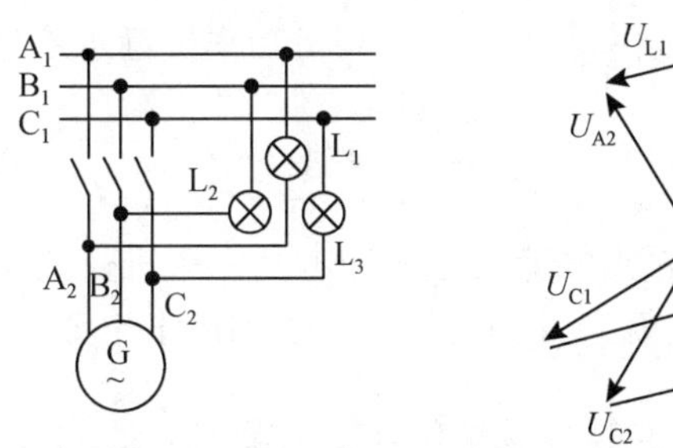

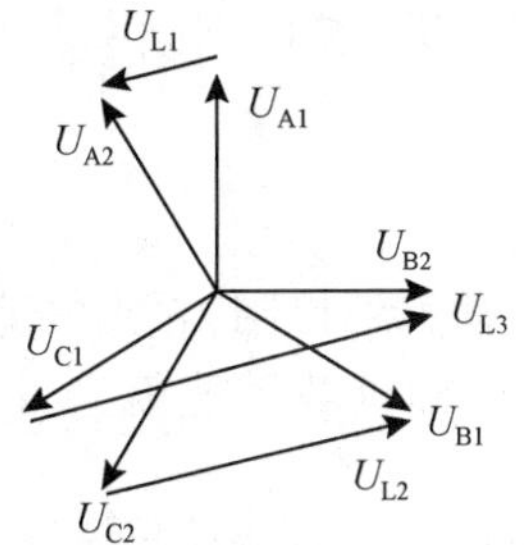

图 10-1-2 灯光旋转法接线原理图

刻即为发电机主开关主触头闭合时刻。

这种方法,可从指示灯旋转方向来判断待并机的频率是高还是低,从旋转速度可判断差频的大小。并车时,调整待并机的频率直至灯光向快的方向旋转,且旋转一圈在 3~5 s 间,然后再捕捉相位一致时刻,进行合闸操作。

3.粗同步并车法(电抗器并车法)

电抗器并车法也称粗同步并车法。这是 20 世纪 70 年代前针对当时船员技术素质不高时采用的一种方法,目前船舶电站一般不具备这种并车方法。这种方法的最大优点是对并车三条件的要求不高,甚至可以不考虑,因此深受广大船员欢迎;但其缺点是并车后,若并车电抗器因故无法切除,则当需停这台未切除电抗器的机组时,将会发生主开关跳闸、关闭油门后原动机停不下来的现象,此时发电机成为同步电动机,若处理不当将会发生烧毁电抗器直至烧毁主配电板的事故。

电抗器的电抗值在设计时是按相位差在 180°时计算的,此时冲击电流一般被限制在 1.2~1.8倍的额定电流,有的并车电抗器仅允许在这样大的电流下工作 3 s,因其磁路不允许饱和,故大多采用空芯式。

电抗并车法的原理是待并机首先通过电抗器接入电网,由电抗器来限制并车时的冲击电流,当将待并机拉入同步时,再合上发电机主开关,然后切除并车电抗器。采用电抗并车操作时,理论上可不考虑相位,但实际上当并车瞬间相位差超过 90°时,由于此时有功功率的交换是不够的,即拉入同步的力矩较小,从而使拉入同步的时间拖得较长,这样在较大的冲击平衡电流的作用下就有可能使运行机组的主开关因过载而跳闸,此时将形成只有待并机组经电抗器接入电网,因此电网电压很低,白炽灯发红,当出现这种情况时,应立即合上发电机主开关。所以即使采用电抗并车,最好也在相位差小于 90°时进行操作。

现在电抗器并车已被半自动同步器或自动并车装置代替。半自动同步器只需手动按下并车按钮,整个并车过程由同步器自动完成,而现代船舶大多已具备自动并车装置,它能根据实际负荷大小,自动完成并车和解列的全操作过程。

三、并联运行同步发电机的解列

当电网总负荷小于一台机组的 70%额定容量时,或机动航行状态结束时,或替换机组时,都需要将并联机组之一退出并联运行。发电机退出并联运行的过程叫解列。

1.解列操作程序

首先将全部负荷转移给留用运行机,即同时向相反方向调节两机组的调速开关,解列机

“减速”、留用机“加速”,以保持电网频率不变。待解列机功率接近于零之前按下分闸按钮,然后停机。

2.注意事项

(1)不能直接带负荷解列拉闸,否则将造成电流冲击。留用机受到突加负荷的冲击,频率就会降低,而解列机因突卸负载转速就会升高,且带负荷拉闸对自动空气断路器也是非常不利的。

(2)避免逆功率产生。不要等解列机的功率表读数为“0”时才按分闸按钮,这样机组会因惯性发生逆功率。一般解列机组的剩余功率在5%额定功率左右时分闸。

(3)防止过载产生。在解列转移负载过程中,可能会出现留用机过载,此时要根据具体情况,或暂停解列,恢复并联运行;或先卸掉次要负载再解列。

第二节　船舶电网频率的调整与有功负荷分配的调整

为了保证并联运行的稳定性,对容量相同的发电机组应能均分电网的有功功率与无功功率,这就要求并联运行机组间应有大体相同的有功负荷与无功负荷外特性。发电机有功负荷外特性实质就是原动机的调速特性,无功负荷外特性实质就是发电机励磁调整特性。因此,需要功率(有功与无功)分配装置的调节来满足这些要求。

一、单机运行时电网频率调整

发电机组单机运行时,因电网的所有负荷都由这台机组承担,故单机运行只有电网频率需要随时调整,频率调整精度一般可控制在±0.1 Hz以内。

频率调整是通过发电机控制屏或并车屏上的调速开关进行的,也就是控制调速器上伺服马达使调速特性(即发电机组的功—频静特性)上下平移即调速器的二次调节来调整电网频率的。

每次调节时间,对于新船或调速器性能较好的机组一般应掌握在0.5~2 s,反应较慢的机组则可增至2~10 s,某些特迟钝的机组甚至需20~60 s,频差大取较大值;二次调节间隔时间至少为5 s,否则调速器一次调节尚未完成而二次调节再加上去势必影响调速器的调整,反而会拉长调节时间。

二、并联运行时电网的频率与有功负荷分配的调整

并联运行中当功率分配极不合理时,可能会发生并联运行中有的发电机因过载而主开关跳闸,最终导致电网失电的事故。对此各船级社大多规定:并联运行的各交流发电机组均应能稳定运行,且当负载在总额定负载的20%~100%这个范围内变化时,其负载分配应符合下列要求:各机组所承担的有功负载与总负载按机组定额比例分配值之差,应不超过下列数值中的较小者:

(1)最大机组额定有功功率的±15%;

(2)各个机组额定有功功率的±25%。

这个标准是针对原动机的调速特性而言的,是发电机组一次调节的最低标准。对于在船舶实际管理时,为了使机组能稳定地、合理地分配有功负荷,除发电机组本身进行一次调节外,尚需对发电机组进行二次调节,一般并联时电网频率调节精度应低于单机运行时精度,通常被控制在±0.2 Hz以内,有功功率分配精度被调整在:发电机组实际输出功率与其应该承担的功率差在±5%P_N以内。即当两台机组并联时,功率分配绝对差应调整在10%P_N以内。

1.两台机组同时调节操作方法

(1)在频率不变状况下做有功负荷转移操作。机组有功负荷承担少的做加速操作,机组有功负荷承担多的做减速操作。操作时,两台机组应同时进行且调整幅度应保持一致。

(2)在有功负荷分配不变状况下调频操作。电网频率高于额定频率时,两台机组均做减速操作;低于额定频率时均做加速操作。操作时,两台机组应同时进行且调整幅度保持一致。

2.调节一台机组的方法

(1)在电网频率高于额定频率状况下做有功负荷转移操作。只对有功负荷承担多的机组做减速操作,经调节后有功负荷既得到了转移,电网频率也得到了一定的调整。切忌对有功负荷承担少的机组做加速操作,这样做电网频率将会升得更高。

(2)在电网频率低于额定频率状况下做有功负荷转移操作。只对有功负荷承担少的机组做加速操作,经调节后有功负荷既得了转移,电网频率也得到了一定的调整。切忌对有功负荷承担多的机组做减速操作,这样做电网频率将会降得更低。

三、发电机组的功—频静特性的调整

发电机组并联运行时,当机组的功—频静特性不一致时会引起有功负荷的分配不均。当电网负荷变动时,其中调频调差系数R_f较大的机组将承担较少的有功负荷,R_f较小的机组将承担较多的有功负荷。若机舱某台发电机组与其他几台机组相比总是有功负荷承担较多(较少),则应调整这台机组的功—频静特性R_f值,此时应通过增大(减小)R_f值来进行调整,即将液压调速器上速度降旋钮向顺(逆)时针方向转动一点。

第三节 船舶电网电压的调整与无功负荷分配的调整

发电机并联运行时,在网上运行的机组端电压是相同的,但它们的电势随着承担的无功功率的不同而不同,发电机端电压的调整、无功负荷分配的调整均是通过改变发电机的励磁电流实现的。

对于不可控相复励调压装置来说,因其调压特性曲线是不可改变的,这种类型的发电机组为了能稳定并联运行,不得不采取均压连接的方法。用得最为广泛的是直流均压连接,又称转子均压连接。这种方法当发电机接入电网时,同时将转子励磁绕组并接在均压线上,因此并联

运行时各机组有相同的励磁电流,也即发电机的电势相等,从而实现了均分电网的无功功率。

直流均压线的优点在于能排除并联运行发电机组调压特性的差异,无功分配仅与发电机本身励磁特性(励磁电流与发电机电势的关系)有关。所以无功分配令人满意,并联运行时稳定性好。但作为均压线,电缆的截面较大,均压接触器触头的容量也较大,转移有功功率时,无功功率无法得到转移,因此发电机主开关需在大电流下切断。

除直流均压线外,还有交流均压线。这种方法是在移相电抗器之间进行均压连接。这种方法使用较少,一般不同容量的发电机组并联运行时才采用这种方案。

采用均压线并联运行的发电机组,一旦均压线连接中断,将会导致无功分配严重不等。发电机组并联运行中,当出现两台功率表指示基本相同而电流表指示相差太大的情况时(也即两台功率表指示基本相同而功率因数表指示相差较大时)表明均压连接发生中断。此时应检查均压接触器,看均压接触器是否通电动作来排除故障。相关电路参见主配电板电路图。

对具有可控相复励调压装置与可控硅调压装置的发电机组来说,无功分配装置大多采用带有差动电流互感器的环流补偿装置,其电压调压特性曲线的斜率是可以调整的。

发电机组并联运行时,当机组的电压调整特性不一致时会引起无功负荷的分配不均。当电网负荷变动时,其中调压调差系数 K_Q 较大的机组将承担较小的无功负荷,K_Q 较小的机组将承担较多的无功负荷。若机舱某台发电机组与其他几台机组相比总是无功负荷承担较多(较少),则应调整这台机组的调压调差系数 K_Q 值,此时应通过增大(减小)K_Q 值来进行调整,即将安装于发电机控制屏内的相应电位器旋钮向增大(减小)阻值的方向转动一点。

1.说明手动准同步并车的条件。

2.简述手动准同步并车、负荷分配及解列的操作。

3.简述无功功率分配装置故障的判别及排除。

第十一章
船舶发电机的维护、保养与电压调整

第一节　船舶发电机的维护与保养

一、发电机投入运行前的检查

对新安装的发电机或经检修及长期停用的发电机投入运行前进行检查,以保证发电机安全运行。

(1)仔细查看发电机内部,不得有杂物存在,防止落入螺钉、工具、抹布等异物。

(2)用大约两个大气压的干燥压缩空气或皮老虎清除发电机各部分的灰尘,为避免损坏线圈,不得使用金属吹管。

(3)检查发电机轴承的润滑情况,润滑油和润滑脂的质量与数量必须符合维护要求的规定。

(4)检查发电机与其原动机的连接是否良好,同时检查发电机、原动机的轴线是否在同一直线上。

(5)检查转子是否灵活,同时检查轴承质量。

(6)检查、清洁集电环。

(7)检查电刷装置,电刷压力为 14.7~19.6 kPa。

(8)测量绝缘电阻,用 500 V 兆欧表测量,在船保养一般不得低于 2 MΩ(船级社规定不得小于 0.5 MΩ)。

(9)如果发电机结构允许,可用塞尺测量气隙,其最大最小气隙之差与平均气隙之比一般不超过±5%,低速发电机不应超过±10%。

(10)检查励磁接线是否正确,引线是否良好。

(11)检查各紧固件,有松动者应上紧。

(12)正式运转前应进行试车,使发电机空转,达到额定转速后再进行停机检查转向、振动情况、轴承温度是否符合要求。

船员上船交接班后也应对应发电机做相应检查,至少应检查上述条款中的(3)(6)(7)(8)及检查电刷的长度等,以做到心中有数,便于对发电机进行正确管理。

二、船舶发电机运行中的监视

对运行中的发电机,应根据主配电板上仪表指示情况,不断进行监视,以便及时发现不正常现象,消除隐患,保证船舶正常供电。

1.发电机温升的监视

发电机运行时,铜损、铁损及机械损耗等原因会使其温度升高。发电机各部分实际温度等于冷却介质的温度与其对冷却介质的温升之和。发电机各部分温度过高,会加速绝缘老化,缩短发电机的使用寿命,甚至会引起发电机事故。所以,对运行中的发电机必须严格监视各部分温度,使其不超过最高允许温度。

对无限航区的船舶发电机,环境温度规定为 50 ℃,但实际上由于季节变化、船舶航行海域和气候条件不同,环境温度会有所变化。当机舱温度升高时,发电机的最高允许温度就相应降低。温升的测量,可以用埋置在发电机定子槽内或定子绕组端部的感温元件来测取,也可以通过测量绕组的电阻值来求取绕组的平均温度(但这需要停机后进行测量)。作为日常检查时,大多可用手摸发电机外壳来粗略估计发电机温升是否正常,通常只要手摸得上(即手能放上 10 s 以上),说明发电机外壳温度一般不超过 65 ℃,即温升在正常范围内。

2.发电机轴承温度的监视

发电机轴承有滑动轴承与滚珠轴承两种类型。

对于滑动轴承形式的发电机,轴承允许温度为 70 ℃,实际轴承温度可通过装于轴承端的温度表来检测。运行中的发电机只要润滑油位在规定区域范围内且滑油是清洁的,则轴承温度一般不超过 65 ℃;当实际温度高于这个值时,不是油位不在规定范围内就是滑油不干净了。若发电机端拆装过,则当安装调整不当、轴线不正时也会引起轴承温度大幅度升高。

对于滚动轴承形式的发电机,轴承允许温度为 80 ℃,轴承温度一般是通过手摸来粗略估计的。

3.发电机电压的监视

运行中的发电机电压应达到额定值。其允许变化范围不应超过±2.5%U_N,若端电压过低,则会影响船上电机、电器的正常工作;若端电压过高,除影响电机正常工作外,由于励磁电流的增大会导致发电机温度增高。

船舶交流发电机的调压器多采用自励恒压系统,但当大电机或多台电机同时启动时,会引起电网电压波动,同时使发电机电流增大,因此应当注意电压恢复情况。

4.发电机功率因数与电网频率的监视

船用交流同步发电机额定功率因数大多数为 0.8,但实际工作时,负载的功率因数是变化的。对于并联运行中的每台发电机,希望它们的功率因数尽可能保持一致,避免某台发电机功率因数太高,而另一台发电机功率因数太低,以提高电网系统的稳定性。

交流发电机正常运行时,电网频率的波动范围应保证在额定频率的±5%以内,以免影响电动机、电器的正常工作。

5.其他部分的监视与检查

对运行中的发电机还必须监视、检查机组转动情况,滑环与碳刷工作情况,如是否有火花,滑环表面是否有碳刷粉末和污垢聚集,刷架及刷握上是否有积灰。应经常吹拂、清洁碳刷、刷握、刷架及滑环等。

三、发电机的日常维护与保养

1.一般维护

为保证发电机正常工作,在它附近不应有水、油及污物堆积,不能有腐蚀性气体,以免损伤发电机绕组绝缘。

在防潮、防尘的同时,要注意不能影响发电机的正常通风冷却。要经常清洁通风孔道内的灰尘污物,保持畅通无阻。冷却空气的温度不得过低,以免绕组及其他导电器件上凝结水珠。对因故短期停止运行的发电机,滑环可不必包扎保护,但要在碳刷与滑环之间垫以绝缘纸板、石蜡纸或沥青纸,以免碳刷在滑环表面上形成斑点。

发电机的加工面,如果由于油漆脱落而锈蚀时,应及时除锈,并涂以防锈漆。

2.拆装注意事项

发电机拆装方法与异步电动机大致相同,但由于发电机重量大,拆装时应注意:

(1)拆卸端盖时,注意不要碰伤凸出在机座外面的定子线圈;

(2)取出转子时,要在电机定、转子间垫以纸板,以防损伤铁芯和绕组;

(3)在用钢索绑扎转子时,钢索不得碰到转子轴颈、风扇、滑环及转子引线,绑钢索处必须垫以木板或橡皮垫;

(4)转子放置时,应放在硬木衬垫上,衬垫放在轴颈或转子的铁芯下面,不得垫在滑环下面,以防滑环被压变形;

(5)转子取出后,滑环要用绝缘厚纸包扎起来, 以免碰坏。

3.发电机的烘干

新安装好的同步发电机,在运行前,一般都应进行烘干。如果绝缘电阻满足要求,可以不进行烘干,但运行开始的24 h内负荷最好不要超过额定容量的50%。

凡是运行中的发电机停车检修或停用时间超过规定限度,绝缘电阻低于规定值时,必须进行烘干。如确定是由表面受潮引起时,可以用带负荷干燥法进行烘干。凡是因水浸或蒸汽管道漏气而浸湿的发电机必须进行烘干。

烘干的方法很多,在船舶上可用下列方法:

(1)热风法

把主机产生的干燥清洁的废热气吹入发电机中,对定、转子绕组进行烘干。为防止转轴变形,应周期性地把转子转过180°。干燥时,应控制绕组表面温度。用温度计测量,绕组表面不得超过85 ℃,进风口的风温一般控制在90 ℃以内,最高不得超过100 ℃。

(2)短路电流干燥法

把发电机输出端经电流表短接,调节转子励磁电流,使定子每相绕组电流为额定电流的50%~70%。发电机可以不在额定转速下运行,但转速应保持恒定,以免温度不稳定。

短接点最好选在定子引出线端,也可以经变压器短接,与变压器一起干燥。

干燥开始时,先保持定子电流在额定电流的50%~70%运转4~5 h,然后逐渐提高电流值,使绕组温度达到75~80°C,并在整个烘干时间内保持此温度值。温度的调节可以通过改变定子电流的大小来实现。此方法可以同时干燥定子和转子绕组。

(3)带负荷干燥法

船用发电机如果仅为表面受潮时,可用带负荷干燥法烘干。干燥时,发电机可先带50%额定电流负载运行,然后按65%、85%、100%数值增加到额定电流。每一级负荷运行24 h。在干燥过程中应定时测量各绕组的绝缘电阻。

干燥时的注意事项:

加热干燥应在清洁的空气中进行,干燥前用压缩空气将发电机吹拂干净。

若绕组潮湿严重,则需先用热风法进行干燥,经一定时间后,再带负荷干燥,以免绝缘被击穿。

干燥时,应多放些温度计,分布在发电机的各部分,以便掌握各部分的温度,防止局部过热。

加热应缓慢进行,以免线圈内部的潮气骤然蒸发而发生绝缘损伤。若干燥温度达不到要求的温度时,可在略低的温度下进行干燥,只是时间应适当加长。

干燥开始后,每隔30 min测量一次温度和绝缘电阻。当温度稳定后,每隔1~2 h测量一次,并做好记录。

发电机干燥初期,绝缘电阻开始上升,随着绕组发热,水分蒸发出来,使绝缘电阻下降,然后又逐渐上升,上升的速度越来越慢,最后稳定在一定数值上。在绝缘电阻稳定后应继续保持干燥,24 h后干燥工作即可结束。干燥发电机时绝缘电阻的变化曲线如图11-1-1所示。

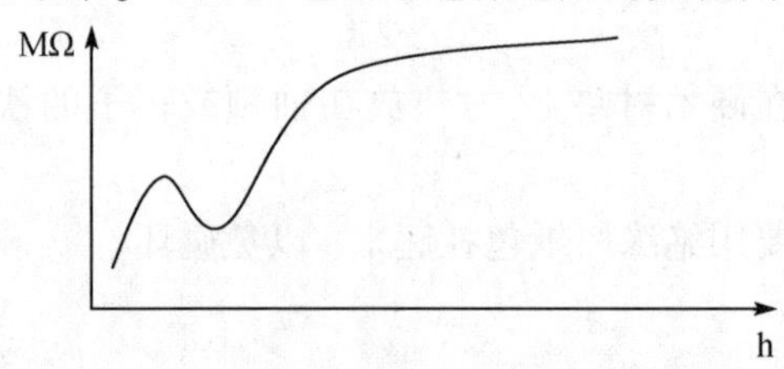

图11-1-1 干燥发电机时绝缘电阻变化曲线

不论何种方法,在干燥后,当线圈冷却到60 ℃时,定子绕组和转子绕组的绝缘电阻以500 V兆欧表测量,应不低于1MΩ。

测量发电机绝缘电阻时应拆卸与发电机定、转子相连接的所有带有电子器件的设备,如AVR等。

4.发电机轴承的维护与保养

在油杯润滑的滑动轴承,油杯中的油量应一定,一般不在运行时注油。油量应在规定液面下,轴承不应甩油,以免溅到绕组上。

润滑油需定期取出样品检查。若油色变暗,油变得混浊,有水或污物时,应予以更换。轴

承发热时,也应更换新油。一般每工作 250~400 h 应换油一次,至少每半年更换一次。换油时,应先用煤油洗净轴承,再用汽油冲刷干净后,才可注入新润滑油。

采用滚珠或滚柱轴承的电机,当运行约 2000 h 时,需要更换润滑脂一次。轴承用于灰尘多而又潮湿的环境中时,应根据情况经常更换润滑脂。

在启动长期停用的发电机前,如装有滚动轴承时,必须先检查其润滑状态,若原有润滑脂已脏或已经硬化变质,必须先将轴承冲洗干净,再用汽油清洗,最后填入清洁的润滑脂。填入量为轴承室空间的 2/3,不可填入过多。

5.滑环与碳刷的维护

滑环的表面应保持光洁,并呈圆柱形。如果表面有铜绿及轻微灼痕时,可用 200# 以上细砂布研磨。研磨时,应先拿掉碳刷,然后在开车运行中进行。如果表面严重灼伤或滑环变形,可在船舶厂修时进行修复。通常应该先进行光车,然后磨削、抛光。

为了使碳刷磨损均匀,1~2 年应更换一次极性。当碳刷磨损过多,应更换新碳刷,一般当碳刷接触面与碳刷引线金属顶端距离在 2~3 mm 时必须予以更换。新碳刷的牌号必须与原来的碳刷相同。在同一极性碳刷杆上的碳刷应一起更换(成组更换)。新碳刷在使用前应进行研磨,使其与滑环表面接触良好,再在轻负载下(额定负载的 1/3~1/4)运转到其接触面光滑为止。

新碳刷的磨弧。磨弧一般是在发电机上进行的。将碳刷装入刷握后,微微提起,在碳刷与滑环之间放入一长条细砂布,在正常弹簧压力下,来回抽动,研磨到碳刷弧面占碳刷截面的 4/5 时,然后按发电机旋转方向单向抽动 4~5 次。提起碳刷,取出砂纸,用风吹掉研磨下的粉末,再用软布擦拭干净。

碳刷的弹簧压力应按碳刷的“工作条件”所推荐的压力进行调整。所有碳刷上施加的压力应相同,以免电流分布不均。压力过高,磨损加剧;压力过小,接触不稳,容易产生火花。因此,应定期检查和调整弹簧压力。

碳刷在刷握中应自由移动,一般碳刷与刷握的间隙为 0.1~0.3 mm,以免碳刷卡在刷握中或因间隙过大而使碳刷在刷握中摆动。

第二节　发电机电压的调整

一、相复励装置参数的调整

相复励系统参数可按电压分量与电流分量两个方面来进行调整。发电机空载电压可通过电压分量来调整,发电机带负载后的电压可通过电流分量来调整。

当发电机空载电压偏低时,说明励磁电流的电压分量偏小,则应增加电压分量来进行调整。由于电压分量 $I_{EU} \approx U_G/jX_L$,因此应减小 X_L 的值,即通过减少移相电抗器的匝数来进行粗调,当调整到最接近额定电压值的匝数时,若电压仍偏低,则再通过增加电抗器的气隙来进行细调，直至调到该装置的最佳空载精度。气隙实际是电抗器铁芯间的间隙，这一间隙通常是由若干绝缘的玻璃纤维薄片或其他类似材料叠压而成的。

当发电机负载电压偏低时，说明励磁电流的电流分量偏小，则应增加电流分量来进行调整。由于电流分量 $I_{E1} \approx KI_{G}$，其中 I_{G}时由负载所决定的，所以只能改变电力电流互感器的变化 K，因电力电流互感器的原边一般只有两三匝，没有抽头可供调整，因此应减少电流互感器的副边匝数来增大 K 值，即增加电流分量值来调整负载电压。因匝数抽头有限，故只能粗调，若电压不能满意，还可通过三相副边匝数不对称调整法来进行进一步调整。

二、可控相复励调压装置与可控硅调压装置电压调整

对于这两类调压装置，电压的调整都是通过安装在发电机控制屏内的一个称为 VR（大洋电机的称呼）的电位器进行的，电位器 VR 位于发电机电子调压器 AVR 测量回路直流侧上。改变 VR 值即可整定发电机空载端电压，值得注意的是，所有需并联运行的发电机的空载端电压应调整在同一个值上。

思考题

1.发电机投入运行前的检查有哪些内容？

2.船舶发电机在运行中应对哪些内容进行监视？

3.发电机的日常维护与保养内容有哪些？

4.简述可控相复励调压装置与可控硅调压装置电压调整的方法。

第十二章 电气管理人员的职责

第一节 电气管理人员总的职责

随着船舶电气化、自动化程度的提高,所用电气设备数量不断增加,技术日益复杂,因此,电气管理人员的任务也越来越重。电气管理人员的职责是:熟悉本船电气设备的性能技术资料和船舶检验、有关规范及国际公约的要求;掌握本船电气设备的正确使用和检修方法;保证电气设备的经常维护,使其工作在最佳状态。因此电气管理人员在技术上要负责全船电气设备的运行管理、保养、检修工作。电气管理人员的具体职责可参见《远洋船员职务规则》。归纳起来,远洋船舶电气管理人员在技术方面的主要职责有:

(1)全面负责管理、维护、检修船上发电机、电动机、电站电网、电气操舵装置、照明系统、避雷装置、有线电话、电气仪表、各种拖动控制系统的电气部分,各种声光信号报警系统等电气设备。此外,电气管理人员还要管理、维护、检修船舶遥控与自控系统的电气设备、报警中心、故障自动记录仪、自动监测装置、防摇器和其他电子技术设备。

(2)定期测量电气绝缘,采取措施保证电气设备和线路经常处于良好技术状态。

(3)做好开航前、到港前和进出港、移泊、起抛锚等各种状态的准备工作,保证舵机、锚机、绞缆机、航行灯和为主、辅机服务的各种电气设备正常运行以及无人机舱遥控装置、各种报警装置的电气部分可靠工作。发现故障及时处理。

(4)贯彻执行操作规程,研究改进管理办法,使电气设备运行在最佳工况。

远洋船舶电气管理人员在行政事务方面的主要职责有:

(1)负责编制电气设备和线路的年度预防检修计划和航次预防检修计划,提交轮机长审核,如有厂修,还要负责编制修理工程单并参加监修和验收工作。

(2)负责编制电气设备的备件、材料、物料及专用工具、仪器的申请、验收、统计、报销,并指定专人保管物品及账目。

(3)负责保管电气设备的技术文件、图纸、说明书等技术资料及填写电工日志。

(4)安排好电工人员值班,调动工作时,要按“船员交接制度”办理交接手续。

总之,电气管理人员要按本职要求,忠于职守、尽职尽责,做好工作。

第二节　船舶航行期间电气管理人员的职责

船舶航行分为三种状态:正常航行、机动、停泊。为了保证船舶在三种状态下电气设备都能安全可靠地工作,电气管理人员要根据不同工作状态的需要做好工作。

一、正常航行状态下电气管理人员的职责

正常航行状态下,电气管理人员(电机员和电助、电工)都不需值班,但是必须坚持做好以下几方面的工作:

(1)记好电工日志,按规定要求测量、记录;

(2)坚持每天早晚各一次对运行电气设备的巡视,特别是对发电机、配电盘、为主机和辅机服务的电气设备及舵机的巡视,检查其运行工况,发现异常,立即进行调整;

(3)按航次检修计划组织相关人员做好有关设备的检修与保养工作;

(4)做好故障设备的检测、分析与处理;

(5)按计划进行蓄电池的充电,始终保持蓄电池处在完好状态。

二、机动状态下电气管理人员的职责

船舶的机动状态是指船舶在备航、离靠码头、起抛锚、过窄水道、过运河等情况下的工作状况。现将各种情况下的工作要求分述如下:

1.备航时电气管理人员的工作

备航时,电气管理人员要配合轮机员、驾驶员一起做好备航工作,其主要工作有:

(1)检查所有运行电气设备的工况

①检查主配电板:观察并联运行发电机的工况,调整负载使之分配均匀;观察了解负载屏供电情况、运行情况。

②检查为主、辅机运转服务的海水泵、淡水泵、滑油泵、燃油泵等辅助机械的电动机及控制设备的工作情况是否正常。

③检查锚机、绞缆机的电动机及控制设备、刹车的工作情况是否正常。

④检查航行灯、信号灯、助航仪器电源、无线电电源及应急电源的供电情况是否正常。

⑤检查主机操纵台、电车钟的试用情况是否正常。

(2)对舵

开航前一小时,电气管理人员应会同轮机长、大副检查舵机工作情况,并使之正常。对舵时,电气管理人员主要检查以下三个方面:

①检查电动机及其控制设备运转是否正常。

②检查满舵限位开关是否灵活、可靠。

③检查舵角指示器指示是否准确，其误差不应大于±1°。

(3)关好起货机桅屋和其他甲板电气室的门窗，防止雨水侵入室内浸渍电气设备。

(4)参加船长主持召开的航前会议，报告电气设备运行工况和人员的情况 。

2.离靠码头、起抛锚、过窄水道、过运河时电气管理人员的工作

船舶在离靠码头、起抛锚、过窄水道、过运河时的共同特点是变化多、动作快、要求高，电气设备应当能满足这种特殊要求。为此，电气管理人员应做好以下几方面的工作：

(1)在进行离、靠码头等操作前，应选择好的发电机，并完成并联与解列工作，不得在离、靠码头过程中进行发电机的并联与解列，以保证供电的可靠；

(2)要选择性能和技术状况最好的舵机电动机及控制设备，以保证舵机可靠工作；

(3)到主配电板前值班，注意观察用电情况，一旦跳电，立即采用应急措施恢复对航行设备的供电。

另外还要分配电助、电工到重要电气设备处值班。

 三、停泊状态下电气管理人员的职责

船舶航行期间的停泊包括有载停泊与无载停泊两种。

1.有载停泊

有载停泊是指船舶在停泊时，需要进行装货或卸货的停泊。当要使用船舶起货机(电动)时，由于吊装货物操作次数频繁，电动机需经常启动、制动，电流很大，因此要根据需要增减发电机组。同时，起货机的控制系统及电机、刹车等也很容易出现故障，所以此时要求电气管理人员安排港口值班，巡视检查并监视起货机工作情况。对起货机的值班任务如下：

(1)观察、了解电动机和电磁制动器的温升，在运行其中不能超过允许温升。一般可用手摸方法检查，如果过于烫手，就要检查电机的堵转情况及制动器的释放情况。

(2)观察、了解控制屏各电器的工作情况，可以通过观察和耳听了解控制线路有无异常情况，如：螺钉松动的异常声音，各电器线圈通断电时有无异常声音，电器衔铁吸合和释放时有无振动声音；观察有否紧固零件松动和掉落，电器机械部分有无因机械运动而断裂变形或影响正常灵活动作的现象；还要观察有无冒烟、电流过大等现象，也可以通过不正常的气味发现运行着的设备存在着的尚未扩大的故障。

(3)观察、了解、检查主令控制器的工作情况以及操作人员是否正确使用主令控制器；同时检查机械变速手柄位置是否正确，以免电动机超载，了解应急开关是否可靠等；检查货物吊重是否适当，必要时可向操作人员建议，以保证起货机能够长期可靠运行。

(4)起货机电气部分发生故障立即排除。

2.无载停泊

无载停泊时，船舶待命，只有辅机工作，只需供电给照明灯、信号灯等，供电任务比较轻。

停泊前，电气管理人员应根据停泊的时间长短，认真做好以下几项准备工作：

(1)做好在港期间的工作计划、人员值班计划、休假计划、维修保养设备计划；

(2)准备好备件、备品等物料；

(3)准备好电气设备运行日志、检修测量记录等航次报告。

停泊期间,应按计划安排值班及进行维修保养工作,并及时补充备品、备件和物料等。

四、记录和备品、备件的管理

1.船舶电气设备的记录

为了掌握船舶电气设备的技术状况和运行工况,必须认真填好各种规定的记录。对所有记录都应妥善保管好,以便交接或向上级主管部门汇报。船舶电气设备的记录主要有五个表格:

(1)电气工作日志

“电气工作日志”是船舶电气设备日常运行情况及电气管理人员日常工作的记录。其内容包括:

①发电机运行的主要参数;②全船电力系统(包括动力和照明)绝缘情况;③主要电动机工作情况;④电气管理人员工作情况。

电气工作日志每天上、下午各填写一次,由值班电工填写,经电机员审查、签字,并且定期交轮机长审查、签字。

(2)电气设备维护周期计划表

为了有计划、按步骤地对电气设备进行维护、保养和检修,电气管理人员应将一年内的维护、保养工作填入“电气设备维护周期计划表”。填表时主要依据如下:①公司规定的船舶电气设备维护周期及技术要求;②上一年度设备维护、保养和检修情况;③船舶电气设备实际运行情况。

(3)电气设备绝缘测量记录表

掌握船舶电气设备的绝缘情况,尽一切努力使其达到规定要求是电气管理人员的一项重要工作。因此每月至少要测量、记录一次全船电气设备的绝缘情况。主要测量记录配电板、主要电机及主要控制设备、分电箱的绝缘电阻值。

(4)电气设备技术状况表

当船舶电气设备在运行中发生故障,或因年久老化等原因使其性能、参数发生变化时,需要及时填写“电气设备技术状况表”,填写设备性能降低情况,存在问题,检查结果及处理方法、改进意见等,以便上级主管部门掌握、处理。

(5)电气设备检修记录卡

每次检修电气设备都应填写“电气设备检修记录卡”,主要填写检修内容及检修时间,以便掌握全船电气设备的检修情况。

2.备品、备件的管理

电气备品、备件是保证船舶安全航行必不可少的物品。当船舶正在海上航行或在港装卸货时,一旦某电气设备损坏,而且难以修复时,就必须换上备用品。因此,每条船都必须配足合格的备品、备件。

备品、备件除数量有一定要求外,还必须妥善保管,并定期进行检查和保养。根据交通运输部制定的《船舶电气设备维护基本技术要求》,具体保管要求是:

(1)每年进行一次防潮、防霉、防腐的检查;

(2)备件上的铭牌、数据要完整保留,不得失落。若原产品上无铭牌数据,则应做好标记;

(3)备件的数量应符合《钢质海船入级规范》的要求,使用后应及时补充;

(4)备件应有登记存量和耗量的清册,主要备件在交接时应查点签收;

(5)备件要分类保存,并做好标签。对专用备件箱中的备品及工具不得挪做他用;

(6)半导体备件板等要保持干燥,每三个月轮换使用一次,发现问题及时处理;

(7)为防止船舶因摇摆振动而损坏备件,备件必须绑扎牢靠或固定结实;

(8)航行于严寒地区时,备品、备件要注意防冻;

(9)易燃品应存放在易燃品库房内,绝不允许与其他备件存放在一处。

备件的申请,一般按年度进行。必须在年初填报申请单,经上级主管部门批准后才能正式有效。领取备件时,按批准的年度申请计划,填写领取单,按计划领取。在国外购买备件,必须经公司批准,方可购买。

第三节　船舶修理时电气管理人员的职责

搞好电气设备的检修,是电气管理人员的一项重要工作。它是影响船舶能否正常投入营运和已经获得的船级能否保持住的重要问题。虽然船舶的修理类别、修理工程项目和修理周期长短的确定,不是主要取决于电气设备的修理,但当按规定确定进行某类修理时,电气管理人员要从实际需要出发,提出修理项目,积极参加组织修理工作。

船舶的修理与船舶检验部门对船舶的检验是密切相关的,因此,我们必须首先懂得船检部门颁发的各种规范与规定,以及国际上与此有关的规定。

一、船舶检验

在我国,为了保证船舶安全可靠的航行,根据航区的不同,船舶从设计建造开始,应在船舶检验部门监督下进行,经检验合格后发给船级证书。凡未经船舶检验部门监督而建造的船舶,须申请入级检验,才允许投入航行。在国外应由政府或民间的船检员或船级社进行检验。

1.船舶检验的种类及期限

船舶检验分临时检验、期间检验、定期检验三种:

(1)临时检验:是根据临时需要而进行的检验,凡营运船舶因发生海损、改变航区、改变使用目的、证书延期以及其他原因需要临时检验以及未经我国船检部门监督建造,初次申请我国船检部门进行的检验,均属于临时检验,其期限不定;

(2)期间检验:每隔1~1.5年进行一次,一般介于两次定期检验之间,可结合船舶小修进行,主要是对船舶有关航行安全的规定项目进行检验,可由船检人员做好外部检验,必要时可拆开检验;

(3)定期检验:每隔4~5年进行一次,可结合船舶检修进行,是船检人员对船舶有关航行安全规定项目进行的检验。要求查明设备的技术状况和主要部件的磨损程度,可做拆开检验,并按规定进行运转或效用试验，以确定是否保持安全航行所必需的技术条件。

2.船舶检验电气设备的项目

(1)临时检验时电气设备的检查项目：是在电气设备经过重大故障的修理或更换重要设备后所申请的检验。在进行检验时，可根据申请检验项目的具体情况，确定进行局部的或全部的检验，必要时尚应进行试验，经检验的设备应编写检验鉴定书。

(2)期间检验时电气设备的检查项目：在电气设备技术状况正常时，一般只需要对设备本身进行外部检验，同时要了解设备经过一定期间使用后的技术情况；经过修理后的设备应对其进行效用试验，对应急设备及警报信号设备不论修理与否，都要进行抽查和做效用试验(应急电源及其系统也应做效用试验)，以鉴定能否继续具备保证安全航行的技术条件。期间检验结束后，应编写检验鉴定书。

(3)定期检验时电气设备的检查项目：要检验船舶发电机、舵机、锚机、消防泵、舱底泵以及为船舶推进装置服务的辅机等电动机及其控制系统的技术状况，对其作效用试验，并测量其绝缘电阻；检验配电板及重要辅机电气设备的保护装置、电缆网络、应急照明、通风机和油泵的遥控切断、警报、接地、防爆装置的可靠性，观察它们是否能在各种使用情况和应急情况下具备安全使用的技术条件。定期检验结束后，应编写检验鉴定书。

二、船舶修理

1.船舶修理的类别、期限和范围

船舶的修理可分为航修、小修和检修三种。这是根据船体、轮机和电气这个整体修理的要求来分类的，所以电气设备的修理也按此分类法来划分。

(1)航修：船舶在营运期中，发生影响航行而必须由船厂或航修站协助进行的一般修理工程和一般事故处理。其期限与范围视设备的损坏程度而确定。

(2)小修：按规定周期有计划进行的厂修工程，一般结合“期间检验”或“年度检验”进行。钢质机动船每12~18个月进行一次。

(3)检修：按规定周期每隔2~3次小修进行一次检修，可结合“定期检验”或“特殊检验”进行。钢质机动船每4~5年进行一次。

2.修理项目的确定

修船时，电气管理人员要提出电气设备的修理项目，报轮机长审定。提出修理项目的依据为：

(1)修船的类别：如果是“检修”，修船时间较长，可多提一些修理项目，如配电板检修、整定，发电机、起货机的检修或舵机拖动系统的检修等。如果是“小修”，只能修理主要项目；

(2)设备隐患情况：电气设备运行中如发现绝缘电阻太低，接近于零，或者性能下降，磨损严重，偶然发生误动作等现象，应当提出修理；

(3)根据船上人员情况：修船时，除了厂修项目之外，还可根据船上电工人员情况，安排自修项目，如启动箱的检修，一般电动机解体、清洗、照明系统的检修等。在保证修理质量及期限的情况下，凡能自修的项目，应尽可能自修。

第四节 建造新船时电气管理人员的职责

由于电气设备是船舶中的重要设备之一,因此,参加监造的电气管理人员在新建造船舶时也负有重要责任。电气设备及线路安装、调试质量的好坏,对以后船舶的正常航行影响极大,所以,必须在整个建造过程中把好关,保证船舶建造质量。

在建造新船时,参加监造的电气管理人员具体负责全船电气设备监造、验收工作。新建船舶的具体工作内容,可分为审图、监造、试验等三个方面,在这三方面的工作中,电气管理人员都有具体工作和要求。

一、审图

船舶设计图纸是建造船舶的依据,图纸一经确定,所有电气设备的选用、安装及布线方式就完全确定,以后的试验、验收要求亦以此为依据。因此,审图是建造新船过程中一项十分重要的工作。审图时,主要审查:

(1)审查图纸是否满足国际公约、造船合同设计任务书及船舶性能的要求;

(2)审查设计布线方式、安装要求及选用电气元器件是否满足我国《钢质海船入级规范》的要求,是否经济、合理;

(3)电气设备是否安全可靠,使用是否方便,检修是否便利。

在审查过程中发现有不符合要求、不合理的地方,电气管理人员应向公司技术部门报告、并提出修改意见,然后会同设计部门、建造工厂共同协商确定修改方案。

二、监造

船舶建造过程中,监督工厂按照设计与建造规范的要求,进行电气布线与设备安装。这是船舶建造的实施阶段,也是工作量最大、周期最长的一个阶段。船舶建造的质量高,不仅可以保证船舶安全可靠,而且还可以延长使用寿命。在船舶建造过程中,工序多,设备多,监造者一定要尽最大努力深入到现场的每一部分,及时发现问题,提出问题,以求把问题解决在通电调试之前,避免大返工、延长工期、影响质量等的出现。监造时,主要注意:

(1)监督厂方所使用的设备、电缆、元器件的容量、规格、尺寸、性能是否符合原设计要求,如果不符合要求,应提出更换,以保证船舶质量。

(2)监督电气设备安装及布线质量是否满足《钢质海船入级规范》要求。电气设备安装必须安全、可靠、合理、美观、检修方便。

三、试验

试验是在船舶电气设备安装完成后,由设计部门会同船厂及监造组根据《钢质海船入级规范》的有关规定及设计要求,拟定试验大纲,并同船舶检验部门一起进行的。试验根据整个船舶(包括船体、轮机)试验的要求,分为系泊试验和航行试验两种。

1.系泊试验

系泊试验是船舶系泊于码头上,对各种设备进行运行性能的试验。对电气设备来讲,也是电气设备运行性能的试验。系泊试验的目的是检验电气设备的安装质量和运行工况,并通过试验进行调整,使之达到性能指标要求,为航行试验顺利进行做好准备。

(1)发电机组试验

①发电机组应在额定工况下进行负载试验;

②发电机组在进行上述试验时,应检查火花、温度、调速范围、电压调节范围、冷却、润滑和振动情况等,试验结束时应立即测量绝缘电阻、温升数值;

③发电机组在额定负载试验结束后,应做110%额定负载的过载试验;

④测定发电机组的静态调压特性曲线,交流发电机组尚应做启动特大电动机的效用试验;

⑤发电机组的并联运行试验,检查其并联运行的稳定性并当负载在总额定功率的20%~100%范围内变化时,检查其有功功率和无功功率的分配情况。

(2)主应急配电板试验

①检查配电板的结构及设备安装的完整性;

②试验各保护装置的动作可靠性及正确性;

③并联运行的汽轮直流发电机组,应试验汽轮机超速限制器和发电机自动开关之间的锁脱扣动作的可靠性;

④检查各配电板之间的连锁装置的正确性和可靠性;

⑤设有自动卸载装置的电站,须试验动作的正确性;

⑥检查并车装置的动作可靠性及精确性;

⑦检查三相三线及四线系统各相(或线)间负载的不均衡度;

⑧测量配电板的绝缘电阻。

(3)电动、电动液压舵机试验

①舵机的每套电动机组至少连续进行0.5 h的操舵试验;

②检查舵角指示器的指示误差;

③测定电动机的启动电流、工作电流、转速及偏舵时间;

④检查舵角限位开关的动作正确性;

⑤失电报警装置试验;

⑥检查各操舵台之间的转换、连锁,并进行两路电源转换试验;

⑦测量舵机系统的绝缘电阻;

⑧检查应急配电盘供电运行情况。

(4)绞缆机、起货机以及重要辅机和控制设备应做效用试验

①试验各保护装置的动作可靠性和正确性;

②测定电动机的启动电流、工作电流及转速;

③测量系统的绝缘电阻。

(5)主、辅机及锅炉的自动控制系统(或半自动控制索统)应做效用试脸,并检查各环节的连锁装置,警报系统等的正确性、可靠性。试验后应测量绝缘电阻。

(6)应急电源(包括临时应急电源)应做效用试验。

(7)通风机及油泵的应急切断装置应做效用试验。

(8)检查防爆设备的安装情况,在穿电缆前应对电缆管道进行密封性能试验。

(9)航行灯、信号灯应做效用试验,并需检查报警装置的动作正确性和测量系统绝缘电阻。

(10)电动传令钟、指挥电话、通用警报装置、失火警报装置、水密门关闭和开启指示信号装置及预告水密门关闭的声响报警器、二氧化碳或卤代烃施放预告信号装置及其他与船舶安全航行有关的船内通信和信号设备,均应做效用试验,并测量各装置的绝缘电阻。

(11)消防自动喷水系统、水雾灭火系统、高膨胀泡沫灭火效置等电气操纵控制信号系统应做效用试验。

(12)照明系统、电热器具应做效用试验,并测量绝缘电阻。

(13)测量电力、照明系统的电压降值。

(14)检查工作接地的可靠性。

(15)电力推进装置试验

①检查推进发电机、推进电动机、励磁装置、通风冷却装置、润滑装置、主回路及控制回路的电缆和其他与电力推进有关的电气装置的安装和运行情况,且测量有关的绝缘电阻;

②检查各操纵控制器具的操作是否轻便灵活,动作是否正常,各种连锁保护机构的动作可靠性及各种检测指示装置是否准确;

③整定各保护装置,并检查各报警装置和信号装置的动作可靠性和正确性。

2.航行试验

航行试验是船舶的船体、轮机装置和电气设备经系泊试验达到正常以后,同时消防及救生等安全设备装船完工,已经必要的试验,船舶具备安全航行的条件下所进行的海上航行试验。航行试验又分轻载试验和重载试验两种。

航行试验对电气设备而言,主要配合船体、轮机部分做相应的运行试验,并检查各电气设备在航行中靠、离码头,起、抛锚时的运行情况。同时对系泊试验中无法试验的设备和项目进行试验,如舵机、锚机、导航仪器仪表、对外通信装置等与电气设备有关的试验。在系泊检验中已经提交的验收项目,航行试验中一般不再重复试验,仅按实际使用效用,观察其运行工况和检查其工作可靠性即可。在航行试验中,电气管理人员要带领电助、电工密切配合厂方做试验。要加强巡视值班,观察新设备在连续运行中所暴露的毛病并及时处理,注意积累管理该船的经验。

在系泊试验和航行试验的过程中,电气管理人员还要做好下列工作:

(1)把全船电气线路图纸和实际电气线路做认真的核对,如发现问题与差错,应立即与厂方交涉;

(2)检查电气备件、备品、物料、工具等和账单是否相符合,建立好有关账目并填写电机、电器原始数据记录表;

(3)船舶试航中应该详细记录好工作日志,各种仪表指示的数据,在航行、机动、停泊三种状态时都要认真记录下来,这是将来检修、维护的重要原始参考资料。

第五节 交接班时电气管理人员的工作

船员在调离或调任时，按照有关规定搞好交接工作是保证船舶安全航行的一项重要措施。由于现有船舶种类多，建造年代不同，建造国别不同，船舶电气自动化程度不一样，这就给新调任接班的电气管理人员尽快掌握全船电气设备的性能和工况带来困难。通常船舶又处在需要继续航行状态，交接时间很短，这就要求交接双方要抓紧时间，密切配合，以认真负责的态度严格按照船员交接班的规定进行交接。电气管理人员在交接班时，调任者和调离者应当做好哪些交接工作呢？根据有关规定，归纳起来有如下内容：

一、做好四介绍（了解）

(1)介绍(了解)本人在船上的分工职责、有关规章制度及应变部署、救生衣存放位置，并以书面报告详细交代本人尚未完成而又急需进行的工作和注意事项；

(2)介绍(了解)全船电气设备情况，特别是电站、舵机、锚机、起货机和蓄电池等重点设备，交接双方要一起到现场由交班人做重点介绍(了解)，必要时要做示范操作；

(3)介绍(了解)本船易出毛病的电气设备情况及典型故障、维护检修的经验与方法等；

(4)介绍(了解)本船电工人员的思想情况、技术能力、工作作风、特长等。

二、做好“四交接”

(1)交接电气备件、备品、工具的清册，必要时当面点清；

(2)交接电工日志、主要设备测量记录、原始数据修理记录、事故处理单等；

(3)交接全部电气设备图纸、说明书等技术资料，对实际设备与原图纸有改变的地方要特别说明；

(4)交接正在厂修的电气设备单据及外借物品单据。

为了尽快掌握本船电气设备的情况，接替人上船以后应当着重做好下面几项工作：

(1)仔细阅读电气设备图纸、说明书和有关技术资料，了解本船技术水平；

(2)弄清本船供电线路、主要电气设备及开关的位置；

(3)重点熟悉电站、主机遥控装置、舵机控制系统、起货机、锚机、绞缆机和自动锅炉原理及技术状况；

(4)熟悉本船各种报警、音响和灯光指示系统。

1.船舶电气管理人员的主要职责是什么？

2.正常航行状态下电气管理人员的职责是什么？

3.机动状态下电气管理人员的职责是什么？

4.停泊状态下电气管理人员的职责有哪些？

5.简述船舶检验的种类及期限。

6.简述船舶修理的类别及期限。

7.交接班时电气管理人员的工作有哪些？

第十三章 船舶辅机电气系统的管理与维修

第一节 对船舶辅机电气系统的一般要求

船舶辅机包括各种泵、通风机、锚机、舵机、起货机、绞缆机、冷藏设备和空调设备等机械。其中拖动多采用电力拖动并与控制线路一起组成电力拖动控制系统。系统的形式有很多种,控制方法也不同,这主要取决于各种辅机对电力拖动控制系统的要求。

一、技术性能

相同的船舶机械可以采用不同形式的拖动控制系统。衡量系统的优劣或选用一种系统时,首先要看其技术性能是否能满足该生产机械的技术要求,例如生产机械的工作特性以及在工作中所需要的正反转、调速、快速停车和各种保护等。在满足技术性能的条件下,才考虑满足系统的运行管理和经济性等方面的要求。采用不同的拖动控制系统,其技术性能是有差别的。

技术性能的内容包括功能的适应性、可靠性和可操纵性。对不同的船舶机械来说,所要求的拖动控制系统的功能是不同的。拖动控制系统的功能必须适应船舶机械的要求。船舶机械有些要求是共同的,但是不同的机械还有其特别的要求。

可靠性已经成为各种元件和系统的重要技术指标之一。系统的可靠性包括系统元件的可靠性和组成的系统整体可靠性。船舶上要求电气系统应有较高的可靠性,这是因为船舶航行状况经常变化,海上工作条件恶劣,修理条件远较陆地为差。提高系统可靠性就可以使设备不出或少出故障,延长系统正常运行时间,减少修理工作。

可操纵性要求控制系统操作简便,且不发生误操作现象,可操纵性对操作人员的技术水平要求不是很高,甚至不用专门培训就可以进行操纵;其次要求对控制系统的操纵应是直接操纵,即不需要经过计算等复杂过程就可变换操纵以实现不同的工作状态。另外,对于给定的操纵机构，应该充分实现控制系统的功能，发挥船舶机械的效能。

二、运行管理和维护检修

拖动控制系统必须是便于管理的。在满足设备安全运行的条件下，需要监视和管理的目标越少越好，调节控制系统的各种旋钮、操纵手柄也应该尽可能少，管理的方式应尽可能采用集中管理和控制，对一些要求较高的系统应采用自动化管理。调节和控制装置的设置应适应管理人员的生理和心理特点，在调节或操作时，应使操作人员不易产生身体和精神上的疲劳。

设备的维护保养是日常管理的重要工作。船舶电气系统的布置应合理，以便于进行保养工作。保养工作的劳动强度要低，保养内容应简单易行。系统保养的检测过程和实用工具应使操作人员易于了解和使用。

为提高船舶的使用寿命和满足船舶安全航行的要求，系统出现故障时应易于排除。排除故障的速度除了取决于工作人员的技术水平外，还与设备的情况有关。控制设备应便于拆装，各易损零部件的更换也应简单易行。另外，控制系统的各设备要能够适应船舶的自修能力，而船上人员固定岗位少、人力不充裕、地方狭窄等都是影响自修的不利因素。

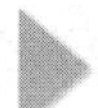

三、经济性

电力拖动控制设备要占地小，重量轻，消耗能量少，效率高，而且各零部件的通用性要强，尽可能标准化。

第二节　启动箱的维护与保养

使用中的启动箱应定期进行检查，在航行中还应定期检查停用设备的启动箱或备用设备的启动箱。停靠码头和锚泊时，应检查服务于主机的各类泵的启动箱，检查时应切断电源，对远离启动箱的电源开关要挂上修理告示牌，写明“进行检修，不得合闸”等字样。除修理人员外，任何人不得移动告示牌，以保证检修安全。

启动箱的维护与保养工作包括下列几方面：

一、 除锈

启动箱内电器等装置的零件有腐蚀生锈的地方，必须用砂纸或刮刀等除去。刮磨时应尽量除去氧化物，而少磨去金属。对不导电和不受摩擦的零件表面，刮磨后可涂以凡士林或牛油。涂漆零件上的防腐层剥落时，可在除锈后涂以防腐漆。禁止在接线柱、摩擦接触的平滑面、螺纹、弹簧等上面涂漆。

二、日常维护中应保持触头接触面贴合良好

所有导电接触面必须洁净光滑,露出金属光泽,以便于接触导电。触头初压力、终压力和超行程都应符合规定。触头接触面上的氧化物或烧灼的熔化物可用细锉或玻璃砂纸擦磨,研磨时禁止使用金刚砂布。银质触头可用干布或蘸有少量清洗液的湿布擦去灰尘和污物,不宜用砂布等擦磨。擦磨时应尽量少磨去金属,擦磨后应用干布将擦磨面擦拭干净。禁止用任何滑油或其他油漆涂抹触头,以防接触不良。研磨触头时应保持触头原来形状,不可用力过大使触头变形。

三相触头中如果一相的主触头比另外两相的主触头有比较大的磨损时,可将该相触头的动触桥稍弯曲,以调整触头间隙。修理后应保持三个触头同时接触。当触头磨损烧灼严重而无法修整时,应及时更换同类型的备用触头。

三、检查电器的电磁机构、灭弧系统和弹簧张力情况

检查电磁机构在吸合和释放时,其行程是否符合要求。吸合时应使触头的接触压力、贴合情况等达到要求。释放时应保证动、静触头件间有足够的间隙。衔铁铁芯的接触面应贴合良好,若接触面上有灰尘、油污或铁锈时,应清除干净。使用中电器的各铁磁性接触面上不得涂抹任何防锈油脂。灭弧罩应安装牢固,灭弧栅片数不得缺少。若灭弧罩有振裂破损或灭弧栅烧损严重时,应予以更换。弹簧在长期使用后,有可能疲劳断裂或失去弹性,也会随着船舶的振动或由于弹簧本身的弹力而脱落,在维护保养启动箱时,应细心检查,根据情况修理或换新。

四、检查各部分机械连接情况

仔细检查有无零件脱落掉入箱内,有无螺母松动。如果发现有破损和脱落的零件,应及时配好。检查启动箱内导线的连接情况,如有松脱,应按照接线图正确接好并紧固。启动箱内可动部分零件的动作应保持灵活自如。

五、定期测量接触器线圈和线路的绝缘电阻

电器线圈的绝缘电阻在冷态下不得低于 0.5 MΩ。对受潮而使绝缘电阻下降的线圈,应进行烘干。应保持导线的绝缘良好,各接线端钮处应无灰尘和污物堆积。

六、保持启动箱的水密性

经常检查出线孔和箱盖的水密封垫,有损坏或变质时,应及时更换。

七、保持清洁

定期用电吹风清除箱内灰尘，如有油污应擦干净。不得用棉纱擦拭箱内部件，以免纱线落入箱内。

第三节 交流电动起货机电气系统的维护与检修

对电动起货机控制设备的供电，应实行供电通知单或供电牌制度。起货机在投入装卸货前，必须进行一级保养，保养时间应根据船舶航线及设备的技术状况来确定，若航线较长时，可以进行每航次一般性检修；若航线短，可根据情况轮流保养。一般来说，交流电动起货机日常维护保养可从三个方面进行，即巡视检查、每航次的一般性检修和定期检修。

一、巡视检查

起货机在使用中应根据装卸货物的种类及设备的技术状况制定巡回检查制度，一般应检查下列内容：

(1)监视电动机和电磁制动的温升，在运行中不应超出允许温升，巡检时可采用手摸检查，并与以前对比判断。若电动机过热，应检查电动机通风冷却系统是否正常，同时检查电动机的堵转及电磁制动和释放是否符合技术要求。

(2)了解控制屏上各电器的工作情况，察看有无紧固零件松动或脱落，机械部分有无因受力而发生变形断裂或影响正常灵活动作，衔铁在吸合和释放时有无振动等，时间继电器延时有无明显异常。巡视中还要及时发现各电器线圈因电流过大发出的焦煳味或过热冒烟等现象，此外，还要监听各电器动作的声音是否正常。

对高速挡借助负载继电器进行超载限速的恒功率起货机，应观察负载继电器动作是否正常，同时检查两吊杆超载电器连锁是否可靠。

(3)对回转吊(克令吊)应检查回转、变幅的限位及报警装置是否正常。

(4)巡视检查时要到操作人员处了解主令控制器的工作情况及起货机机械部分的运行情况，检查操纵是否正确合理。同时检查起货机速度与手柄位置是否相符，紧急停车开关是否可靠。还要观察货物吊重和滑程是否在允许的范围内。若滑程过大，应检查电磁制动器的动作及有关电器是否正常，必要时停车调整。若操作不合理，可向操作人员提出合理建议，以保证起货机正常运行。

(5)巡视时还应观察各电器的整定值，若与规定值有明显偏差，可停车调整。对有时间继电单元、过载保护单元和变速单元电子设备的起货机，巡视时应观察有关指示灯的亮灭或亮度变化等，以保证其工作状态良好。

(6)值班人员交接时，应交接起货机的运行及维修情况，并填入工作日志。货物装卸结束时，应检查起货机及主令控制器的电源是否切断，电动机的风门和控制室门窗是否关闭。

(7)在电气设备停用期间,必要时应接通控制器及电动机的加热电阻进行驱潮,并检查防水罩遮盖是否完好。

二、每航次的一般性检修

每次离港后,在到达目的港之前,必须对起货机进行一次维修保养工作,主要内容如下:

(1)清洁控制屏,去除在港卸货时沾染上的灰尘污物。

(2)仔细检查控制屏上各紧固件是否有松动脱落现象,各接线头有无松动掉落。电器的反作用弹簧应正常没有变形,若失去弹性、断裂或脱落丢失则应更换。

(3)检查正反转接触器和各加速接触器的主触头和副触头是否良好。应重点检查中速接触器触头,因其工作频繁,开断电流大,触头容易损坏。当发现触头烧毛,接触面上有氧化物或细小的熔化物时,可用油光锉磨光,力求接触表面光洁,保持原来的形状,并贴合良好。触头清洁后用万用表检查其接触情况。

(4)检查各时间继电器、中间继电器、保护继电器以及风机接触器等电器的触头,看其接触是否良好,动作是否灵活。如发生变形、断裂或脱落等故障应予以修理或更换,触头清洁或修理后也要用万用表检查接触情况。

(5)检查控制屏上电器的线圈有无短路、断路或接地等故障。如果发现线圈有变色、发焦或烧灼等现象时应仔细检查,必要时予以更换。

(6)测量控制屏对地绝缘电阻,若由于受潮而不符合要求时,应用热风吹干,必要时应仔细擦拭并接通驱潮电阻,直到合格为止。

(7)检查和清洁主令控制器。

(8)每个控制屏保养完毕检查无误后,应进行通电试验。操纵主令控制器,运转正常即可备用。

三、定期检修

按照船舶起货机的使用情况,应定期对其电气系统进行检修,检修时间可根据修船时间安排。定期检修内容除包括一般航次检修内容外,还需要进行下列各项检修:

(1)检查与调整各接触器、电压继电器线圈的动作电压与释放电压值,使其符合技术要求。

(2)检查与调整各保护电器的整定值,使其符合本船技术要求。

(3)测量各接触器、继电器线圈的欧姆电阻值,测量值应与原始数据相同,如有差别应找出原因并排除故障或更换线圈。检查有无短路或断路故障,最后用兆欧表检查线圈的对地绝缘电阻。

(4)用兆欧表测量控制屏、电机绕组及电磁制动器线圈的绝缘电阻。如因潮湿绝缘电阻数值较低时,应采取措施使之符合要求。

(5)解体电磁制动器,清洁检查,更换损坏与磨损严重的部件。

(6)检查与调整各继电器触头的超行程、初压力、终压力、断开距离等,使之符合规定值。

(7)检查电动机通风系统,解体鼓风机,清洗轴承,更换润滑油。检查并清洁风门开关,清除风路中的灰尘及污物。

(8)检查接触器衔铁上的短路环有否断裂、活动或脱落等现象。短路环不得高出衔铁接触面,以免吸合时接触面贴合不良。

第四节 舵机电气系统的维护与检修

船舶电动舵机的传动装置有机械传动和液压传动两类。大型远洋或近海客、货轮多数采用电动液压舵机。其电气控制系统中都装有自动操舵仪,可按照一定的要求对舵角的偏转进行自动控制。

一、对舵机拖动系统的技术要求

(1)从主配电板到舵机舱应采用双线供电制,在馈电线的全长上要尽可能地远离分开敷设。在正常情况下,若应急配电板由主配电板供电,其中一路要由应急配电板供电,驾驶室内操舵装置应与舵机舱内操舵装置使用同一电源。

(2)为保证电动液压舵机系统可靠工作,油泵电动机组应采用双机系统。各机组可各自单独运行,也可双机运行。若一机组发生故障时,另一机组应能自动投入运行。

(3)舵机电动机应满足舵机技术性能的要求,并能在要求的转矩下堵转 1 min。

(4)与舵机电动机配套的拖动系统的启动装置共有两套,两启动箱分别控制一台电动机。

(5)舵机电动机应能在驾驶室和舵机舱两地分别进行控制,并有转换装置,以防同时操纵。

(6)操舵装置一般应有自动、随动、应急三种操舵方式,也可只有后两种。

(7)在船舶处于最深航海吃水并以最大营运航速前进时操舵,应能使舵自一舷的35°转至另一舷的35°,并且自任何一舷35°转至另一舷30°的时间不超过28 s。

(8)舵角指示器指示舵叶位置的误差应不大于±1°。

(9)要求有下列保护和报警装置:

①舵叶偏转限位开关;

②电源失压报警装置;

③过载声光报警装置;

④采用自动操舵仪时,应设有航向超过允许偏差的自动报警装置。

二、舵机拖动控制系统的维护和保养

1.开航前对舵机进行的试验和校对

(1)检查操舵台上的控制开关、按钮、指示灯及失压过载报警、声光信号等装置是否完整有效;

(2)观察两舷供电转换使用情况,并用应急电源在驾驶台和舵机室分别操纵试验;

(3)观察两套机组的转换运行是否可靠；

(4)用各种操舵方式在各操作台进行操作试验，检查应急操舵是否有效，并注意操舵装置的机械传动部件是否灵活可靠；

(5)观察控制系统工作是否正常；

(6)检查操舵装置、舵角指示器与舵叶实际位置的偏差，正舵位置时，偏差为 0°，在大舵角下，偏差不大于 2°。

(7)自动舵及电动舵机系统不应有跑舵、冲舵、不回舵及振荡等现象；

(8)复查舵从一舷 35°转至另一舷 30°所需时间是否符合规定，同时检查舵叶偏转快慢是否均匀，转舵时有无异常现象。

2.航行期间的巡视检查

(1)查看机组的运行情况，电动机运转的声音、温升及换向器火花等应在允许限度内；

(2)检查制动器、电磁离合器、电磁阀、限位开关等动作是否可靠；

(3)观察各仪表读数、机组运行指示、舵位指示等装置的工作是否正常；

(4)有两套舵机拖动控制系统的船舶，应定期交替使用。

3.舵机电气系统维护保养的主要内容

舵机电气系统维护周期及内容要求如表 13-4-1 所示。

表 13-4-1　舵机电气系统维护周期及内容要求

项　目	周　期	维护内容及要求
自动舵操纵台	1 次/6 个月	主操舵器传动装置加油
	1 次/1 年	1.检查齿轮及微型轴承等转动部分的油质； 2.清除操舵器内部的灰尘和污垢； 3.必要时更换易损零件
随动控制系统	1 次/航次	1.对 AGE 式舵机，检查发送器和接收器的电阻、电刷、导电环、对滑环式舵机，检查滑环、导电滚轮，对手柄式舵机检查复位触头及其他反馈装置； 2.检查系统中的各连杆、弹簧等部件； 3.清除装置内的铜屑和灰尘
执行装置	1 次/3 个月	1.检查电磁离合器线圈的固定情况，电刷和集电环的摩擦情况，检查机械制动的开距、刹车片的磨损情况； 2.检查执行电磁阀体的清洁情况，其衔铁活动部分应无卡死、打毛等现象，行程应符合要求，测量电磁线圈的电阻，如有变化应换新
舵角指示器	1 次/3 个月	检查电桥式舵角指示器的内部接触、磨损情况，清除灰尘并检查电源
	不少于 1 次/1 年	1.清洁仪器内部，然后对摩擦部分、轴、齿轮(橡皮件除外)加油； 2.检查仪器的密封情况； 3.检查调光电阻及光是否适当

4.电动液压舵机日常维护应注意以下各点：

(1)对油泵电动机的维护与一般电动机相同；

(2)两台机组和启动箱应轮流使用，各个运行时间应基本相同；

(3)经常检查各连接件有无松动或脱落等现象；

(4)备用的印刷电路板应经常互换使用，以保证其工作性能不变。

第五节 冷藏、空调装置电气系统的管理与维护

一、一般性维护要求

1.声光报警装置

在下列情况下应能正常工作，具体整定值按设备说明书要求整定。

(1)回流管或冷藏舱空气温度过高或过低；

(2)风机失灵；

(3)冷藏货舱污水井水位过高；

(4)制冷剂吸入压力过低；

(5)液化压力过高；

(6)滑油压力过低；

(7)冷却水压力不足。

当(3)、(4)、(6)、(7)项中所述故障发生时，应使冷藏、空调装置自动关闭，并发光报警。

2.冷藏、空调装置

冷藏、空调装置维护周期与内容要求按表13-5-1进行。

表13-5-1 冷藏、空调装置维护周期与内容要求

项　目	周　期	维护内容及要求
控制元件	1次/2个月	检查冷却水泵、风机、电磁阀、控制箱等连锁是否可靠
检测元件	1次/2个月	检查测量温度、压力开关动作是否灵活

3.日常维护中应注意以下各点：

(1)定期清洁各继电器触头，保证接触良好；

(2)定期检查各电器的整定值，偏差不能过大；

(3)监视电动机的温升和运行情况。

二、冷藏、空调装置的控制特点

冷藏、空调控制系统是利用温度和压力与整定的标准值之差来进行控制的自动调节系统。

温度自动调节系统用于冷库或空调设备的温度控制。压力调节系统用于氟利昂制冷剂的压缩控制。这种系统除应用一般的电器外，还使用温度和压力继电器，用以反映温度和压力与标限量相比较的差值。

对这种系统的要求有：

(1)温度、压力调节的误差必须在技术要求规定的范围内；

(2)系统还应有手动控制装置，在自动控制设备有故障时，也可手动操作控制；

(3)系统在温度、压力达到不允许的数值时，除自动停止运行外，还应有声光报警；

(4)各重要接触器和电磁阀在工作时应有指示灯显示，便于操作人员了解系统的工作情况。

三、冷藏、空调控制系统的主要故障及处理

1.冷库内或空调装置温度偏差过大

检查温度继电器整定值是否偏离。如果温度继电器失灵或接触不良，应检查其机械部分有无锈蚀、卡住现象。检查电磁阀关闭是否严密，阀门磨损或调整不当会影响冷却介质的供应。

2.压缩机控制失灵

氟利昂压缩机的启动是由氟利昂和冷却水的压力继电器控制的。压缩机不能启动，应先检查压力继电器的动作和冷却水压力情况，再检查电动机的过载保护和控制线路中的各电器的动作情况。

3.风机故障

菜库和肉库通风机电动机的启动箱与一般启动箱相同，有的可随库内温度进行控制，使电动机在一定温度下启动或停止。有故障时，可检查温度继电器触头及其他电器的动作情况。

第六节　船舶电气设备修理范围

一、船舶电气修理的工作范围

1.船舶电气大修的一般工作范围

(1)全船电缆大部分需要换新。

(2)全船较多的照明灯具、照明属具(开关、插座、线盒等)已破烂。

(3)主发电机、机舱泵用电动机、甲板机械电动机及各交流机组的绝缘电阻大部分在0.5 MΩ 以下，轴承油干涸，噪声严重，需全部拆出，运至车间内场进行解体修理。

(4)全船控制设备(主令控制器凸轮控制器、控制屏、启动器、航行灯控制箱等)腐蚀严重，部分接触器线圈已烧坏、短路或开路，需修复或换新元件。

(5)主配电板、各分配电箱绝缘很低，开关、指示灯、按钮、仪表、熔断器损坏或残缺不全。

2.船舶电气中修的一般工作范围

(1)全船主干电缆部分需换新,局部电缆大部分需换新。

(2)露天甲板照明灯具及照明属具需换新,舱内的部分需换新、部分修复。

(3)主发电机、机舱泵用电动机、甲板机械电动机及交流机组等大部分需拆出,运至车间内场做预防性修理(解体清洗烘干、浸漆、更换轴承、换向器上车床车光滑等)。

(4)露天控制设备因进水、锈烂需拆出清洗,更换部分元件,提高绝缘性能。

(5)主配电板及各类配电板基本完好,但仪表需重新校正,过流、过载、逆功率、失压保护机构需重新调整试验,更换元件。

3.船舶电气小修的一般工作范围

(1)部分局部电缆损坏需换新。

(2)各舱室及露天甲板少量照明灯具、照明器具短路或破烂需修复或换新。

(3)全船部分电机需进行预防性修理,但电机是否出舱要视拆卸甲板、壁板的工程大小而定。

(4)全船控制设备基本完好,只对其触头进行研磨,个别接触器、继电器线圈损坏需更换。

(5)电站基本完好,个别部件损坏需修复更换。

二、船舶电气改装工程

(1)舱室局部改动,电气设备与电线的位置需做相应的变动,其性质和数量基本不变。

(2)电气设备更新或增加,原来的电线布局已不符合要求。

(3)船舶使用性质改变(如将货船改为客船)。

改装工程要特别注意电站功率能否满足改装后的要求。

三、各种零部件换新条件

1.绝缘底板换新条件

(1)有严重电弧烧焦痕迹或破损;

(2)被绝缘强度试验击穿;

(3)对地和极间的绝缘电阻低于要求,而采取措施又无法提高。

2.电压线圈换新条件(包括换线或换绝缘)

(1)出现断路或短路;

(2)包扎绝缘破裂,若剥开绝缘时,导线未坏则仅换绝缘,导线损坏则全部换新。

3.触头换新条件

触头被电弧烧熔,合金大部分磨损而无法磨平。

4.各种弹簧换新条件

(1)失去弹性而影响性能;

(2)表面有严重锈蚀。

5.电阻元件或电阻元件绝缘物换新条件

(1)断路、短路、接地及电阻数值与铭牌数据不符合者；

(2)瓷料、云母绝缘损坏或绝缘不良者；

(3)管型磁漆电阻的涂层脱落、漆色褪变或局部破裂者；

(4)发热试验时,若周围环境温度为40 ℃,从离电阻外表面25~30 mm处测得空气温度大于180 ℃,则此电阻需重新设计选型。

第七节 船舶电气设备维护管理的通用技术要求

船用电气设备的种类繁多,使用场所不同,维护管理的技术要求也有所不同。在此只叙述船舶电气设备的通用技术要求。根据交通运输部新指定的《船舶电气设备维护管理基本要求》,船舶电气设备维护管理的通用技术要求见表13-7-1。

表13-7-1 船舶电气设备维护管理的通用技术要求

序号	项目	周期	维护、检查的要求及方法
1	声音	日常	如有异常声响,应查明原因并处理
2	温度	日常	看表外(观颜色),手摸,有异常应检查、处理
3	振动	日常	听声音与手摸,有异常应检查、处理
4	外壳	日常	保持整洁,工作过后应清洁,如外表有电气元器件,应保持完整、有效,清洁油垢、灰尘
5	接线	三个月,见注①	观色与手摸检查,导线连接处有变色,松动或接触不良,应予以紧固、修正或更换,重点检查主线路、重要部位接线及电流大的接线
6	固定件	见注②	电机、电器固定螺丝如有松动应予以紧固
7	绝缘	见注③	低于规范要求(船舶电器设备最低热态绝缘电阻)时应及时处理
8	接地	每个修船期	工作接地、保护接地应完好,接地螺丝、接地板有损坏应及时修复
9	水密	6个月	有水密要求的设备应检查水密的有效与可靠性,不良的应处理
10	烘潮	日常	有烘潮装置的电气设备,停用时应进行烘潮,特别是在潮湿环境中,有损坏的应及时修复

注:①周期可根据具体设备所处环境及原始状态的差异而缩短或延长。但经过拆装检修的设备,经过1个月左右运行应复查一次。

②根据具体设备确定。

③甲板机械每月一次或用前测量,其他设备,油轮3个月一次,客、货轮半年一次。配电板上无绝缘监测设备的船舶,每月测量一次。

思考题

1.如何进行交流起货机电气控制系统的维护保养?

2.如何进行船舶舵机电气控制系统的维护保养?

3.如何进行冷藏及空调装置的维护保养?

4.船舶电气设备的修理范围有哪些?

5.船舶电气设备维护管理的技术要求有哪些?

参考文献

[1] 郑华耀. 船舶电气设备及系统. 2 版. 大连:大连海事大学出版社,2012.
[2] 吴志良. 船舶电站. 大连:大连海事大学出版社,2012.
[3] 姜立国. 电气设备与电站实训. 青岛:中国海洋大学出版社,2014.
[4] 张志义. 电工工艺实训基础. 北京:机械工业出版社,2018.
[5] 赵殿礼, 张春来. 船舶电站控制与管理技术. 大连:大连海事大学出版社,2009.
[6] 李建伟 . 船舶电站操作与维护. 大连:大连海事大学出版社,2015.